新版

▶ Welfare State and Local Finance

福祉国家と地方財政

地方公共団体の「現場」を支える財政の仕組み

塚谷　文武
橋都由加子
長谷川千春
久本　貴志
渋谷　博史

［著］

学文社

まえがき

　地方財政は，福祉国家を実現する「現場」を支える道具である。

　日本国憲法の下では国民の全員が幸福になる権利と義務があり，そのために，第25条（健康で文化的な最低限度の生活を営む権利，社会福祉・社会保障・公衆衛生の努力義務）や第26条（義務教育の権利）や第27条（勤労の権利と義務）の規定がある。しかし，日本国憲法に書き込むだけでは「絵に描いた餅」に終わるので，それを実現するための政策手段・仕組みの「現場」として地方公共団体があり，それを賄うのが地方財政という仕組みである。

　本書では，このような問題意識と視野の中で，福祉国家と地方財政の基本的な制度や仕組みを説明するが，できるだけ，生活実感をもって理解してもらいたいと考えている。それぞれの人生のいろいろな場面で，国民の全員が福祉国家の「現場」を実感している。その「現場」がばらばらに運営されるのではなく，実に体系的に制度が設計され，また連携的に運営されていることを伝えたい。一方で国民が租税や社会保険料を負担して，他方で，福祉国家の体系的な制度を通して「健康で文化的な最低限度の生活」や義務教育や公共インフラ（勤労を可能にする経済社会に不可欠）を実現していることを伝えたい。

　2021年4月

執筆者を代表して　渋谷　博史

目　次

まえがき　i

序　章　福祉国家と地方財政をみる眼 ……………………〔渋谷 博史〕　I

　0.1　日本国憲法によるグランド・デザイン　3

　0.2　平和的で民主的な福祉国家における地方公共団体　5

　0.3　福祉国家システムの全体構造　8

　0.4　本書の構成　I9

　　　コラム
　　　・地方税の課税権の根拠　7
　　　・福祉国家と財政調整　IO
　　　・高齢社会の深化　I3
　　　・福祉国家と地方財政の「現場」における「人間としての尊厳」の
　　　　具体性　22

第1章　地方公共団体の役割 ………………〔長谷川 千春・渋谷 博史〕　25

　1.1　「ゆりかごから墓場まで」の実際：八王子市の事例　25

　1.2　義務教育の理念と財政：民主社会の形成　29

　1.3　公的資本形成：経済社会の基本インフラ　34

　1.4　生活保護：最低保障の仕組み　37

　1.5　保健と医療：憲法25 条の「国民の健康」　4I

　1.6　介護保険サービスの供給システム：民間セクターとの関係　44

　1.7　地方公共団体の多様性　46

　　　コラム
　　　・地方公共団体の職員数　29
　　　・学校給食　33
　　　・保護の種類と世帯類型　38

・生活困窮者自立支援制度　40

第2章　地方財政システム……………………………………〔橋都 由加子〕　54

　2.1　国と地方公共団体の関係：地方自治法と財政の枠組み　55

　　　2.1.1　地方自治法上の地方公共団体の役割　55
　　　2.1.2　財政面からみた国と地方公共団体　56

　2.2　地方公共団体の歳出：民生費，教育費，土木費　59

　　　2.2.1　地方公共団体の目的別歳出　59
　　　2.2.2　地方公共団体の主要経費の内容　61

　2.3　地方公共団体の歳入：自主財源と依存財源　65

　　　2.3.1　地方税　67
　　　2.3.2　国庫支出金・都道府県支出金　73
　　　2.3.3　地方交付税　75
　　　2.3.4　地方債　78

　2.4　地方公共団体の社会保険と多層的財政調整：国民健康保険・
　　　後期高齢者医療制度・介護保険　80

　　　2.4.1　国民健康保険　81
　　　2.4.2　後期高齢者医療制度　83
　　　2.4.3　介護保険　84

　　　　　コラム
　　　　　・自治事務と法定受託事務　55
　　　　　・普通会計の範囲と「市町村の決算額」が表すもの　59
　　　　　・地方公共団体の財源の2分類　67
　　　　　・課税自主権と国からの制限　71
　　　　　・個人市民税と固定資産税の仕組み　72

第3章　地域格差と財政調整………………………………〔塚谷 文武〕　92

　3.1　財政構造の地域格差：過疎地域の鹿角市と大都市圏の八王子市　93

　　　3.1.1　歳出構造の比較　93
　　　3.1.2　歳入構造の比較　97

3.2　高齢化する過疎地域の福祉国家システムと財政構造　99

　　3.2.1　鹿角市の一般会計における歳出構造の変化　99
　　3.2.2　鹿角市の民生費　100
　　3.2.3　鹿角市の地域福祉　102

3.3　福祉国家システムを支える多層的財政調整　103

　　3.3.1　鹿角市の自主財源比率と外部からの財政移転　104
　　3.3.2　地方交付税の財政調整メカニズム　104
　　3.3.3　国民健康保険・後期高齢者医療制度・介護保険の多層的財政調整　106

3.4　過疎の地方公共団体における福祉国家システムと財政調整　111

　　　　コラム
　　　・学校統合と給食センター　96
　　　・過疎地としての鹿角市の就業構造の変化　100
　　　・鹿角市の障害者福祉サービスの供給体制　103
　　　・地方交付税の基準財政需要額と基準財政収入額　105

第4章　地方公共団体と児童福祉 ………………………〔塚谷 文武〕　114

4.1　児童福祉の理念と地方公共団体の位置づけ　114

4.2　地方公共団体の児童福祉と財政システム　118

　　4.2.1　地方公共団体の児童福祉　118
　　4.2.2　堺市の児童福祉と財政システム　122

4.3　保育と子育て支援の財政システム　124

　　4.3.1　子どものための教育・保育給付費国庫負担金と子ども・子育て支援
　　　　　交付金　124
　　4.3.2　認定こども園の施設運営と質の確保　126

4.4　堺市の保育と子育て支援サービス　128

　　4.4.1　子ども・子育て支援制度の全体像　128
　　4.4.2　保育及び子育て支援サービスの内容　129
　　4.4.3　堺市の保育施設運営費　132
　　4.4.4　保育施設の利用者負担状況　133
　　4.4.5　保育施設運営費の比較　135

4.5　児童福祉への財政制約の強まり　136

コラム
- 児童憲章　115
- 児童福祉施設の設備及び運営に関する基準　120
- 保育認定　130
- 子ども食堂　137

第5章　国民皆保険システムと地方公共団体 …………〔長谷川 千春〕　140

5.1　国民皆保険システムと分立構造　140

5.2　国民健康保険：「現場」の業務と財政的枠組み　142

5.3　後期高齢者医療制度：広域連合と多層的財政調整　150

コラム
- 国民健康保険の都道府県化　143
- 京都市の国民健康保険の保険料　148
- 高齢者医療制度　153

第6章　市町村と医療福祉 ……………………………〔長谷川 千春〕　158

6.1　セーフティネットとしての生活保護（医療扶助）　159

　　6.1.1　医療扶助の仕組み　159
　　6.1.2　医療扶助の実態　160

6.2　地方公共団体の独自の医療福祉制度　162

　　6.2.1　京都市の福祉医療費支給制度　163
　　6.2.2　子ども医療費支給制度　165

6.3　無保障者問題の顕在化　169

　　6.3.1　保険料滞納による無保障者　169
　　6.3.2　仕事の途絶に伴う保険喪失のリスク　173

6.4　国民皆保険システムのほころびと地方公共団体　176

コラム
- 医療扶助の手続きと流れ　159
- 京都府下の市町村の子ども医療費支給制度　167
- 非自発的失業者の国民健康保険料負担　175

第7章　福祉国家の「現場」と社会福祉……………………〔**久本 貴志**〕　181

　7.1　障害者福祉：障害者総合支援法のもとでの支援やサービス　181

　7.2　高齢者福祉：介護保険を軸とするシステム　186

　　　　コラム
　　　・障害者総合支援法の対象と障害者手帳　182
　　　・サービスを受けるための手続きと利用者負担　182
　　　・相談支援と地域での取り組み　185
　　　・介護保険利用の手続き　189
　　　・地域包括ケアシステムと地域ケア会議　192
　　　・高齢者福祉・障害者福祉と地域　193

あとがき　199

索　引　201

序 章
福祉国家と地方財政をみる眼

渋谷 博史

21世紀日本の地方財政を考察するためには，2つの切り口が必要である。第1は，20世紀に構築された福祉国家システムの視角であり，第2は，21世紀の国内外における新たな状況と構造変化である。

第1の福祉国家について，「ゆりかごから墓場まで」という表現があるが，現代日本の福祉国家は，「ゆりかご」の前に母子健康手帳の段階からかかわっており，また，本当に墓場に至るプロセスでも欠くべからざる役割を果たしている。

妊娠がわかった時点で自分の居住する市町村の役場に届けると，母子健康手帳が交付され，妊娠期間中の健康診査や相談等の支援が提供される。そして出産後にも乳幼児の健康診査やさまざまな予防接種を受けることができる。その後の保育園や義務教育から成人期は後に詳述するとして，話を「墓場」の近くまで飛ばすと，人は高齢期になると老人医療や介護サービスが必要になり，さらに死亡にいたると医師による死亡診断書を添えて市町村役場に死亡届が提出され，それが受理されると火葬許可証が発行され，そして実際に火葬されると火葬証明印が押され，埋葬許可証にもなる。それらの手続きを経た許可証がなければ，実際に死亡した人を弔うことができないのである。

このように現代の福祉国家は，国民のそれぞれの生涯に寄り添う形で制度や仕組みが設計されている。しかし，実際に福祉国家がその設計に基づいて機能するには地方財政が必要であり，それは，納税者からの租税資金で賄われる。本書で詳しく説明するように，現代の経済社会では，租税は国レベルで統一的な仕組みで徴収する方が効率的であり，他方，「国民の人生に寄り添う形の政府機能」の多くは，地域に密着するレベルの地方公共団体が担当している。そ

のために，国税を地方公共団体に配分する政府間財政関係の仕組みが，地方公共団体と地方財政にとって不可欠な存在になっている。

　本書では，地域コミュニティを基盤とする地方公共団体に視座を構えて，現代日本の福祉国家と地方財政を，社会的な常識から分かりやすく説明することを目的とする。

　しかし，国民にとって身近な公共サービスを提供するための福祉国家が構築された20世紀的な諸条件は，21世紀的な状況によって大きく変化した。それぞれの地域やコミュニティがおかれる状況や，その内部で急速に進行する構造変化が，グローバル化の大きな流れに規定されるという2つめの視点が必要になる。

　かつて昭和の時代に，日本が欧米の先進国経済にキャッチアップする時期には，日本の製造業の国際競争力が強まり，日本経済が発展したので，その成果を，成長する軸となる産業，企業，地域から日本社会の全体に分け与える福祉国家システムが構築された[1]。その所得再分配の重要な仕組みとして地方公共団体と地方財政が位置づけられていた。

　しかし21世紀の日本は，人口が長期的に減少する中で高齢化も急速に進むことが予想され，さらに，1990年代からのグローバル化の中で中国等の新興国における急激な経済発展のインパクトを受けて，産業の空洞化も進行している。

　21世紀の日本の地方財政は，人口の減少や高齢化と，グローバル化による国際経済上の位置の変化を最重要な与件として，大きく再編を強いられるのである。すなわち，20世紀に日本福祉国家が与えられた経済成長による「豊かな社会」という条件ではなく，本質的に福祉国家財政を抑制するベクトルを有する21世紀的な国内要因と国際状況を念頭に置いて，考察すべき時代になっている。

0.1　日本国憲法によるグランド・デザイン

　現代日本の福祉国家や政府部門の基本的な構造や理念を定めるのが日本国憲法である。一人の国民として何度読んでも，その体系的な論理は美しく，見事である。

　20世紀の世界史は，ちょうどその真ん中にあった第2次世界大戦をはさんで，その戦争にいたる前半の悲劇的な過程を反省する形で，後半の世界構造も各国の社会構造も形成されるというのが，大きな流れであった。日本国憲法も，不幸な第2次世界大戦での敗北を踏まえて，以下の決意表明で始まり，民主的に運営される国民主権の平和国家としての再建を目指した。

　　「日本国民は，正当に選挙された国会における代表者を通じて行動し，われらとわれらの子孫のために，諸国民との協和による成果と，わが国全土にわたつて自由のもたらす恵沢を確保し，政府の行為によつて再び戦争の惨禍が起ることのないやうにすることを決意し，ここに主権が国民に存することを宣言し，この憲法を確定する。そもそも国政は，国民の厳粛な信託によるものであつて，その権威は国民に由来し，その権力は国民の代表者がこれを行使し，その福利は国民がこれを享受する。これは人類普遍の原理であり，この憲法は，かかる原理に基くものである。われらは，これに反する一切の憲法，法令及び詔勅を排除する。」

　そして，主権者たる「国民の権利及び義務」は憲法第3章で詳しく規定されるが，その前に，第2章で「戦争の放棄」という重要なテーマが論じられる。その第9条で「国権の発動たる戦争と，武力による威嚇又は武力の行使」は，「永久にこれを放棄する」として，その第2項では「陸海空軍その他の戦力は，これを保持しない。国の交戦権は，これを認めない」と定めている。[2)]

　このように第2章で国家の大枠が定められたのち，第3章「国民の権利及び

義務」で主権者としての国民の権利と義務が定義され[3]，そのうえで，第4章「国会」，第5章「内閣」，第6章「司法」，第7章「財政」，第8章「地方自治」で国家の内部構造や仕組みの基本が規定される。

　国民主権の第1の手段として国会があり，そこで選任される内閣が行政を執行する。その行政の実効性を裏打ちするために法律や予算がある。そういう構造を前提として，国民が納税の義務を負うのであり，納税を確定する法律も，また，国民主権を代理する国会の議決を必要とし，またその租税資金の使い方である予算も国会の議決を経る，という論理を，日本国憲法の基本構造から読み取ることができよう。

　このような政府部門の国レベルにおける構造が設計されたうえで，第8章で地方自治が登場するが，それを検討する前に，国と地方の両レベルの政府部門で担われる福祉国家機能の原則を示す日本国憲法の規定をみておこう。

　それは，生存権（25条），教育を受ける権利（26条），勤労の権利と義務（27条）の規定である。国民は「健康で文化的な最低限度の生活を営む権利」（第25条）を有すると同時に，教育（第26条）と勤労（第27条）の権利と義務を負うのである。

　　第25条　すべて国民は，健康で文化的な最低限度の生活を営む権利を有する。②国は，すべての生活部面について，社会福祉，社会保障及び公衆衛生の向上及び増進に努めなければならない。

　　第26条　すべて国民は，法律の定めるところにより，その能力に応じて，ひとしく教育を受ける権利を有する。②すべて国民は，法律の定めるところにより，その保護する子女に普通教育を受けさせる義務を負ふ。義務教育は，これを無償とする。

　　第27条　すべて国民は，勤労の権利を有し，義務を負ふ。②賃金，就業時間，休息その他の勤労条件に関する基準は，法律でこれを定める。③児童は，これを酷使してはならない。

　これらが満たされてこそ，自由を自立的に獲得できるのであり，決して他者から与えられるものではないと考えられる。憲法第12条に，「この憲法が国民に保障する自由及び権利は，国民の不断の努力によつて，これを保持しなければなら」ず，「国民は，これを濫用してはならないのであつて，常に公共の福祉のためにこれを利用する責任を負ふ」と述べられている。

　国民に求められる「不断の努力」の中でも特に重要なのは，権利であるとともに義務である勤労を実現するための就労機会を獲得し，それを基盤として自立的な生活を営むことである。そして，その勤労者の所得と納税によって教育が賄われるのである。

0.2　平和的で民主的な福祉国家における地方公共団体

　上にみたように，第2次世界大戦の敗戦を経て獲得した民主的な憲法によって，至上の価値として規定される「国民の自由と権利」について，2つの重要な制約条件が課されている。第1に，その至上価値である「国民の自由と権利」を保持するには，その国民自身による「不断の努力」が不可欠な条件となり，同時に第2に「国民の自由と権利」は，「公共の福祉」という至上の価値のために利用する責任を伴うというのである。

　本書の主要なテーマである地方財政の観点からみれば，第1の「不断の努力」の重要な分野が，地方自治の理念に基づく地方財政の設計と運用であり，第2の「公共の福祉」の具体的な仕組みとしての福祉国家システムについても，地方公共団体が効果的，合理的，効率的に運用できるか否かにかかっているといえよう。

　さて，日本国憲法の第8章「地方自治」では，地方自治についての二元的な規定が与えられる。第1に，第92条で，「地方公共団体の組織及び運営に関する事項は，地方自治の本旨に基いて，法律でこれを定める」として，国レベルの法律で規制され，第2には，第93条2項で，「地方公共団体の長，その議会

の議員及び法律の定めるその他の吏員は，その地方公共団体の住民が，直接これを選挙する」として，住民（個々の地域の国民）による選択を定めている。しかし，第94条における「地方公共団体は，……法律の範囲内で条例を制定することができる」という規定にみるように，地方自治は「法律の範囲内」という制約条件が明確に存在している。

　したがって，上記の「不断の努力」としてそれぞれの地方公共団体が地域的な独自性を発揮する形で政策を実施する場合にも，日本国全体の「公共の福祉」の統合性を体現する国レベルの法律の許容する範囲内という制限が課されるのであろう。

　ところで，その「公共の福祉」とは，決して，抽象的な理念ではない。これまで述べたように，日本国憲法は20世紀の悲劇的な現代史の反省の上に立ち，民主的な平和国家を目指すものであり，その体系的な論理の中では，主権者である国民の自由と権利と義務は，みずからの「不断の努力」で確保されるものであり，そのような国民的な基盤の上で，民主的な平和国家が構築されるのである。国民の自由と権利と義務をこのような文脈の中に位置づけることで，地方公共団体を制約する「公共の福祉」も初めて理解できる。

　民主的な平和国家を支える個々の国民がその自由を確保するために「不断の努力」を行うが，その自由は決して濫用されてはならず，民主的な平和国家の構築と維持という「公共の福祉」の枠組みの中で許容される範囲内で追求されるべきであり，その文脈の中に福祉国家という政策手段，さらにその実施機関である地方公共団体の活動も財政も位置づけられるのである。

　次に日本国憲法の第92条にある「地方自治の本旨」に基づく法律である地方自治法をみよう。

　第1条で，「この法律は，地方自治の本旨に基いて，地方公共団体の区分並びに地方公共団体の組織及び運営に関する事項の大綱を定め，併せて国と地方公共団体との間の基本的関係を確立することにより，地方公共団体における民主的にして能率的な行政の確保を図るとともに，地方公共団体の健全な発達を保障することを目的とする」としたうえで，さらに，「地方公共団体は，住民

の福祉の増進を図ることを基本として，地域における行政を自主的かつ総合的
に実施する役割を広く担うものとする」と規定している。

　すなわち，第1に地方公共団体は「住民の福祉の増進」を基本目標として，
そのために第2に「地域における行政を自主的かつ総合的に実施する役割」を
果たし，第3にそのような「地方公共団体の健全な発達」を保障するために「国
と地方公共団体との間の基本的関係を確立する」ことが重要な前提となるので
ある。

　しかし後に詳しくみるように，「住民の福祉の増進」を基本目標とする「自
主的かつ総合的」な地域の行政を実施する地方公共団体の政策決定については，
一方で上記のように住民自治に基礎を置く地方自治の原理が働くことが基本で
あるが，他方では，「国と地方公共団体との間の基本的関係」，特に国からの財
政移転が重要な役割を果たすという枠組みが強く働きかける面もある。その「地
方自治の基本原理」と「国・地方公共団体の基本的関係」という2つの要因の
織りなす関係において，上記の条文にある，「地方公共団体の健全な発達を保
障する」という文言にみられるように，国の側が保障する役割を担っているが，
そのことは，決して，国レベルの行政や議会に，日本の各地域の地方公共団体
を従属させることを意味するものではない。[4)]

　このような「地方自治の基本原理」や「国・地方公共団体の基本的関係」
も，上記のように，民主的な平和国家を支える個々の国民に，その自由を確保
するための政策手段として地方公共団体が貢献すべしという理念の枠組みの中
に位置づけられるべきものであろう。

●コラム：地方税の課税権の根拠

　日本国憲法で主権者とされる国民は，暴君のような権利主張ではなく，平和主義的な
民主国家を構築して維持する責任を負うのである。そのための政策手段・仕組みである
政府部門には国と地方公共団体があり，さらに地方公共団体も都道府県と市町村の二層
構造になっている。その文脈の中で，地方公共団体は一義的に「住民の福祉の増進」を
目的としているので，主たる財源である地方税の課税権の根拠も，その「住民の福祉の

増進」のために使われることである。

　国レベルの課税権の根拠も，「平和主義的な民主国家」という「公共の福祉」を実現するという目的によるとすれば，その「公共の福祉」を地方公共団体のレベルに落とし込むと，「住民の福祉の増進」になるが，それらの「福祉」は狭義の社会福祉に限定されるのではなく，上記の「主権者の責任」を担うことのできるような国民の暮らしを支える政策システムや制度（仕組み・メカニズム）である。もちろん，本書の後半で詳しく検討する社会福祉分野は主たる制度・仕組み・メカニズムのひとつである。このような理念と政策目的のゆえに，租税あるいは課税・徴収が正当化されるのである。

　第3章では，地方税法の規定（「第二条：地方団体は，この法律の定めるところによって，地方税を賦課徴収することができる」，「第三条：地方団体は，その地方税の税目，課税客体，課税標準，税率その他賦課徴収について定をするには，当該地方団体の条例によらなければならない」）が，地方税の課税権の根拠として取り上げられるが，このコラムでは，敢えて，その法制度の背後にある正当性について日本国憲法の理念と結びつけることにトライしている。福祉国家と地方財政の論理的な関連を考えるヒントになれば，望外の喜びである。　　　　　　　　　　　　　　　　　　　　　〔渋谷　博史〕

0.3　福祉国家システムの全体構造

　本書の主目的は，日本国憲法に規定される平和主義的な民主国家を実現・維持するための政策手段である福祉国家システムを，その現場を担う地方公共団体と地方財政に焦点を置いて考察することであり，ここでは，各章における実証的な検討を始める前に，その福祉国家システムの全体的な枠組みを示しておきたい。

　まず，**図表0.1**では日本の一般政府について，その内部における中央政府，地方政府，社会保障基金の3部門間の財政移転に焦点を当てて基本構造を示し，**図表0.2**ではその中で最大規模の社会保障基金に立ち入るために社会保障システム（**図表0.1**の社会保障基金に加えて中央政府及び地方政府の社会扶助も含む）について，やはり，各制度間の財政移転に焦点を当てながら，全体の財政構造を概観する。

図表0.1　一般政府の部門別勘定（対 GDP 比率；%）

	中央政府	地方政府	社会保障基金	合計	純計
経常収入	12.4	13.2	20.5	46.1	34.3
租税等	12.2	7.7	1.0	20.9	
社会保険料	0.1	0.3	12.9	13.3	
部門間移転	0.1	5.2	6.6	11.8	
経常支出	13.8	11.0	19.6	44.4	32.6
直接支出・利子等	3.4	4.4	0.1	7.9	
社会給付	0.5	4.8	19.3	24.6	
部門間移転	9.9	1.7	0.2	11.8	
経常収支	-1.4	2.3	0.9	1.7	1.7
資本収入	0.7	1.1	0.1	1.9	0.9
部門間移転	0.1	0.9	*	1.1	
その他	0.6	0.1	0.1	0.9	
資本支出	2.5	3.3	*	5.9	4.8
部門間移転	0.9	0.1	*	1.1	
その他	1.6	3.2	*	4.8	
資本収支	-1.8	-2.3	0.1	-3.9	-3.9
総合収入	13.1	14.3	20.6	48.0	35.1
総合支出	16.3	14.3	19.6	50.3	37.4
総合収支	-3.2	*	1.0	-2.2	-2.2

備考：＊は絶対値が0.05未満；経常支出の最終消費から固定資本減耗を控除；資本支出には総固定資本形成を含む
出所：内閣府（2019）より作成。

図表0.1（2018年度，一般政府）では，中央政府は，国レベルの財政から社会保障基金（年金，医療等の社会保険）を控除したものであり，地方政府も地方レベル（都道府県，市町村）から社会保障基金を控除したものである。社会保障基金は国及び地方レベルで運営される社会保険（年金，医療，介護等）である。

第1に，それらの3部門の経常収入の対GDP比率はそれぞれ中央政府が12.4％，地方政府が13.2％，社会保障基金が20.5％であり，その合計は46.1％であるが，それから部門間移転の11.8％を差し引くと，政府部門の純計は34.3％となる。同様に経常支出もそれぞれ13.8％，11.0％，19.6％の合計44.4％であるが，それから部門間移転11.8％を差し引いた32.6％が政府部門の純計となる。

第2に，中央政府（社会保険以外の国レベル）の財政構造をみると，租税を主

力とする経常収入の対GDP比率は12.4%であり，経常支出は13.8%であるが，その内容に立ち入ると，直接支出（防衛費等）及び利子支払いが3.4%であるが，むしろ他部門（地方政府及び社会保障基金）への部門間移転9.9%が主力といえよう。さらに資本勘定の中でも地方政府への移転が0.9%もあるので，中央政府は3.2%の財政赤字（借入）を発生させながら，他部門への移転10.8%を賄うことになる。逆からみれば，地方政府と社会保障基金はその中央政府からの移転を受けながら，さまざまな公共サービスや給付を行っていることになる。

　第3に，地方政府の総合収入14.3%では，租税等の自主財源7.7%に加えて中央政府からの部門間移転が6.1%（経常収入で5.2%，資本収入で0.9%）もある。総合支出14.3%の中では，直接支出（教育，警察消防等）・利子が4.4%，資本支出が3.3%であるが，社会給付（生活保護，社会福祉等）も4.8%と大きく，それらの地方政府の支出には，上記の中央政府からの移転が不可欠な財源になっている。［コラム：福祉国家と財政調整］にみるように，その財政移転に，地域的な不均衡や格差を埋めるような財政調整の仕組みが内蔵されており，第2章，第3章でそのメカニズムを具体的に検討する。

●コラム：福祉国家と財政調整

　現代の福祉国家と財政調整についての林健久（1992，第6章）の考察は興味深い。すなわち，一方で，「福祉国家は必然的に中央集中型の財政をもたざるをえない」として，その原因を「福祉国家が所得再分配的機能を中核とする」こととしており，「大規模に再分配を行う」には「それだけ大規模に中央政府に財源を集中することが必要になり」，「全国的な課税・徴税及び給付のネットワークが不可欠」なことが根拠となるというのである。しかし他方では，「非貨幣的福祉サービスは福祉国家の成熟に伴って膨張していく分野であるとともに地方的，個別的な対応が必要な分野」でもあり，「こうした生存権保障にかかわるサービスの水準は全国統一的たるべきことが求められるのに，それを実施するのには財政力格差が大きいとはいえ地方政府が適任」であり，「前者からはむしろ中央集権型財政への志向が生じるが，後者を考慮すれば分権型が要求され」，「福祉国家が福祉国家である以上，この矛盾からはのがれられない」というのである。そして，「この矛盾をとりあえず解決するのが財政調整制度である」と論じている。この林健久の考え方にしたがえば，国からの財政移転（地方交付税や補助金）には，財政力の

弱い地方公共団体に対して相対的に厚く，強い地方公共団体には薄くという財政調整の仕組みが内蔵されていることを理解できる。

　ただし，その財政調整メカニズムには，「非貨幣的福祉サービス」（高齢者福祉，障害者福祉，児童福祉等）の狭義の社会福祉サービスに限定するのではなく，地方公共団体が提供する基礎的な公共サービス（本書第1章で具体的に検討する）も含めた広義の福祉国家システムを想定する方が，福祉国家と地方財政の構造的な関連を考察するためには有効と思われる。　　　　　　　　　　　　　　　　　　　　　　　〔渋谷　博史〕

　第4に，社会保障基金の総合支出19.6％は，経常収入の社会保険料12.9％と部門間移転6.6％で賄われている。その収入の部門間移転6.6％は，中央政府及び地方政府からきている。すなわち，一般政府の3部門の中で最大規模の社会保障基金（年金・医療・介護等の社会保険）は，加入者や雇用主からの社会保険料に加えて，中央政府及び地方政府からの財政移転で賄われている。第4章，第5章及び第6章で，その社会保障システムの外からの財政移転にも社会的な格差を埋めるような仕組みが内蔵され，さらに社会保障システムの内部における部門間移転にも格差を埋めるような財政調整の仕組みが大きな役割を果たすことを詳しく検討する。

　次に図表0.2（2015年度，対GDP比率）で社会保障システムの内部構造をみておこう[5]。

　第1に，社会保障システムには，大きく分けて，(1) 社会保険（年金や医療保険や介護保険等；おおよそ図表0.1の社会保障基金に該当）と，(2) 広義の社会福祉（生活保護や社会福祉（狭義）等，おおよそ図表0.1の中央政府及び地方政府の社会給付に該当）と，(3)「他の社会保障制度[6]」（主として地方政府の単独事業；上記の地方政府の直接支出や社会給付に含まれる）がある。その違いは，社会保険は社会保険料（図表0.2の「拠出」）を主たる財源とし，広義の社会福祉は国及び地方公共団体の財政資金を財源とし，「他の社会保障制度」は主として地方政府の財政資金で賄われることである。

　社会保障システムの収入と支出の総計の対GDP比率は，それぞれ32.1％と30.8％であるが，社会保障システムの内部の制度間の資金移転があるので，そ

図表0.2 社会保障システム（2018年度、対GDP比率、%）

GDP：5,483,670億円	収入 拠出 被保険者	拠出 事業主	国庫負担	他の公費負担	資産収入	その他	小計	他制度からの移転	収入合計	支出 医療	年金	その他	小計	他制度へ移転	支出合計	収支
社会保険	6.99	6.14	4.79	1.68	0.81	0.94	21.35	7.94	29.29	6.48	9.95	3.54	19.98	7.98	27.96	1.33
全国健康保険協会管掌健康保険	0.92	0.91	0.23			*	2.06		2.06	1.06		0.08	1.14	0.82	1.96	0.10
組合管掌健康保険	0.78	0.91	0.01		0.01	0.10	1.81		1.81	0.75		0.12	0.87	0.79	1.66	0.15
国民健康保険	0.58		0.68	0.32		0.13	1.72	0.68	2.40	1.70		0.14	1.84	0.45	2.29	0.11
後期高齢者医療制度	0.23		0.94	0.51		0.10	1.78	1.15	2.93	2.76		0.09	2.84		2.84	0.09
介護保険	0.44		0.45	0.56	*	0.06	1.51	0.49	2.01			1.93	1.93		1.93	0.08
厚生年金保険	2.91	2.91	1.80		0.40	0.16	8.18	0.91	9.10		4.31	0.05	4.36	4.29	8.65	0.44
国民年金	0.25		0.34		0.02	0.18	0.80	3.81	4.61		4.26	0.03	4.29	0.13	4.43	0.19
日本私立学校振興・共済事業団	0.07	0.07	0.02	*	0.02	0.00	0.19	0.05	0.24	0.02	0.06	*	0.09	0.13	0.21	0.03
雇用保険	0.10	0.20	0.00		*	0.12	0.42		0.42			0.37	0.37		0.37	0.06
労働者災害補償保険		0.15	0.00		0.02	0.04	0.21		0.21			0.18	0.18	*	0.18	0.03
児童手当		0.13	0.23	0.15		0.03	0.53		0.53			0.48	0.48		0.48	0.05
国家公務員共済組合	0.18	0.22	0.05	0.00	0.04	0.01	0.50	0.21	0.71	0.05	0.27	0.01	0.32	0.38	0.70	0.02
地方公務員等共済組合	0.49	0.59	0.00	0.13	0.21	*	1.42	0.64	2.06	0.14	0.80	0.03	0.97	0.98	1.95	0.12
その他	0.03	0.05	0.02	0.00	0.08	0.01	0.20	0.01	0.20	*	0.25	0.06	0.30	0.02	0.31	-0.11
社会福祉（広義）			1.29	0.78			2.07		2.07	0.51	0.04	1.51	2.07		2.07	
公衆衛生			0.10	0.03			0.13		0.13	0.08	*	0.05	0.13		0.13	
生活保護			0.50	0.17			0.67		0.67	0.33		0.34	0.67		0.67	
社会福祉（狭義）			0.62	0.58			1.21		1.21	0.10		1.11	1.21		1.21	
その他			0.06				0.06		0.06			0.02	0.06		0.06	
他の社会保障制度	*	0.11	0.05	0.60	*	0.01	0.76		0.76	0.20	0.01	0.54	0.75		0.75	0.01
総計	6.99	6.25	6.13	3.06	0.81	0.95	24.18	7.94	32.13	7.20	10.00	5.60	22.80	7.98	30.78	1.34

備考：＊は絶対値が0.005未満。
出所：国立社会保障・人口問題研究所（2020）より作成。

の重複部分を差引くと，純計では収入が24.2%，支出が22.8%である。

　第2に，その中で社会保険の収入が21.4%，支出が20.0%である。すなわち，人口高齢化（[コラム：高齢社会の深化]）の中で膨張する社会保障システムの主軸は，年金や医療保険や介護保険等の社会保険であり，収入と支出の両面で全体の9割近くを占めている。残りの1割が「広義の社会福祉」と「他の社会保障制度」である。その中に生活保護（第1章で検討）や，「狭義の社会福祉」（第4章及び第7章で検討する児童福祉や障害者福祉等：以下では社会福祉と略記）や，「他の社会保障制度」（主として地方単独事業）である。

●コラム：高齢社会の深化

　21世紀の日本では「高齢社会の深化」（ここでは，「高齢社会の深化」を，高齢化（65歳以上の高齢者の絶対的及び相対的な増加）の中で特に75歳以上の後期高齢者が絶対的及び相対的に増加することと定義する）が一層厳しく進み，福祉国家と地方財政を規定している。図表0.3にみるように，15-64歳の現役世代が減少する中で，扶養される側では14歳以下の人口が減少し，65歳以上の高齢者世代が増加する。

　図表0.4で長期的な推移を検討し，さらに2040年の予測値から今後の予想される極めて困難な状況をみよう。

　第1に1965-90年の25年間では順調な経済成長のもとで日本の人口は9,921万人から1億2,361万人へと1.25倍に増加し，その中でその経済成長を支える15-64歳の階層が6,744万人から8,590万人へと1.27倍に増加した。

　第2に1990-2015年の25年間は経済成長が鈍化する中で人口も伸び悩み，1億2,361万人から1億2,709万人へと1.03倍の増加であった。15-64歳層が8,590万人から7,629万人へと減少した。他方，65歳以上層は1,489万人から3,347万人へと2.25倍に増えて，その比重も12.0%から26.3%に増加したが，14歳以下層は2,249万人から1,589万人に減少し，比重も18.2%から12.5%に減った。この少子高齢化傾向の中で，特に75歳以上の後期高齢者は597万人から1,613万人に増えてその比重も4.8%から12.7%に増加しており，上記の「高齢社会の深化」が顕著に進行している。

　第3に，2015-40年の25年間の予測値では，人口は1億2,709万人から1億1,092万人へと減少に転じ，その中で「高齢社会の深化」が一層進み，75歳以上の後期高齢者が1,613万人から2,239万人へと増加して，その比重も12.7%から20.2%に増えることが予想されている。

14

図表0.3　人口の長期的動向

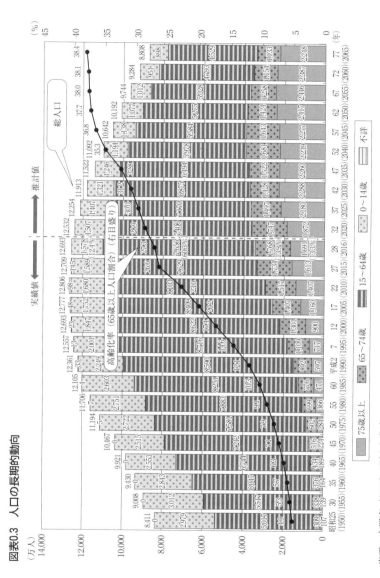

出所：内閣府（2017）5頁より作成。

　グローバル化の進展，国際競争の激化という環境下で，国内における「高齢社会の深化」がもたらす福祉国家の膨張圧力を最も顕著に示す医療費をみておこう。厚生労働省（2017）によれば，国民全体の医療費は37.4兆円であるが，その中で，65歳未満層は16.7兆円（比重44.6%）であり，65歳以上の高齢者層では20.7兆円（55.4%）である。上述のように，2015年度における65歳以上層の人口の比重は26.3%である。すなわち，人口の4分の1の高齢者層が国民医療費の半分以上を使っているのであり，それは，一人当たり国民医療費の割高の故であろう。一人当たり推計額では65歳未満層では16.9万円であるが，65歳以上層では70.3万円であり，特に75歳以上層（後期高齢者）に限ってみれば87.9万円である。いうまでもなく，加齢とは誕生時からの時間の経過のみではなく，それに伴う老化も意味する。上述の「高齢社会の深化」に加えて，近年における高度医療の普及という要因もあって国民医療費が急膨張しており，別の資料（国立社会保障・人口問題研究所 2017）によれば国民医療費の対GDP比率が1970年度の2.8%から1990年度の4.1%に増加し，さらに2010年度には6.6%，2015年度には7.1%へと膨張している。

　このような21世紀における社会条件の変化に対応すべく，日本の福祉国家も再編が求められる中で，地方公共団体と地方財政が現場を担うのである。　　　〔渋谷 博史〕

図表0.4　高齢社会の深化

（万人）

	1965年	1990年	2015年	2040年
0-14歳	2,553	2,249	1,589	1,194
15-64歳	6,744	8,590	7,629	5,978
65-74歳	434	892	1,734	1,681
75歳以上	189	597	1,613	2,239
合計	9,921	12,361	12,709	11,092

（%）

	1965年	1990年	2015年	2040年
0-14歳	25.7	18.2	12.5	10.8
15-64歳	68.0	69.5	60.0	53.9
65-74歳	4.4	7.2	13.6	15.2
75歳以上	1.9	4.8	12.7	20.2
合計	100.0	100.0	100.0	100.0

備考：1965年と1990年と2015年は実績値，2040年は予測値
出所：図表0.3より作成。

　第3に，社会保険の収入の中で最大規模は「拠出」であり，被保険者及び雇用主の社会保険料を意味している。被用者の医療保険や年金である全国健康保険協会健康保険（協会けんぽ）や組合管掌健康保険（組合健保）や厚生年金や国

家公務員共済組合や地方公務員共済組合では事業主（雇用主）の負担があるが，自営業者や無職者の加入する国民健康保険（国保）や国民年金では被保険者の負担だけであり，制度間で財政基盤の強弱がある。

　第4に，社会保険に対する財政資金（租税や借入を財源としている）の繰入である国庫負担及び「他の公費負担」は，前出の**図表0.1**における国と地方政府から社会保障基金への財政移転が該当する。財政基盤の弱い後期高齢者医療制度や国保や国民年金へは「厚い繰入」（拠出に対する繰入の比率が大きい）があり，逆に財政基盤の強い協会けんぽや組合健保や公務員共済や厚生年金には「薄い繰入」（上述の比率が小さい）である。すなわち，国と地方政府からの財政資金の繰入は，財政基盤の格差を均す仕組みになっている。

　第5に，さらに注目すべきは，収入の中の「他部門からの移転」と，支出の中の「他部門への移転」である。例えば，医療保険の中で「他部門からの移転」を受け取る後期高齢者医療制度に対しては，全国健康保険協会健康保険（協会けんぽ）や組合管掌健康保険（組合健保）等の他の医療保険制度から「他部門への移転」を支払っている。すなわち，財政基盤の強い制度から弱い制度に向かって移転が行われるという財政調整であり，日本の福祉国家あるいは社会保障システムの基軸である年金及び医療保険の社会保険の分野には，二重の財政調整メカニズムが内蔵されている。

　第6に，財政資金だけで賄われる「広義の社会福祉」については，実際の仕事は主として地方公共団体が担当することは，次章以降でみる通りであるが，国庫負担が大きな比重を占めており，前出**図表0.1**では中央政府から地方政府への移転が該当する。第2章及び第3章で詳しく検討するように地方財政の切り口では，地方公共団体の民生費の財源に投入される国庫支出金（個別補助金）となる。さらに，**図表0.2**の収入における「他の公費負担」は，その地方公共団体の民生費から国庫支出金を差し引いた「自己財源」からの支出に見えるが，実質的には，それも地方交付税（第2章及び第3章で説明されるように財政力の弱い地方公共団体に厚く財源移転）によって支えられることにも着目しておきたい。すなわち，国庫負担（国庫支出金）に加えて地方交付税（財政格差を均す仕組み）

が支えるという重層的な財政調整のメカニズムが内蔵されているといえよう。

　第7に，「他の社会保障制度」は注6にみるように，地方公共団体の単独事業や独立行政法人等の事業であり，文字通り，国民の生活上の多様な困難に寄り添うものである。

　本節では福祉国家システムの全体的な枠組みをみるために，第1に**図表0.1**では「一般政府」の内部における中央政府，地方政府，社会保障基金の3部門間の財政移転に焦点を当てて基本構造を示し，その中で最大規模の社会保障基金に立ち入るために，第2に**図表0.2**で社会保障システム（**図表0.1**の社会保障基金に加えて中央政府及び地方政府の社会扶助も含む）について，やはり，各制度間の財政移転に焦点を当てながら，全体の財政構造を概観してきた。最後に地方財政の視点から日本の福祉国家システムをみるために，**図表0.5**の「地方財政計画」を使って国（中央政府）と地方公共団体（地方政府）の政府間財政関係を検討しておこう。[7]

　本章における計数的な検討は基本的に決算ベースの実績値であるが，**図表0.5**における地方公共団体の全体の数値は2018年度当初予算ベースの見込み額である。その点に留意しながら立入ってみると，第1に，歳入86.9兆円の内で主要項目は地方税39.4兆円，地方交付税16.0兆円，国庫支出金13.7兆円，地方債9.2兆円である。他方，歳出86.9兆円の主要項目は給与関係経費20.3兆円，一般行政経費37.1兆円，公債費12.2兆円，投資的経費11.6兆円である。

　第2に，地方公共団体の歳出の主要部分については，国庫支出金が提供される。歳出の生活保護費3.9兆円に対して生活扶助費等負担金・医療扶助費等負担金・介護扶助費等負担金の合計2.9兆円があり，それは**図表0.2**における生活保護の国庫負担に該当する。歳出の障害者自立支援給付費2.7兆円，児童手当等交付金2.0兆円，子どものための教育・保育給付交付金1.7兆円に対しては，国庫支出金の障害者自立支援給付費等負担金1.4兆円，児童手当等交付金1.4兆円，子どものための教育・保育給付交付金0.9兆円がある。また，給与関係経費20.3兆円の中の義務教育教職員5.6兆円と投資的経費11.6兆円の中の公共事

業費5.2兆円に対して，国から義務教育職員給与費負担金1.5兆円と公共事業補助負担金2.7兆円が提供される。

　第3に，**図表0.1**の中央政府（国）からの財政移転に該当するのは**図表0.5**では主として地方交付税16.0兆円と国庫支出金13.7兆円であるが，上述のように国庫支出金は使途が特定されるのに対して，地方交付税は使途が特定されないので一般財源として使うことができる。さらに，第2章及び第3章で詳しく説明されるように，地方交付税は財政基盤の弱い地方公共団体に厚く配分する財政調整的な仕組みを内蔵している。例えば，**図表0.2**において生活保護に対して国庫負担とともに「他の公費負担」（地方公共団体）があり，**図表0.5**では上述のように生活保護費3.9兆円に対して国庫支出金2.9兆円が提供されるので残りの1.0兆円は地方公共団体の負担となるはずであるが，第1章第6節で詳しくみる

図表0.5　地方財政の大枠（2018年度，兆円，地方財政計画から作成）

(兆円)

歳入合計	86.90	歳出合計	86.90
地方税	39.43	給与関係経費	20.31
地方譲与税	2.58	義務教育教職員	5.64
地方揮発油譲与税	0.25	一般・警察・消防職員・退職手当	14.67
自動車重量譲与税	0.27	一般行政経費	37.05
地方法人特別譲与税	2.02	国庫補助負担金等を伴うもの	20.24
その他	0.04	生活保護費	3.87
地方特例交付金	0.15	児童保護費	0.73
地方交付税	16.01	障害者自立支援給付費	2.71
国庫支出金	13.65	後期高齢者医療給付費	2.59
義務教育職員給与費負担金	1.52	介護給付費	2.74
生活扶助費等負担金	1.42	児童手当等交付金	1.98
医療扶助費等負担金	1.41	子どものための教育・保育給付交付金	1.72
介護扶助費等負担金	0.07	その他の一般行政経費	3.89
児童保護費等負担金	0.13	国庫補助負担金を伴わないもの	14.31
障害者自立支援給付費等負担金	1.35	国民健康保険・後期高齢者医療制度関係	1.51
児童手当等交付金	1.38	まち・ひと・しごと創生事業費	1.00
子どものための教育・保育給付交付金	0.90	公債費	12.21
公共事業費補助負担金	2.70	維持補修費	1.31
その他	2.77	投資的経費	11.62
地方債	9.22	直轄事業負担金	0.56
使用料・手数料・雑収入等	5.86	公共事業費	5.25
		単独事業	5.81
		公営企業繰出金	2.56
		地方交付税の不交付団体における平均水準を超える必要経費	1.84

出所：総務省（2020）より作成。

ように自然的社会的な条件による多様性の中で財政基盤の弱い地方公共団体では自主財源では賄えないことが多いので，それを支えるのが地方交付税であり，そのために財政調整的な仕組みが意味を持つのである。

　第4に，**図表0.2**の社会保険の中で主軸となる後期高齢者医療制度や国民健康保険や介護保険についても「他の公費負担」（地方公共団体）があり，その背後では同様に地方交付税による財政調整的な国からの移転が不可欠な役割を果たしている。

　以上みてきた日本の政府部門や福祉国家システムの財政構造を前提として，特に精緻な部門間移転の仕組みに着目しながら，節をあらためて，本書の各章を紹介しよう。

0.4　本書の構成

　第1章「地方公共団体の役割」では，福祉国家の現場である地方公共団体がそれぞれの住民に提供する基本的な公共サービスについて，身近にみるもの（義務教育，土木事業，生活保護，保健，介護保険サービス）を取り上げて，実感を持って理解できるような形で説明する。

　そして，これらの具体的な政策分野のイメージを踏まえて，第2章「地方財政システム」では，日本の福祉国家の現場を担う地方公共団体の基本的な財政構造を検討する。その中でも，国からの財政移転を不可欠なものとして織り込んだ仕組みが注目される。特に，福祉国家システムの中軸をなす民生費を中心とする政策分野では，国からの地方交付税や国庫支出金の財政移転が不可欠な位置を占めており，さらに都道府県から市町村に対する財政移転もあり，重層的な仕組みが興味深い。

　第3章「地域格差と財政調整」では，第2章で示した地方財政や政府間移転の全体像を前提として，具体的な事例として過疎地の地方公共団体（秋田県鹿角市）を取り上げて，大都市圏の地方公共団体（東京都八王子市）と比較しな

20

がら，その財政構造について民生費を中心に詳しく立ち入って考察する。

　ここまでが本書の前半である。序章と第1章でみた日本国憲法に規定される基本的な公共サービスを提供する地方公共団体について，第2章と第3章では，地域や地方公共団体の多様性に伴う地域間格差を調整するために国からの財政移転が果たす役割に着目しながら，福祉国家の「現場」が機能する仕組みを考察している。

　そして，後半の第4〜7章では，その福祉国家の「現場」で社会福祉について具体的に検討する。第2章と第3章で確認されるように，地方公共団体は「公共の福祉」や「住民の福祉」のために提供する公共サービスの中でも，民生費が最大の支出項目である。その主要分野である児童福祉（第4章），医療保障システム（第5章，第6章），障害者福祉及び高齢者福祉（第7章）の分野について，その制度設計と実際の運用について詳しく検討している。

　第4章「地方公共団体と児童福祉」でも，地域レベルの現場の役割の重要な分野である児童福祉について，大阪府堺市の事例を取り上げて検討する。福祉国家の「ゆりかごから墓場まで」の機能の中で，「ゆりかご」にあたる児童福祉の分野で，地方公共団体は実に多様なサービスと給付を提供している。保育サービスが国レベルの統一基準に規定され，その費用負担の面でも国の財政援助が大きな役割を果たすという枠組みの中で，それぞれの地方公共団体が自主財源を使って独自の追加的施策を行うという構造を描き出している。

　第5章「国民皆保険システムと地方公共団体」では，日本の福祉国家システムの最大の特徴とされる皆保険システムの中で，その基盤的な役割を担う国民健康保険と高齢者医療制度を，地方公共団体が地域保険として運営する仕組みに立ち入って検討する。前出の**図表0.1**及び**図表0.2**でみたように，国民健康保険と後期高齢者医療制度には，中央政府から社会保障基金への財政移転の中でも，特にこれらの保険制度に重点的に財政支援が投入され，さらに，財政的に強い被用者保険（現役世代）からも財政的な支援が行われる。

　第6章「市町村と医療福祉」では，第5章でみた皆保険システムに取り残される社会的弱者に対するセーフティネットとして重要な役割を果たす生活保護

（医療扶助）を検討する。ところが，そのセーフティネットにも「ほころび」が生じており，その対応のために地方公共団体が実施する多様な医療福祉について，京都府と府内の市町村の事例を取り上げて，実証的にアプローチしている。すなわち，第5章及び第6章で詳細に検討される医療保障システムは重層的な財政調整の仕組みによって支えられており，それは，本書の全体で考察する福祉国家システムにおける現場と財政調整メカニズムの関係を典型的に示している。

　第7章「福祉国家の「現場」と社会福祉」では障害者福祉と高齢者福祉を取り上げるが，前者は，**図表0.2**の社会福祉の軸であり，財源面では国庫支出金や地方交付税で支えられるが，多様な障害者福祉サービスを提供するためにはそれぞれの地方公共団体の現場に負うところが大きく，日本の福祉国家の力を問われる重要な分野である。高齢者福祉は，**図表0.2**の社会保険の介護保険を軸としており，高齢者の保険料に加えて，40歳以上の現役世代の保険料（同図表の「他部門から移転」）や国や地方公共団体からの繰入で賄われるが，他方では，多様な介護サービスを提供するためにはそれぞれの現場に負うところが大きい分野である。これらの現場の具体的な福祉の給付やサービスを知ることで，地方公共団体や地方財政の本質的な意味や役割を理解できる。

　このように本書後半では地方公共団体が担う社会福祉の現場の仕事を詳細かつ具体的に考察するが，そのことが，本書前半で取り上げた福祉国家システムの理念を実現する典型的な事例であり，同時に，その福祉国家システムのための仕組み，そのための財源を確保する課税や政府間財政関係（国からの地方交付税や補助金）の本来的かつ実質的な根拠になっている。法律や条例に書き込んでいるから正当化されるのではなく，課税や政府間財政関係を規定する法律は，地方公共団体が担う仕事・役割によって正当化されることを明文化したうえで，その実施方法を定めるものである。

●コラム：福祉国家と地方財政の「現場」における「人間としての尊厳」の具体性

　福祉国家システムの現場である地方公共団体の歳出あるいは仕事とは，日本国憲法や地方自治法で表現されるように，「国民あるいは住民の福祉の増進」である。その「福祉」とは社会福祉の分野に限定されるものではないが，本書後半で考察される「福祉の現場」（第2章及び第3章の歳出の中の民生費）が，広義の「福祉」の典型的な分野となる。

　例えば障害者福祉について，障害者基本法で「全ての国民が，障害の有無にかかわらず，等しく基本的人権を享有するかけがえのない個人として尊重される」という理念が掲げられ，身体障害者福祉法では，「すべて身体障害者は，自ら進んでその障害を克服し，その有する能力を活用することにより，社会経済活動に参加することができるように努めなければならない」（第2条第1項）とあり，そういう身体障害者に対して，「国及び地方公共団体は，前条に規定する理念が実現されるように配慮して，身体障害者の自立と社会経済活動への参加を促進するための援助と必要な保護を総合的に実施するように努めなければならない」（第3条第1項），さらに「国民は，社会連帯の理念に基づき，身体障害者がその障害を克服し，社会経済活動に参加しようとする努力に対し，協力するように努めなければならない」（第3条第2項）と規定されており，身体障害者と国及び地方公共団体と国民の関係が定義されている。

　また高齢者福祉の主軸である介護保険については，介護保険法で「加齢に伴って生ずる心身の変化に起因する疾病等により要介護状態となり，入浴，排せつ，食事等の介護，機能訓練並びに看護及び療養上の管理その他の医療を要する者等について，これらの者が尊厳を保持し，その有する能力に応じ自立した日常生活を営むことができるよう，必要な保健医療サービス及び福祉サービスに係る給付を行うため，国民の共同連帯の理念に基づき介護保険制度」を設ける（第1条）と規定され，キーワードは「尊厳を保持し，その有する能力に応じ自立した日常生活」と「国民の共同連帯の理念」である。

　そして，生活保護法でも，「日本国憲法第二十五条に規定する理念に基き，国が生活に困窮するすべての国民に対し，その困窮の程度に応じ，必要な保護を行い，その最低限度の生活を保障するとともに，その自立を助長することを目的とする」（第1条）と規定される。終戦直後の混乱と困窮の時代であれば物質的な給付とサービスによる援助に重点が置かれたかもしれないが，上記の障害者福祉や高齢者福祉の理念を共有する21世紀の日本では，やはり，「困窮するすべての国民」の尊厳と「能力に応じ自立した日常生活」と「国民の共同連帯」による費用負担が，制度・仕組みの骨格となるはずである。

　すなわち，これらの社会福祉（地方公共団体の民生費）は，日本国憲法の第25条の

「健康で文化的な最低限度の生活」が，尊厳と自立と共同連帯の理念を通して確保・維持されるための具体的な仕組みを典型的に示す分野といえよう。このような現場によって，福祉国家システム，地方公共団体，課税，政府間財政関係の正当性の基盤的な根拠が形成されると，考えられる。ただし，このコラムは仮説的あるいは試論としての解釈を示すものであり，本書の他の執筆者と完全に合意しているわけでなく，むしろ，福祉国家と地方財政についての学問的な議論の材料を提供できれば，望外の喜びである。

〔渋谷　博史〕

【注】

1）20世紀型の日本福祉国家については，渋谷博史（2014b）第1章を参照されたい。

2）すなわち，憲法の前文と第1章で日本国の主権を獲得した国民は，第3章で主権者としての「権利と義務」を定める前に，最優先の形で，武力と戦力を放棄して「平和国家」を選択している。アダム・スミスがいう主権者の第1の義務である「その社会を他の独立諸社会の暴力と侵略から守る」（『国富論』第3巻343頁）ことと，この第9条の関係における矛盾は，戦後のパクス・アメリカーナという国際システムの中で解決される。詳細は，渋谷博史（2014b）の第1章を参照されたい。

3）そこでは，基本的人権，奴隷的拘束の禁止，思想及び良心の自由，信教の自由，生存権（25条），教育を受ける権利（26条），勤労の権利と義務（27条），勤労者の団結権及び団体行動権（28条），財産権（29条），納税義務（30条）等が規定される。

4）本章における日本国憲法に関する部分は，シリーズ「21世紀の福祉国家と地域」の第3巻である渋谷博史（2014b）の序章における記述を，地方財政及び地方公共団体に焦点を当てる形で修正したものであり，また地方自治法に関する部分は同シリーズ第1巻である渋谷博史（2014a）の第5章の関連部分を転載したものである。

5）福祉国家システムの全体像については，渋谷博史（2014）『21世紀日本の福祉国家財政』の第4章を参照されたい。

6）「他の社会保障制度」は主として，地方公共団体の単独事業（本章第6章で詳しく検討する地方公共団体単独実施公費負担医療費給付分や，第4章で検討する児童福祉・保育所・児童相談所関連や，第7章で検討する障害者及び高齢者福祉関連や，さらには，妊婦及び乳幼児健康診査や予防接種・結核対策等の多岐にわたる分野）であり，それ以外には，医薬品医療機器総合機構による医薬品副作用被害救済制度や，財団法人都道府県センターによる被災者生活再建支援事業や，高齢・障害・求職者雇用支援機構による事業等がある。

7)「地方財政計画」は，地方交付税法第7条に基づいて総務省が地方公共団体の歳入・歳出の見込額を作成して国会に提出するものであり，地方公共団体の全体の「あるべき歳入歳出見込み額」の推計，あるいは「地方公共団体の財政運営の指針」であり，予算を規制するものではないといわれている（出井ほか（2008）102頁）。

【参考文献】

出井伸夫・参議院総務委員会調査室（2008）『図説地方財政データブック』学陽書房

厚生労働省（2017）『平成27年度国民医療費の概況』

国立社会保障・人口問題研究所（2017）『平成27年度版社会保障給付費』

国立社会保障・人口問題研究所（2020）『平成30年度版社会保障給付費』

渋谷博史（2014a）『福祉国家と地域と高齢化　改訂版』学文社

渋谷博史（2014b）『21世紀日本の福祉国家財政　第2版』学文社

総務省（2020）『地方財政白書（令和2年版）』

内閣府（2017）『高齢社会白書（平成29年版）』

内閣府（2019）『国民所得経済年報（平成30年度版)』

林健久（1992）『福祉国家の財政学』有斐閣

第1章
地方公共団体の役割

長谷川 千春・渋谷 博史

　日本国憲法の理念に基づく福祉国家と地方財政の基本構造が日本社会全体で実現・定着するには，福祉国家の「現場」における地方公共団体の包括的で多様な役割が不可欠であり，それは「ゆりかごから墓場まで」と例えられる[1]。

　第1節では，その「現場」を担う地方公共団体の内部組織をみるために，東京都の八王子市の部局編成を具体的事例として説明する。そして，第2〜6節で地方公共団体が提供する基本的な公共サービス（義務教育，公的資本形成，生活保護，保健事業，介護保険サービス）を検討する。最後の第7節では，地方公共団体が公共サービスを公平に提供するために，地域的多様性に伴う財政格差を均す財政調整メカニズムが必要であることを確認したい。

1.1　「ゆりかごから墓場まで」の実際：八王子市の事例

八王子市は，東京都の多摩地域の西の端に位置しており，2018年度の時点で56万人の住民にさまざまな公共サービスや給付を提供している[2]。**図表1.1**で市の全体の組織と仕事の内容をみると，一番上の総合政策部から生涯学習スポーツ部までの29の部局がある。

　第1に，都市戦略部や総合政策部や行政経営部や総務部や財務部や税務部や会計部は，地方公共団体の行政組織を管理運営しており，特に財務部と税務部や会計部は財政面の業務を担当している。

　第2に，生活安全部（防犯，防災）や市民部（戸籍，住民票等）や資源環境部（ごみ・廃棄物対策，清掃施設整備）や水循環部（水環境整備，下水道）は，住民

26

図表1.1　八王子市の部局組織図

部局	
都市戦略部	都市戦略，広報
総合経営部	経営計画，広聴
行財政改革部	行革，情報管理，共通番号管理
市民活動推進部	町会・自治会，コミュニティ施策
総務部	総務課，法制，安全衛生，統計調査
財務部	財政，管財，建築，契約，検査
税務部	税制，住民税，資産税，納税
生活安全部	防災・消防，防犯
市民部	住民票，戸籍，外国人登録
福祉部	
福祉政策課	
指導監査課	社会福祉法人認可監督等
高齢者いきいき課	元気応援，施設整備，事業者指定
高齢者福祉課	相談，地域包括
介護保険課	給付，保険料，認定審査
障害者福祉課	障害者の手当て，援護，医療
生活自立支援課	自立相談，支援
生活福祉総務課	施設指導，医療・介護
生活福祉地区第1課	
生活福祉地区第2課	
医療保険部	
地域医療政策課	
成人検診課	
保険年金課	
保険収納課	
こども家庭部	
子どものしあわせ課	
保育幼稚園課	保育料徴収，保育所入所，民間保育所幼稚園支援
子育て支援課	児童手当，医療助成
児童青少年課	児童館・学童保育，青少年健全育成
産業振興部	事業資金融資あっせん，労働関係，観光，農林業
環境部	自然環境，環境改善，大気汚染対策
資源環境部	
ゴミ減量対策課	
廃棄物対策課	
清掃施設整備課	
水循環部	下水道，水道，水辺環境
都市計画部	土地利用計画，都市計画，交通企画
拠点整備部	基盤整備，都市整備，区画整理，中心市街地
まちなみ整備部	市営住宅，建築事前協議，建築確認，公園，企画整理
道路交通部	道路橋水路の工事，用地取得，交通事業
会計部	公金の出納，審査
議会事務局	
選挙管理委員会事務局	
監査事務局	
公平委員会事務局	

農業委員会事務局	
固定資産評価審査委員会事務局	
学校教育部	
教育総務課	
学校教育政策課	
学校複合施設整備課	
施設管理課	
保健給食課	
教育支援課	
指導課	
教職員課	
生涯学習スポーツ部	社会教育，生涯教育，スポーツ振興，文化財

出所：八王子市（2019a）より作成。

の日常生活に不可欠で基礎的な公共サービスを担当している。

　第3に，福祉国家の最重要な現場といえる医療，福祉，子育て支援，教育を担当するのが福祉部，医療保険部，子ども家庭部，学校教育部，生涯学習スポーツ部である。

　第4に，地域の経済社会に必要な規制やインフラを担当するのが，産業振興部，環境部，都市計画部，拠点整備部（市街地整備，区画整理等），まちなみ整備部（住宅政策，建築審査等），道路交通部等である。

　八王子市（2019）を資料として，人生の流れに沿って，公共サービスについて説明しておこう。

　第1に，誕生から子育ての段階では，市民部市民課に「妊娠届」を出すと母子健康手帳，妊婦検診受診票が渡され，また，妊婦健診受診については助成がある。次に「出生届」を提出すると，さまざまな手当や医療や子育て支援が提供される。例えば，四種混合ワクチンや日本脳炎やポリオワクチンの予防接種があり，また，児童手当・乳幼児医療費補助・義務教育就学時医療費助成（子育て支援課）や特別児童手当（障害者福祉課）もある。義務教育の段階では，学校教育部の学事課から「入学通知書」が送付される。

　第2に，成人すると，医療保険部の保険年金課で国民年金の加入手続きを行う（自営業等の第1号被保険者のみ：被用者年金制度のある企業の被用者及び配偶者は第2号及び第3号被保険者）。医療保険についても，被用者保険にカバーされな

い自営業・無職等の人は国民健康保険に加入するために，保険年金課で手続き
を行って，保険証の交付を受ける（国民健康保険は第5章で詳述）。さらに重要な
のは主権者としての選挙権であり，国や都道府県や市町村の選挙の事務は，**図
表1.1**の下の方にある選挙管理委員会事務局が行う。結婚をすれば，市民課に
婚姻届を提出する。そして子どもが生まれれば上記の「誕生から子育て」の手
続きと公共サービス提供がある。

　第3に，日常的な家庭生活では，資源循環部や水循環部（下水道，水道）によ
る基礎的な公共サービスが不可欠となる。資源循環部には，**図表1.1**に掲げられ
るゴミ減量対策課と廃棄物対策課と清掃施設整備課に加えて，ゴミ総合相談所
と2つの清掃工場（戸吹クリーンセンター，北の清掃工場）と3つの清掃事業所（戸
吹清掃事業所，館清掃事業所，南大沢清掃事業所）がある。

　第4に，人生の時間が不可逆的に進んで高齢期になると，手厚い福祉国家の
現場をみることになる。**図表1.1**で，八王子市の福祉関係の組織図をみると，福
祉部の中の高齢者いきいき課，高齢者福祉課（市内16の地域包括支援センターも
管轄），介護保険課が高齢者への福祉を担当している。また，後期高齢者医療
制度については，保険年金課で後期高齢者医療被保険者証が75歳以上の後期
高齢者に交付される。公的医療保険に関することは第5章で詳しくみるので，
人生における次の段階に進もう。

　第5に，医療技術や医療保険制度がどれだけ発達，充実しても人間は死を免
れることはできない。死亡の時点で親族または同居者は市民部市民課に死亡診
断書を添えて死亡届と火葬許可申請書を提出し，火葬後に火葬許可証に火葬日
時の入った火葬証明印を押してもらうことで，埋葬許可証という意味も持つこ
とになる。

　以上みたように，「ゆりかごから墓場まで」の人生の流れに寄り添う形で福
祉国家の「現場」で地方公共団体がさまざまな公共サービスを提供しているの
である。

┌───┐

　　●コラム：地方公共団体の職員数

　総務省（2019）によれば，2018年度初めにおける地方公共団体の職員数は274万人，その中で都道府県が139万人，市町村レベルが135万人である。政策分野別に分類すると，第1位が教育101万人，第2位が福祉37万人，第3位が公営企業等会計35万人，第4位が警察29万人，第5位が総務等23万人，第6位が消防16万人，第7位が土木14万人，第8位が農水・商工・労働分野12万人である。

　第1位の教育分野（101万人）は，次節で取り上げる義務教育等の教職員が中心であろう。

　第2位の福祉分野（37万人）は主として市町村が担当する保育所（9.6万人：本書第4章で検討）と福祉事務所（5.7万人：生活保護ケースワーカー，児童福祉法・身体障害者福祉法・知的障害者福祉法・老人福祉法・母子及び寡婦福祉法の担当ケースワーカー等）と清掃関係（4.4万人）がある。

　第3位の公営企業等会計は病院（20.5万人）や上下水道（6.9万人）や交通（2.0万人）の現業，介護保険事業（2.5万人）や国民健康保険事業（1.9万人）がある。

　第4位の警察と第6位の消防は生命・財産・安全を維持する最も基礎的な公共サービスであり，警察官のすべては都道府県職員であるが，消防職員16.2万人は主として市町村（14.3万人）である。第5位の総務等については，本文で取り上げた八王子市では市民部等による基本的な公共サービスである。　　　　　　　　　　　〔渋谷　博史〕

└───┘

1.2　義務教育の理念と財政：民主社会の形成

　日本国憲法の第26条で，すべて国民は「その能力に応じて，ひとしく教育を受ける権利を有する」，すべて国民は「その保護する子女に普通教育を受けさせる義務を負ふ」，「義務教育は，これを無償とする」と規定される。前節でみたように，八王子市では学校教育部の学事課から「入学通知書」が送付され，9年間の義務教育（小学校6年，中学校3年）が始まる。

　八王子市（2018）によれば，2018年度時点で，小学校が70校，中学校が38校であり，小学生は27.7千人，中学生は12.9千人であった。教員（人件費は東京都の負担）は小学校が1,686人，中学校が906人であり，職員は小学校が208人（東京都負担が61人，八王子市負担が147人），中学校が66人（東京都負担が33

人，八王子市負担が33人）である。

　これらの人的資源を投入する義務教育の課程は，学校教育法等で規定される算数（数学），国語，社会，理科，英語，美術，音楽，保健体育，技術家庭などの科目で構成され，さらに学校教育法は，教育基本法の第5条第2項の「義務教育として行われる普通教育は，各個人の有する能力を伸ばしつつ社会において自立的に生きる基礎を培い，また，国家及び社会の形成者として必要とされる基本的な資質を養うことを目的」とするという規定を具体化したものであり，それは，日本国憲法に規定される平和主義的な民主国家の主権者を育成するものである。

　そして，義務教育の小学校及び中学校の設置を，それぞれの市町村に義務づけるのが，学校教育法の第38条及び第49条である。義務教育の財政について，

図表1.2　小学校費（全国，2018年度）

（億円）

	都道府県	市町村	純計
合計	27,779	19,264	46,986
人件費	27,564	7,449	35,013
物件費	103	4,692	4,794
維持補修費		426	426
普通建設事業費	31	5,998	5,998
補助事業費		2,356	2,356
単独事業費	31	3,642	3,642
県営事業負担金			
その他	82	699	755

備考：統計は重複分を除いたもの。
出所：総務省（2020a）より作成。

図表1.3　中学校費（全国，2018年度）

（億円）

	都道府県	市町村	純計
合計	16,396	10,727	27,089
人件費	16,230	4,224	20,454
物件費	111	2,452	2,563
維持補修費	*	225	225
普通建設事業費	14	3,178	3,179
補助事業費	*	1,306	1,307
単独事業費	13	1,872	1,872
県営事業負担金			
その他	41	647	668

備考：統計は重複分を除いたもの。
出所：総務省（2020a）より作成。

2018年度の全国ベースの数値（**図表1.2**と**図表1.3**）をみておこう。

　第1に，全国総計で小学校費4.7兆円の内で人件費が3.5兆円（74.5%），物件費が0.5兆円（10.2%），普通建設事業費が0.6兆円（12.8%）を占めており，義務教育という公共サービスは労働集約的であるといえよう。

　第2に，都道府県レベルはほとんどが教職員の人件費であり，市町村レベルでも人件費が最大項目（政令指定都市では教職員人件費を，それ以外でも用務員，調理員等の人件費を負担）である。

　第3に，市町村レベルの第2の項目は普通建設事業費であり，物件費や維持補修費もほとんどが市町村レベルで負担している。それぞれの市町村が設置・運営する校舎や装置や現場の支援業務（職員等）の中で，都道府県レベルが人件費を負担する教職員による教育サービスが提供されるという基本構造である。例えば，光熱費，物品整備費（教材・教具・文具等），学校施設営繕費，就学援助（経済的に困難な児童への援助），健康診断という学校に不可欠なシステムが基礎自治体である市町村レベルで用意されるのである。

　第4に，**図表1.3**で，中学校の財政においても同様の仕組み・構造を読み取ることができる。

　このような小学校及び中学校の「義務教育」という最重要な公共サービスは全国で公平に提供されるべきであるが，本章の第7節でみるように，日本国内の多様な自然及び社会条件によって各地方公共団体の財政状況には格差があるので，格差に対する財政調整メカニズムが必要となる。その財政調整メカニズムについては本書の全体で詳細に考察するが，ここでは，その第1歩として，最重要な義務教育財政に関わる地域格差をみておこう。

　図表1.4は，全国レベルと秋田県及び埼玉県の教育費（県レベルと市町村レベルの合計）とその人口一人当たり及び生徒一人当たり（本章では小学生も中学生も生徒と呼ぶ）の金額を算出して比較したものである。

　第1に，人口一人当たり小学校費をみると，全国平均では37千円，秋田県は39千円，埼玉県は29千円である。人口一人当たり中学校費をみると，全国平

図表1.4　教育費の格差

	全国	秋田県	埼玉県
小学校費（億円）	47,043	379	2,123
人口一人当たり（千円）	37	39	29
生徒一人当たり（千円）	732	881	569
中学校費（億円）	27,125	261	1,302
人口一人当たり（千円）	21	27	18
生徒一人当たり（千円）	834	1,135	696
人口（千人）	126,443	981	7,330
小学校			
生徒数（千人）	6,428	43	373
教員数（人）	420,659	3,288	20,749
学校数	19,892	199	817
学校当たり生徒数（人）	323	216	457
教員当たり生徒数（人）	15	13	18
中学校			
生徒数（千人）	3,252	23	187
教員数（人）	247,229	2,252	12,415
学校数	10,270	115	446
学校当たり生徒数（人）	317	200	419
教員当たり生徒数（人）	13	10	15

出所：総務省（2020b，2020c，2020d）より作成。

均では21千円，秋田県は27千円，埼玉県は18千円である。

　第2に，生徒一人当たりの金額をみると，秋田県と埼玉県の違いは，小学校費においても中学校費においても大きくなっており，例えば，生徒一人当たりの小学校費では，全国が732千円，秋田県が881千円，埼玉県が569千円である。生徒一人当たりの中学校費では，全国が834千円，秋田県が1,135千円，埼玉県が696千円である。

　次に，埼玉県と比べて秋田県の教育費の割高になっている原因は，教育費の主力である教職員の人件費のあたりで探すべきであろう。

　学校当たり生徒数や教員当たり生徒数を比べてみよう。小学校の数値をみると，全国平均では小学校の学校当たり生徒数や教員当たり生徒数がそれぞれ323人と15人であるのに対して，秋田県では216人と13人，埼玉県では457人と18人である。すなわち，首都圏にあって都市部に人口が集中している埼玉県では，学校当たりの生徒数が多く，教員一人当たりの生徒数も相対的に多くなっており，それだけ，学校運営のコスト面では割安になる。他方，過疎地域

を多く抱える秋田県では逆に，学校当たりの生徒数も教員一人当たりの生徒数も相対的に少ないので，学校運営が割高になっている。そのことが，教育費の格差をもたらしていると思われる。

このことの意味は重要である。多様な自然条件や経済社会条件の下で，それぞれの地方公共団体は，日本国憲法や教育基本法や学校教育法に明示される国家目標，民主的な平和国家を担う国民を育成する義務教育サービスを公平に提供するために努力しており，それが，過疎地域の側における割高な教育費となって現れている。ところが，秋田県は豪雪地帯にあって過疎地も多く，経済的に不利であり，税収基盤も弱いのに対して，埼玉県は東京都心への通勤者のベットタウンであるとともに，多くの事業所も立地しており，税収基盤は豊かである。

したがって，割高な教育費を賄うために，財政的な基盤の弱い地方公共団体に対する財政支援のメカニズムが必要となる。それが，日本国憲法に規定される日本福祉国家の重要な仕組みとなっており，次章以降で詳しく説明される。

●コラム：学校給食

　義務教育のために小中学校は，教育基本法や学校教育法によって基礎自治体である市町村が設置・運営しており，学校給食はその重要かつ不可欠な一環である。学校給食法（第2条）において，その目標として以下のことが掲げられている。第1に「適切な栄養の摂取による健康の保持増進」，第2に「食事の理解」と「健全な食生活のための判断力」と「望ましい食習慣」，第3に「明るい社交性及び協同の精神」，第4に「生命及び自然を尊重する精神並びに環境の保全に寄与する態度」，第5に「勤労を重んずる態度」，第6に「伝統的な食文化についての理解」，第7に「食料の生産，流通及び消費の理解」に導くことである。

　学校給食は市町村レベル（基礎的な地方公共団体）で運営されるが，その栄養管理と衛生管理については国の定める学校給食実施基準と学校給食衛生管理基準に基づいている。近年では調理は民間業者への委託が増加しているが，教育委員会に所属する栄養士がその実施基準に基づいて献立を作成し，食材については基礎自治体に属する食材選定委員会等の組織で決定している。それらの過程において，食育や地産地消という政策意図が盛り込まれる（佐々木輝雄（2016）37,110頁）。

　学校給食の費用負担では，施設及び設備と運営の経費は「義務教育諸学校の設置者の負担」とされ，それ以外の経費（食材費）は「学校給食費」として保護者の負担とされる（学校給食法第11条）。市町村の財源には国や都道府県からの財政移転があるのは，本章や第2章でみるとおりである。なお，第3章で詳しく考察される過疎地の鹿角市の財政の中で給食費が大きな比重を占めているが，ここでみたような背景がある。

　また，給食に関する視野を広げる参考文献として以下のものがある。農林水産省（2019），藤原辰史（2018），鳫咲子（2016），佐々木輝雄（2016）。　　　〔渋谷 博史〕

1.3　公的資本形成：経済社会の基本インフラ

　地方公共団体による建設事業（資本形成）は，道路・港湾や治山・治水や都市インフラ等のさまざまな分野があり，現代日本の産業，貿易，市民生活にとって必要不可欠なものである。近年，地震や津波や豪雨等による厳しい災害もあり，基本インフラの重要性があらためて認識されている。

　図表1.5は，地方公共団体による普通建設事業の全体を示している（2018年

図表1.5　普通建設事業（2018年度）

	都道府県		市町村		純計額	
	億円	％	億円	％	億円	％
総務費	3,475	4.5	7,077	9.3	9,541	6.5
民生費	1,948	2.5	5,320	7.0	6,525	4.4
衛生費	1,639	2.1	6,966	9.1	8,157	5.5
労働費	67	0.1	70	0.1	1,378	0.9
農林水産業費	13,994	18.0	4,777	6.2	16,264	11.0
商工費	628	0.8	1,894	2.5	3,360	2.3
土木費	42,782	55.1	31,675	41.4	73,094	49.5
道路橋りょう費	19,835	25.5	12,324	16.1	31,845	21.6
河川海岸費	11,773	15.2	1,288	1.7	12,859	8.7
港湾費	2,328	3.0	998	1.3	3,196	2.2
都市計画費	6,118	7.9	12,996	17.0	18,555	12.6
住宅費	2,024	2.6	3,597	4.7	5,521	3.7
その他	704	0.9	472	0.6	1,117	0.8
消防費	223	0.3	2,959	3.9	3,152	2.1
教育費	4,298	5.5	15,639	20.4	19,716	13.4
その他	7,598	9.8	100	0.1	7,698	5.2
合計	77,643	100.0	76,476	100.0	147,644	100.0

出所：総務省（2020a）より作成。

度）。都道府県と市町村の純計は14.8兆円である。都道府県（7.8兆円）では55％が土木費（道路橋りょう費，河川海岸費），18％が農林水産業費である。市町村（7.6兆円）では土木費（都市計画費等）が41％を占めるが，他方で，教育費（耐震耐火仕様の校舎，図書館，体育館等の文教施設；災害時の避難場所）が20％を，さらには民生費（社会福祉施設等）が7.0％，衛生費（医療・保健施設等）が9.1％を占めており，都道府県と異なって，国民生活の教育・福祉・災害対策の現場におけるインフラ形成も担っていることが特徴的である[3]。

　ここでは，八王子市を事例としてその都市計画費について立ち入ってみよう。図表1.6をみると，2018年度決算ベースで八王子市の土木費は143.8億円であり，その中で第1位は都市計画費75.7億円である。さらに都市計画費に立入ってみると，第1に，都市計画総務費24.1億円には「はちバス」（市内の交通空白地帯で八王子市が運行するコミュニティ・バス）や交通安全教育や放置自転車対策や自転車駐車場という多様な生活密着型の公共サービスがあり，また，都市景観形成（高尾駅前，横山町，八王子駅前）のいくつかの事業もある。第2に土地区画整理費22.2億円は，市内の上野第2地区等の6地区において「公共施設の整備改善及び宅地利用の増進」を目的として建物移転や街路築造を実施する経費である。第3に，都市計画道路事業費12.0億円と公園費16.2億円も，東京近郊のベッドタウンとしてのインフラ整備の費用とみることができよう。

　第2位の道路橋りょう費48.9億円には道路・水路の維持・改良事業や道路照明に加えて，道路アドプト制度（地域コミュニティの市民活動として，身近な道路で管理者（市）と協働して，清掃や植栽帯の刈り込み・除草を行う制度；剪定用具・清掃用具・除雪用具・塩化カルシウムの支給；ボランティア保険への加入）の5.7億円もある。

　すなわち，八王子市の都市計画費は，東京近郊のベッドタウンとしての体系的な都市経営や都市計画を実施するものである。国あるいは東京都による体系的な首都圏交通システムを与件として基礎的な地方公共団体としての八王子市が，それに整合する形で地域の交通システムや都市経営を担うという役割である。序章でみた国から地方公共団体への財政移転は，単に財政資金の分与だけ

図表1.6　八王子市の土木費（2018年度，百万円）

土木費	14,382		
1：土木管理費	1,054		
土木総務費		1,032	道路台帳水路台帳，設計・工事施工監督
建築指導費		22	建築指導，建築審査；手数料収入19百万円
2：道路橋りょう費	4,885		
道路橋りょう総務費		979	
道路維持費		2,713	
道路の改良整備			996
交通安全施設の整備			19
交通安全施設の整備			542
道路・水路の維持補修			568
道路・水路の維持補修			500
街路樹等維持管理			187
駅周辺都市施設維持管理			135
水路の改良整備			316
水辺づくりの推進			16
道路新設改良費		662	
幹線・生活道路の整備			382
道路用地取得			10
水路用地取得			2
八王子駅周辺交通環境			269
橋りょう維持費		479	
橋りょう新設改良費		52	
3：都市計画費	7,573		
都市計画総務費		2,409	都市景観形成（高尾駅，横山町，八王子駅），はちバス，交通安全教育，放置自転車対策，自転車駐車場，
土地区画整理費		2,218	上野第二地区，打越，中野中央，宇津木，中野西，川口
都市計画道路事業費		1,200	
都市計画道路の整備			510	国道16号線，国道411号線関連
北西部幹線道路			690	円中央道から国道16号線へ
公園費		1,619	公園管理，公園整備
緑化対策費		127	
4：住宅費	869		
住宅総務費		493	
市営住宅管理			161	21団地1374戸
耐震化促進			206	
その他			126	空き家活用，バリアフリー化，省エネ化，長寿化工事
住宅建設費			376	泉団地建替着手

出所：八王子市（2019b）より作成。

ではなく，実体的なインフラ整備における体系的な整合性を，国も地方公共団体の側においても追求するプロセスを内実としているといえよう。

　ところで，首都圏にある八王子市の場合には都市生活に密着する形の公的資本形成であるが，全国の非都市部の地方公共団体では，多様な地域の状況の中で，それぞれに必要とされる公共サービスと整合する形で公的インフラを整備している。例えば，小田切徳美（2014）は，長期的な人口流出による過疎化や「農山村の空洞化」に抗して，農山村の内発的な「地域づくり」による再生のために，地域内の社会教育的活動や都市農村交流というソフト面に加えて，病院・救急搬送・通学・買物という基本的な生活条件を確保する仕組みの構築が必要であると述べている。[4]

　そして，広島県三次市青河地区の自治振興会の事例を取り上げて，「地域づくり」の一環として「暮らしサポート事業」としての輸送サポート（病院，スーパーマーケット等）を紹介している。[5] 本書『福祉国家と地方財政』の視角からは，その輸送サポートには，道路システムというハード面が前提となるが，逆にいえば，道路を建設するだけでは狸や熊が散歩するだけであり，その道路を活用するソフト面の活動によって，道路の価値が測られるのである。また，小田切（2014）が別の事例として紹介する鳥取県日南町の資料から引用する，「まちの道路は病院の廊下」という言葉も，このような文脈で読むことができよう。病院が建設され，医療保険システムで支払い手段が提供されても，道路システムというハード面が整備されなければ「絵に描いた餅」になるが，逆にこのような活用がなければ，過疎地の道路も「絵に描いた餅」で終わることになる。

1.4　生活保護：最低保障の仕組み

　生活保護制度は，日本の福祉国家システムの最前線である市町村で実施される最重要なセーフティネットである。日本の「豊かな社会」の中で，生活が困窮し，貧困に陥る人々に対して，憲法25条の理念に基づき，その必要に応じて健康で文化的な最低限度の生活を保障し，また就労による自立に向けて生活が向上するよう援助するという役割を担っている（生活保護法第1条）。また，2015年4月から始まった生活困窮者自立支援制度は，上記のセーフティネット

の役割における自立支援を強調する方向で，しかも生活保護の受給者から外延的に対象者を拡大するものであり，具体的には，生活保護に至る前の自立支援の強化を図るとともに，生活保護から脱却した人が再び生活保護に頼ることのないように支援するとしている。

　まず，生活保護制度の概要をみてみよう。

　第1に，生活保護は，すべての市（特別区含む，以下同様）と福祉事務所を設置する町村が実施する。市町村が実施する生活保護の財源は，国が4分の3，地方公共団体が4分の1を負担しており，すなわち，全国規模で提供される最重要なセーフティネットは地域の現場に存在する基礎的な地方公共団体である市町村が担当し，財源的に国が保障するという制度構造になっている[6]。

　第2に，市町村の福祉事務所が窓口となり，生活困窮者の相談，生活保護の申請受付，世帯の収入や資産の状況や健康状態等の調査，生活保護の要否判定（生活保護の開始だけでなく，変更，停止，廃止含む），家庭訪問，自立支援，生活保護費の支給に関する業務などを行う。

　第3に，上記のような生活保護業務を行う者は，ケースワーカーと言われる市町村の職員（地方公務員）である[7]。社会福祉士等の国家資格を持つ福祉職だけでなく，行政職として採用され福祉事務所（実際の部署名は福祉事務所に限らない。例えば京都市では，「○○区役所保健福祉センター健康福祉部生活福祉課」となっている）に配属された者が担当することも多い。

　第4に，支給される保護費は，国が定める基準で計算される最低生活費と収入とを比較して，収入が最低生活費に満たない場合に，最低生活費から収入を差し引いた差額が保護費として支給される。生活保護基準は被保護世帯の多様な生活に対応するため，要保護者の年齢，世帯構成，所在地などの事情を考慮して8種類の扶助別に定めている（［コラム：保護の種類と世帯類型］参照）。

●コラム：保護の種類と世帯類型

　保護には以下の8種類がある。①生活扶助（食費・被服費・光熱費など日常生活に必

要な費用)，②住宅扶助 (被保護世帯が貸間・貸家の場合の家賃等)，③教育扶助 (義務教育を受けるために必要な学用品費等)，④医療扶助 (国民健康保険と同水準の医療サービス・薬剤などの現物給付に加え，入退院・通院のための交通費等)，⑤介護扶助 (介護保険と同一内容の介護サービスの現物給付)，⑥出産扶助 (施設分娩と居宅分娩の費用)，⑦生業扶助 (就労に必要な技能の習得等にかかる費用)，⑧葬祭扶助 (遺族や扶養義務者が困窮のために葬祭を行うことができない場合の葬祭費用) がある。これらの扶助は必要に応じて支給される。生活保護の扶助費総額は，2018年度は3兆6,062億円であり，2007年度の2兆6,175億円から大幅に増加している。内訳をみてみると，生活扶助30.6%，住宅扶助16.5%，介護扶助2.5%，医療扶助49.4%，その他の扶助0.9%であり，医療扶助が生活扶助を大きく上回っている。[8]

　また，受給世帯の類型の定義は以下のとおりである。高齢者世帯とは，男女とも65歳以上の者のみで構成されている世帯か，これに18歳未満の者が加わった世帯。母子世帯とは，死別・離別・生死不明及び未婚等により現に配偶者がいない65歳未満の女子と18歳未満のその子のみで構成されている世帯。傷病者世帯とは，世帯主が入院 (介護老人保健施設入所を含む) しているか，在宅患者加算を受けている世帯，もしくは世帯主が傷病のため働けない者である世帯。障害者世帯とは，世帯主が障害者加算を受けているか，障害・知的障害等の心身上の障害のために働けない者である世帯。

〔長谷川 千春〕

　第5に，最大の項目である医療扶助に関連して，近年「無保障者」問題が注目されている。医療扶助も，原則として被保護者及び要保護者が申請して認め[9]られた場合に開始されるという仕組み (申請保護の原則)[11]なので，公的医療保険 (国民健康保険や被用者保険) の保険料納付が困難な経済状況に陥っても，申請を躊躇する，あるいは申請しても認められない場合には，公的医療保険と医療扶助のはざまに「無保障者」を生み出すことになる (詳しくは第6章)。

　第6に，2018年度の月平均の被保護実人員は209.7万人，保護率 (被保護実人員の対人口比) は1.7%であり，2007年のリーマンショック後の経済不況の中で急増し，その後高止まりの状態が続いている。また，世帯類型別に被保護世帯数及び構成割合 (1か月平均) でみると，高齢者世帯88.2万世帯 (54.0%)，母子世帯8.7万世帯 (5.3%)，傷病者・障害者世帯41.2万世帯 (25.3%)，その他の世帯24.8万世帯 (15.2%) で，高齢者世帯の増加傾向とともに，稼働年齢層が含

まれる「その他の世帯」が急増し横ばいの状況である。[12]

　生活保護事業について，国と地方公共団体が協力して，21世紀的な状況からの政策的な要請による制度の見直しを，財政制約が強まる中で進めている。具体的には，就労支援事業の支援体制を充実させ，生活保護受給者がそれらの事業に積極的に参加するよう働きかけることが強調されている。また，医療扶助についても後発医薬品の使用促進，頻回受診の適正化指導が促されている。また生活保護事業と生活困窮者自立支援事業［コラム：生活困窮者自立支援制度］との連携についても，生活に困窮する要保護者が生活保護受給者に至らないようにする支援や，生活保護から脱却した者が再び生活保護に戻らないように継続的な支援が行われるよう，対象者の情報共有などを通じて適切な支援を行えるように，地域の状況によっては両事業を一体的に実施することも可能である。[13]

●コラム：生活困窮者自立支援制度

　2015年4月から，生活保護受給者や生活困窮に至るリスクの高い階層の増加を受けて，新たに生活困窮者自立支援事業が開始されている。生活困窮者自立支援事業は，福祉事務所を設置する都道府県，市区町村が実施している。

　概要を説明すると，第1に，地方公共団体が必ず実施することが求められる必須事業として，自立相談支援事業（就労その他の自立に関する相談支援，事業利用のためのプラン作成等），住居確保給付金の支給（離職により住宅を失った生活困窮者等に対しての家賃支給）の2事業がある。また，地方公共団体が任意に実施できる任意事業として，就労準備支援事業（就労に必要な訓練を日常生活自立，社会生活自立段階から有期で実施），一時生活支援事業（住居のない生活困窮者に対して一定期間宿泊場所や衣食の提供等を行う）及び家計相談支援事業（家計に関する相談，家計管理に関する指導，貸付の斡旋等を行う），学習支援事業（生活困窮家庭の子どもの学習支援）がある。

　第2に，上記の各事業は，都道府県，市区町村が直営する以外にも，社会福祉協議会や社会福祉法人，NPO等への委託が可能である。自立相談支援事業については，2018年7月1日時点の調査で，直営方式との併用を含めて，64.9%の自治体が委託により実施しており，委託先は社会福祉協議会が76.2%と最も多く，NPO法人11.8%，社会福祉法人8.7%等となっている。また，52.9%の自治体が，自立相談支援事業を生活保護

の被保護者就労支援事業と一体的に実施している。[14]

　第3に，事業費負担については，必須事業である自立相談支援事業及び住居確保給付金については国4分の3と地方公共団体4分の1であり，任意事業の中では，就労準備支援事業及び一時生活支援事業については国3分の2と地方公共団体3分の1であり，同じ任意事業でも家計相談支援事業，学習支援事業その他生活困窮者の自立促進に必要な事業については国2分の1と地方公共団体2分の1である。

　第4に，2017年4月1日時点での任意事業の実施自治体は，就労準備支援事業が福祉事務所設置自治体の48%，家計相談支援事業が45%，一時生活支援事業が31%，子どもの学習支援事業が59%となっており，前年度と比較して実施自治体数は全事業で増加している。　　　　　　　　　　　　　　　　　　　　　　　　　　　〔長谷川　千春〕

　国民全体にとっての最低保障のセーフティネットである生活保護事業，そして生活困窮者自立支援事業については，国の負担割合が高く設定されている。しかし，実際の窓口を担当するのは，先に八王子市の事例でみたように，市町村である。

1.5　保健と医療：憲法25条の「国民の健康」

　文字通り，保健とは健康を保つことであり，日本国憲法第25条の「健康で文化的な最低限度の生活を営む権利」における「国民の健康」を支える政策分野である。医療保険と医療扶助による医療保障（本書の第5章及び第6章）が主軸となるが，ここでは視野を広げて，保健分野を，本章冒頭で観察した八王子市を事例として考察しよう（主な資料は，八王子市 (2019b)）。

　まず，主軸となる地域保険としての国民健康保険（自営業者，退職者等の無職者）と後期高齢者医療制度（75歳以上の後期高齢者）をみよう。地方公共団体による地域保険としての医療保険システムにおける複雑な財政構造については，第2章と第3章と第5章で詳しく検討するとして，ここでは，最前線の八王子市が担う現場をみておこう。

　第1に，八王子市民は国民健康保険に強制加入（「職場の健康保険の加入者及び

扶養家族」と後期高齢者医療制度加入者と生活保護（医療扶助）受給者は除外）であり，自分が住む地方公共団体が運営する国民健康保険の費用負担（保険料の納付）が義務とされる。

第2に，国民健康保険の「療養の給付」では，医療機関等に保険証を提示すれば，本人が一部負担金を支払うと，残りは医療機関等が国民健康保険団体連合会に請求し，連合会が八王子市の国民健康保険特別会計から受け取る資金を，それぞれの医療機関等に支払うのである（被用者保険等では社会保険診療報酬支払基金がその役割を果たしている）。さらに，高額療養費（本人の一部負担額が基準額を超えた場合に超過額が戻ってくる）や，高額介護合算療養費（医療費と介護サービス費の自己負担額が基準額を超えた場合に超過額が戻ってくる）の制度があり，領収書等を保険年金課に提出して，支払いを受ける。また，葬祭費（5万円）や出産一時金（42万円）も国民健康保険制度から支払われる。

第3に，国民健康保険の特定健康診査事業では，生活習慣病の予防のために40歳以上の被保険者に特定健康診査及び特定保健指導を実施し，受診勧奨を行う。2018年度の特定健診の対象者は98千人，受診者は44千人，受診率は44％であり，特定保健指導の対象者は3.4千人，実施者は0.9千人であった。

次に後期高齢者医療制度にかかわる八王子市の役割を検討しよう。

第1に，75歳以上の八王子市民は後期高齢者医療制度に強制加入することになり，「職場の健康保険の加入者及び扶養家族」であっても75歳になると移行することになる（生活保護（医療扶助）受給者は除外）。

第2に，「療養の給付」では，医療機関等に保険証を提示すれば，本人が一部負担金を支払うと，残りは医療機関等が社会保険診療報酬支払基金に請求され，東京都後期高齢者医療広域連合が支払う。さらに，高額療養費や高額介護合算療養費や葬祭費（5万円）の制度もある。

第3に，東京都後期高齢者医療広域連合からの委託を受けて，八王子市の後期高齢者医療特別会計の保健事業として「後期高齢者健康診査」が実施される。対象者67千人について受診者は34千人であった（受診率50％）。なお，その費用4.6億円の内で，広域連合からの受託事業収入は2.0億円であり，八王子

市一般会計からの繰入金が2.3億円もあることからも，市内の後期高齢者に対する保健事業の重要な一環と位置づけられていると思われる。

　これらの国民健康保険や後期高齢者医療制度に加えて，八王子市では一般会計による保健事業がある。一般会計の衛生費227億円の中で，約50億円が保健事業として支出されている。残りは清掃関係と下水道であり，広い意味では市民の健康を保つために不可欠な分野であるが，ここでは，それらを除いた狭義の保健分野を検討する。

　衛生費の中の狭義の保健分野の第1は，八王子市保健所（健康部）が担当する予防接種（11億円）であり，定期予防接種（B型肝炎，四種混合，日本脳炎等）と高齢者定期予防接種（高齢者インフルエンザ，高齢者肺炎球菌感染症）である。

　第2は，医療保険部の成人検診課が担当する，がん検診であり，八王子市に住民登録があり，自分や配偶者の勤務先，学校，人間ドックなどで受診の機会がない人が対象となり，がん検診等無料クーポン券が送付される。

　第3に，母子保健事業（5億円）には妊娠期支援事業，妊婦健康診査，産婦・乳幼児健康診査，特定不妊治療費助成，小児慢性特定疾病医療費助成がある。

　第4に，地域医療体制整備事業（9億円）には，高度専門・救急医療整備事業補助（6億円：中核病院である東京医科大学八王子医療センター，東海大学医学部付属八王子病院），小児救急医療及び小児病床運営費補助（2億円）があり，また，救急医療（2億円）や斎場運営費（3億円）や霊園管理費（1億円），さらには，保健所（健康部）の生活衛生課では食品衛生（営業許可，監視指導），環境衛生（理・美容所，旅館業，公衆浴場等の許認可や監視指導），学校・保育園の給食の放射線測定が，保健対策課では感染症対策等が実施される。

　以上みたように，八王子市の国民健康保険特別会計と一般会計を通して，予防接種，がん検診や一般検診，母子保健事業，救急医療，中核病院への補助金，食品衛生・環境衛生，さらに斎場及び霊園の運営まで網羅的な政策（ゆりかごから墓場まで）を展開しており，それらに支えられて，国民健康保険・後期高齢者医療制度や生活保護（医療扶助）を主軸とする医療保障システムが機能するのである。

1.6　介護保険サービスの供給システム：民間セクターとの関係

　21世紀の高齢社会が一層深化する状況でますます重要になるのが介護保険の分野である。しかし介護保険法を制定して「国民共同の費用負担」の仕組み（第2章で検討）を構築しても，その財源で購入する介護サービスの確保が不可欠であり，しかも，その介護サービスの需要も供給も地域特性に規定される[16]。

　介護保険サービスの需要・消費に関わる制度設計や運営については第7章で詳しく検討されるので，ここでは供給の側を検討しよう。**図表1.7**は，第3章で過疎地域の地方公共団体の具体的事例として取り上げられる鹿角市の介護業者を地区別・介護サービス別で分類したものである[17]。

　第1に，鹿角市を花輪地区と十和田地区と八幡平地区に分けて，それぞれの地区で介護サービスが体系的に提供されるシステムが構築されている。

　第2に，花輪地区では鹿角中央病院の介護療養型医療施設（定員52人）と東恵園の介護老人福祉施設（定員56人）の施設介護を軸に据えて，介護老人保健施設や地域密着型の小規模老人福祉施設や認知症対応型共同生活介護，また，短期施設入所や通所介護や訪問介護という多様な介護サービスのシステムが構築されている。

　第3に，十和田地区では大湯リハビリ温泉病院の介護療養型医療施設（定員42人），「おおゆ」の介護老人福祉施設（定員90人），鹿角微笑苑の介護老人福祉施設（定員100人）という施設介護を軸とし，また八幡平地区では「いこいの里」の介護老人保健施設（定員100人）を軸として，同様のシステムが構築されている。

　第4に，それらの軸となる介護施設のホームページ等によれば，大きな規模の施設を運営する医療法人・社会福祉法人が，それぞれの地区において地域密着型や在宅の多様な介護サービスも提供していることがわかる。花輪地区の鹿角中央病院を経営する医療法人恵愛会は介護老人保健施設の「けいあい」を運営し，さらに訪問看護や通所介護も行っている。また，花輪地区の東恵園や，

図表1.7　鹿角市の介護保険サービス供給システム

地区	施設名	地域密着型特定施設入居者生活介護	特定施設入居者生活介護	介護療養型医療施設	介護老人保健施設	地域密着型介護老人福祉施設入居者生活介護	介護老人福祉施設	認知症対応型共同生活介護	小規模多機能型居宅介護	短期入所生活介護	短期入所療養介護	通所リハビリテーション	認知症対応型通所介護	地域密着型通所介護	通所介護	訪問リハビリテーション	訪問看護	訪問入浴介護	訪問介護	介護予防支援・ケアプラン作成	居宅介護支援・ケアプラン作成
花輪	鹿角中央病院			52								75					○				○
	社会福祉協議会																		○		○
	大深				19																
	けいあい				20																
	はなわあいの					29				29											
	東恵園						56			11	12				40			○	○		
	みさと							18													
	なでしこ							18					3								
	仁愛							18													
	かみはなわ								25												
	オアシス														30						○
	大里医院																○				
	厚生連																○				
	タクト																		○		
	ニチイ																		○		
十和田	大湯リハビリ温泉病院			42								40				○	○				
	けまない				14																
	おおゆ		24				90			18	39				80						
	北の郷	24																			
	月山の郷					29							12								
	鹿角微笑苑						100			空											
	せきがみ							18													
	たぐちさんの家								18												
	大寿十和田									30											
	すえひろ													18							
	みしょうえん													20							○
	ゆい																		○		○
八幡平	いこいの里				100			○				60				○					
	鹿南の郷					29															
	くおん							18													
	ゆぜ温泉														15						
	鶴寿																		○		
市外	アースサポート大館																		○		
	虹の街（大館）																		○		

備考：数字は定員数，○印はサービス提供を意味する。
出所：鹿角市（2018）より作成。

十和田地区の「おおゆ」(社会福祉法人愛生会) や，十和田地区のもうひとつの軸である鹿角微笑苑を経営する医療法人寿光会や，八幡平地区の「いこいの里」(医療法人翠峰会) も，多様なサービスを提供している。

　さらに，原資料の鹿角市 (2018) によれば，鹿角市の地域包括支援センターについても，花輪地区は鹿角市の直営であるが，八幡平地区では，上記の「いこいの里」を経営する医療法人翠峰会に委託されており，十和田地区では社会福祉法人「花輪ふくし会」に，大湯地区では，上記の「おおゆ」を経営する社会福祉法人愛生会に委託されている。

　以上みてきたように，介護保険サービスの最前線は介護施設や在宅介護のサービス提供者であり，その地域レベルの供給システムを前提として，介護保険が運営される。本書の主要テーマのひとつである重層的な財政調整メカニズムも，その地域レベルの供給システムの構築と運営がなければ，実質的な意味と役割を持てないといえよう。すなわち，憲法や法律に書き込むだけでは「絵に描いた餅」であり，また介護保険の費用分担の仕組みを作っても，まだ，「餅」は絵から出てこないのであり，その財源で購入できる福祉サービスが実際に提供されるメカニズムがそれぞれの地域に構築されることが絶対的に不可欠である。

　このような問題意識をもって，本書の各章の勉強に進むまえに，次節では日本列島の多様な地域性とそれぞれの地方公共団体の有り様を見て，その多様性のもたらす格差を埋めるために財政調整メカニズムが求められる原因と理由について考察しておこう。

1.7　地方公共団体の多様性

　本章では，「現場」に視座を置いて具体的なイメージをもてるような形で，地方公共団体の役割を検討してきた。最後に，視線をあげて，地方公共団体の全体像を紹介して，次章以降の詳細な検討に向かう準備としておきたい。

　さて，アジア大陸の東側に位置する日本国は，小さな国土面積ながら，南西

の沖縄県から北東の北海道にかけての細長い列島に存在し，47団体の都道府
県はかなり多様な自然条件が与えられている。「北は北海道から南は沖縄まで」
という言葉があり，**図表1.8**にみるように，都道府県の中で最北の北海道は面積
が83.4千平方キロ，人口529万人（2018年），人口密度は63人／平方キロである
のに対して，最南の沖縄県は面積が2.3千平方キロ，人口145万人，人口密度
は635人／平方キロである。ちなみに日本列島の真ん中にある東京都は面積が
2.2千平方キロ，人口1,382万人，人口密度は6,553人／平方キロである。

　また，戦後の経済成長下における不均衡な発展による経済社会条件も多様で
あり，それぞれの経済力を基盤とする税収についても格差がある。人口一人当
たりの都道府県税収は，北海道が128千円，東京都が229千円，沖縄県が108
千円である。そして，都道府県歳入に占める税収の比重は，北海道が28％，
東京都が69％，沖縄県が22％であり，第2章及び第3章でみるように，税収基
盤が弱い地方公共団体は国から財政移転を受け取りながら，必要な公共サービ
スや給付を行っているのである。

　すなわち，日本の地方公共団体は，その多様な自然・社会条件を与件としな
がら，日本国憲法で規定される基本的な公共サービスを国民に公平に提供する
ために存在しているが，多様な与件のゆえに財政基盤には格差が生じるので，
公共サービスを公平に提供するためには，その財政格差を均すための財政調整
メカニズムが不可欠である。それが，次の第2章で検討する国から地方公共団
体への地方交付税及び補助金である。序章の**図表0.1**でみた中央政府からの財政
移転は，日本列島の上で濃淡を成す自然条件や社会条件による地方公共団体の
財政力格差を調整する形で行われている。[18]

　最後に市町村レベルの地域的多様性と財政格差をみておこう。日本の場合，
中央政府（Central Government）は国と呼ばれ，その主要機能は首都である東
京に集中しており，地方政府（Local Government）は都道府県（47団体）レベル
と市町村レベル（1718団体の市町村と，東京都内の23特別区）の2層構造であり，
　市町村レベルには，**図表1.9**（2018年度）にみるように，主として人口規模等
の基準によって20団体の政令指定都市（人口50万人以上），[19]54団体の中核市（人

48

図表1.8　都道府県の多様な自然・社会条件（2018年）

	人口 (千人)	面積 (km²)	人口密度 (人/km²)	年齢3区分 (%)				地方税 (百万円)	歳入に占める比重 (%)	一人当たり地方税 (千円)
				0～14歳	15～64歳	65歳以上	75歳以上			
全国	126,443	377,974	335	12.2	59.7	28.1	14.2	18,327,990	40.9	145
北海道	5,286	83,424	63	10.9	57.7	31.3	15.8	675,861	28.4	128
青森	1,263	9,646	131	10.8	56.5	32.6	16.7	169,524	25.5	134
岩手	1,241	15,275	81	11.3	56.2	32.5	17.4	161,124	15.6	130
宮城	2,316	6,859	338	11.9	60.3	27.8	13.9	321,267	27.4	139
秋田	981	11,638	84	10.0	53.6	36.4	19.7	116,446	19.2	119
山形	1,090	6,652	164	11.7	55.5	32.8	17.6	134,228	23.3	123
福島	1,864	13,784	135	11.6	57.5	30.9	15.9	275,721	20.7	148
茨城	2,877	6,097	472	12.1	59.0	29.0	14.0	421,878	39.7	147
栃木	1,946	6,408	304	12.3	59.6	28.1	13.4	291,289	38.7	150
群馬	1,952	6,362	307	12.1	58.5	29.4	14.7	284,337	39.1	146
埼玉	7,330	3,768	1,946	12.2	61.5	26.4	12.6	904,272	52.3	123
千葉	6,255	5,083	1,231	12.0	60.5	27.5	13.3	819,108	47.6	131
東京	13,822	2,109	6,553	11.2	65.7	23.1	11.9	3,170,363	69.4	229
神奈川	9,177	2,416	3,798	12.1	62.8	25.1	12.5	1,187,546	63.8	129
新潟	2,246	10,364	217	11.6	56.5	31.9	16.7	289,914	28.4	129
富山	1,050	2,046	513	11.6	56.5	32.0	16.4	152,498	30.5	145
石川	1,143	4,186	273	12.5	58.4	29.2	14.7	168,910	31.5	148
福井	774	4,191	185	12.8	57.0	30.2	15.8	128,224	28.3	166
山梨	817	4,254	192	11.9	57.9	30.4	15.8	117,883	25.6	144
長野	2,063	13,104	157	12.4	56.1	31.6	16.9	282,028	35.1	137
岐阜	1,997	9,769	204	12.7	57.5	29.8	15.1	275,572	35.7	138
静岡	3,659	7,253	505	12.5	58.0	29.5	14.9	544,837	48.3	149
愛知	7,537	5,124	1,471	13.3	61.8	24.9	12.2	1,264,726	54.9	168
三重	1,791	5,759	311	12.4	58.2	29.4	15.1	279,590	40.9	156
滋賀	1,412	3,767	375	14.0	60.3	25.7	12.6	200,434	38.8	142
京都	2,591	4,612	562	11.7	59.4	28.9	14.7	323,693	38.3	125
大阪	8,813	1,905	4,626	12.0	60.5	27.5	13.8	1,277,830	49.5	145
兵庫	5,484	8,401	653	12.5	58.8	28.8	14.4	714,916	38.8	130
奈良	1,339	3,691	363	11.9	57.1	30.8	15.5	150,753	30.2	113
和歌山	935	4,725	198	11.7	55.6	32.7	17.1	110,091	20.4	118
鳥取	560	3,507	160	12.7	55.9	31.6	16.6	65,889	19.2	118
島根	680	6,708	101	12.4	53.8	34.0	18.4	82,323	17.0	121
岡山	1,898	7,011	271	12.6	57.3	30.1	15.6	244,278	35.5	129
広島	2,817	8,480	332	12.9	58.1	29.0	14.6	372,894	40.4	132
山口	1,370	6,113	224	11.8	54.4	33.9	17.7	182,479	29.6	133
徳島	736	4,147	177	11.3	55.7	33.0	17.1	92,565	18.9	126
香川	962	1,863	516	12.4	56.1	31.5	16.0	135,053	30.5	140
愛媛	1,352	5,676	238	12.0	55.4	32.6	16.8	169,670	26.6	125
高知	706	7,104	99	11.2	54.1	34.7	18.4	80,439	18.1	114
福岡	5,107	4,854	1,052	13.2	59.3	27.6	13.6	631,160	38.8	124
佐賀	819	2,441	336	13.7	56.7	29.8	15.4	105,132	24.0	128
長崎	1,341	4,131	325	12.8	55.3	32.0	16.6	147,115	21.6	110
熊本	1,757	7,273	242	13.4	56.1	30.6	16.2	200,802	21.8	114
大分	1,144	5,100	224	12.3	55.2	32.4	16.9	138,048	23.3	121
宮崎	1,081	6,794	159	13.4	54.9	31.6	16.5	126,451	22.3	117
鹿児島	1,614	9,043	178	13.3	55.3	31.4	16.7	182,126	23.3	113
沖縄	1,448	2,281	635	17.1	61.3	21.6	10.8	156,767	21.9	108

出所：総務省（2020a，2020d）より作成。

図表1.9　地方公共団体数と人口（2018年度）

	団体数	人口(千人)	%	1団体当たり人口(千人)	歳入(億円)	地方税(億円)	一人当たり歳入(千円)	一人当たり地方税(千円)	地方税の比重(%)
都道府県	47	127,444	100.0	2,711.6					
市町村	1,718	117,957	92.6	68.7	553,715	190,449	469	161	34.4
政令指定都市	20	27,489	21.6	1,374.5	139,926	57,699	509	210	41.2
中核市	54	20,720	16.3	383.7	82,448	32,370	398	156	39.3
施行時特例市	31	7,804	6.1	216.8	28,528	12,595	366	161	44.1
都市	687	51,049	40.1	74.3	232,039	73,241	455	143	31.6
町村	926	10,895	8.5	11.8	70,774	14,545	650	134	20.6
特別区	23	9,487	7.4	412.5					

出所：総務省（2020a）より作成。

口20万人以上[20]），31団体の施行時特例市（人口20万人以上[21]），それ以外の687団体の（普通）都市，さらに926団体の町村に分類されるが，さらに首都である東京都には23団体の特別区という文字通り特別な地方公共団体[22]も存在する。

　図表1.10（2018年度）にみるように，都道府県レベルの業務の一部（児童・障害者の福祉，都市計画等）を特例的に実施する能力を備える人口規模50万人以上の政令指定都市（20団体）は，首都圏である南関東の大都市圏と，京阪神の近畿地方の大都市圏と，名古屋を中心とする東海地方の大都市圏に集中するが，政令指定都市の特例的な業務の一部（福祉関係，都市計画の一部）を実施する能力のある20万人以上規模の中核市（54団体）及び施行時特例市（31団体）は，大都市圏に限らず，それぞれの都道府県の県庁所在地等の中心的な都市として全国的に広く分布しており，北海道，東北，北関東，信越北陸，中国四国，九州のそれぞれの地方における都市部と非都市部の濃淡が反映される。

図表1.10　政令指定都市・中核市・施行時特例市（2018年度）

政令指定都市	札幌，仙台，さいたま，千葉，横浜，川崎，相模原，新潟，静岡，浜松，名古屋，京都，大阪，堺，神戸，岡山，広島，北九州，福岡，熊本
中核都市	函館，旭川，青森，八戸，盛岡，秋田，山形，福島，郡山，いわき，宇都宮，前橋，高崎，川越，川口，越谷，船橋，柏，八王子，横須賀，富山，金沢，長野，岐阜，豊橋，岡崎，豊田，大津，豊中，高槻，八尾，枚方，東大阪，姫路，西宮，尼崎，明石，奈良，和歌山，鳥取，松江，倉敷，呉，福山，下関，高松，松山，高知，久留米，長崎，佐世保，大分，宮崎，鹿児島，那覇
施行時特例市	水戸，つくば，伊勢崎，太田，熊谷，所沢，春日部，草加，平塚，小田原，茅ヶ崎，厚木，大和，長岡，上越，福井，甲府，松本，沼津，富士，一宮，春日井，四日市，岸和田，吹田，茨木，八尾，寝屋川，加古川，宝塚，佐賀

出所：総務省（2020a）の「用語の説明」1-2頁より作成。

このような大都市圏と各地方の都市部と非都市部における基本的な財政状況を，**図表1.11**でみると，人口規模が大きいほど自主財源の柱である地方税の比重が高く，国からの地方交付税は小さいが，特に小都市や町村においては，地方交付税への依存が際立っている。自主財源や依存財源などについては次の第2章で詳しく検討され，非都市部の地方公共団体における地方交付税の役割については第3章で考察される。

最後に，本書を読み進むための視点・視角を示しておきたい。第1に日本国憲法の理念を実現するための福祉国家システムでは基本的な公共サービスと公的給付は国民に公平に提供されるべきであるが，第2に多様な自然条件と経済社会条件のゆえに福祉国家の「現場」である地方公共団体には大きな財政格差

図表1.11　地方公共団体の規模別財政状況（2018年度）

区分	団体数	人口		一団体当たり（億円）		人口一人当たり（千円）	
		（千人）	（%）	歳入	歳出	歳入	歳出
市町村合計	1,718	117,957	100.0	322	313	469	455
政令指定都市	20	27,489	23.3	6,996	6,912	509	503
中核市	54	20,720	17.6	1,527	1,486	398	387
施行時特例市	31	7,804	6.6	920	892	366	354
都市	687	51,049	43.3				
中都市（10万人以上）	155	23,588	20.0	614	592	404	389
小都市（10万人未満）	532	27,461	23.3	257	247	498	479
町村	926	10,895	9.2				
町村（人口1万人以上）	417	8,390	7.1	106	102	528	505
町村（人口1万人未満）	509	2,505	2.1	52	50	1,056	1,008

区分	歳入主要項目の比重（%）			
	地方税	地方交付税	国庫支出金	都道府県支出金
市町村合計	34.4	14.4	15.2	6.5
政令指定都市	41.2	5.1	18.9	4.5
中核市	39.3	9.4	17.9	7.1
施行時特例市	44.2	7.0	15.7	6.7
都市				
中都市（10万人以上）	38.0	11.0	15.5	7.2
小都市（10万人未満）	27.1	23.3	12.6	7.2
町村				
町村（人口1万人以上）	25.0	24.4	10.1	7.4
町村（人口1万人未満）	13.0	37.1	8.6	7.9

出所：総務省（2020a）より作成。

が生じているので，第3に格差を均すための財政調整メカニズムが，日本の福祉国家システムに必要不可欠な仕組みとして内蔵される。この3点を意識しながら，読み進んでもらいたい。

【注】

1) 本章の執筆担当は長谷川が第4節，渋谷がそれ以外の節である。なお，コラムについてはそれぞれの末尾に執筆担当を記している。

2) 本節における以下の記述は，渋谷博史（2014）第5章の該当部分をアップデートしたうえで大幅に加筆修正したものである。

3) **図表1.5**において，普通建設事業の中の総務費は県庁や市役所などの建物，民生費は社会福祉関係の施設，衛生費は医療関係の病院・診療等の施設，農業水産業費は道路・施設，河川海岸費は堤防等の治水関係，住宅費は公営住宅関係である。すなわち，それぞれの公的資本は，その建造自体が目的ではなく，当然のことながら，それぞれの福祉や産業政策や災害対策という政策目的のための固定資本である。

4) 小田切（2014）81-82頁

5) 小田切（2014）106-107頁

6) すべての市と都道府県は福祉事務所の設置義務があるが，町村には福祉事務所の設置義務がない。そのため，福祉事務所のない町村（郡部）については，都道府県設置の福祉事務所が生活保護事業を実施することとなる。福祉事務所は，社会福祉法第14条に規定されている「福祉に関する事務所」をいい，生活保護だけではなく，児童福祉，母子及び寡婦福祉，老人福祉，障害者福祉に関する業務を行う社会福祉行政機関である。

7) 都道府県設置の福祉事務所の場合は，都道府県の職員（地方公務員）が生活保護業務を行う。

8) 厚生労働省（2020b）

9) 現に保護を受けている者を指す（生活保護法第6条1）。

10) 現に保護を受けているといないとにかかわらず，保護を必要とする状態にある者を指す（生活保護法第6条2）。

11) 国民健康保険法第6条では，国民健康保険の被保険者にならないものを列挙しており，その9で「生活保護法（昭和25年法律第144号）による保護を受けている世帯（その保護を停止されている世帯を除く。）に属する者」をあげている。ただし，保護を受給する勤め人で被用者保険に加入できる場合は，それを妨げていない。

12) 厚生労働省（2020a）。なお，世帯類型の定義については［コラム：保護の種類と世帯類型］を参照されたい。

13) 厚生労働省（2016，2017）

14）厚生労働省（2019）

15）ちなみに，一般会計の歳出合計1,965億円の中で第1位が民生費981億円であるが，その中には国民健康保険事業特別会計への繰出金70億円，後期高齢者医療特別会計への繰出金63億円がある（本書第2章及び第5章で詳しく検討される）。

16）介護保険法の第117条第2項では，市町村介護保険事業計画においては，「当該市町村が，その住民が日常生活を営んでいる地域として，地理的条件，人口，交通事情その他の社会的条件，介護給付等対象サービスを提供するための施設の整備の状況その他の条件を総合的に勘案して定める区域ごとの当該区域における各年度の認知症対応型共同生活介護，地域密着型特定施設入居者生活介護及び地域密着型介護老人福祉施設入所者生活介護に係る必要利用定員総数その他の介護給付等対象サービスの種類ごとの量の見込み」を基礎とすることが規定されている。

17）以下の同図表に関する記述は鹿角市（2018）に依拠している。

18）なお，序章の**図表0.2**でみた社会保障システムにおける社会保険制度間の財政支援というメカニズムも，大都市圏の現役世代が加入する制度から，非大都市圏の高齢者世代が加入する地域保険（地方公共団体が運営する国民健康保険，後期高齢者医療制度）への地域間移転という性格があることも注目しておきたい。

19）政令指定都市とは，地方自治法第252条の19第1項の指定を受けた人口50万以上の市であり，「都道府県が処理するとされている児童福祉に関する事務，身体障害者の福祉に関する事務，生活保護に関する事務，精神保健及び精神障害者の福祉に関する事務，都市計画に関する事務などの全部又は一部を特例として処理することができる（総務省（2020a）の「用語の説明」より）。

20）中核市とは，人口20万以上の市について，当該市からの申し出に基づき地方自治法第252条の22第1項の指定を受けた市であり，特例として政令指定都市が処理することができる事務のうち，民生行政に関する事務，保健衛生に関する事務，都市計画に関する事務，環境保全行政に関する事務などの全部又は一部を特例として処理することができる（総務省（2020a）の「用語の説明」より）。

21）施行時特例市：地方自治法の一部を改正する法律（平成26年法律第42号。以下「平成26年改正法」という。）により，平成27年4月1日より特例市制度が廃止されたが，平成27年4月1日の時点において特例市である市は施行時特例市として特例の事務を引き続き処理することとされている。平成26年改正法による改正前の地方自治法第252条の26の3第1項の指定を受けた市は，都道府県が処理するとされている事務の特例として中核市が処理することができる事務のうち，都道府県が処理するほうが効率的な事務その他施行時特例市において処理することが適当でない事務以外の事務，すなわち環境保全行政に関する事務，都市計画等に関する事務などの全部又は一部を特例として処理することができる。（総務省（2020a）の「用語の説明」より）。

22）特別区は，基礎的な地方公共団体として，地方自治法第281条の2第1項で都

が一体的に処理することとされている事務（下水道，消防等）を除き，同法第2条第3項において市町村が処理するものとされている事務を処理する（総務省（2020a）の「用語の説明」より）。

【参考文献】

岡部卓・長友祐三（2017）『生活保護ソーシャルワークはいま』ミネルヴァ書房

小田切徳美（2014）『農山村は消滅しない』岩波書店

鹿角市（2018）「鹿角市介護保険サービス事業者マップ（平成30年4月1日現在版）」

鳫咲子（2016）『給食費未納』光文社

厚生労働省（2016）「生活保護制度の概要等について」社会保障審議会生活保護基準部会（第23回）資料。

厚生労働省（2017）「社会保障審議会・生活困窮者自立支援及び生活保護部会報告書」

厚生労働省（2019）「平成30年度生活困窮者自立支援制度の実施状況調査集計結果」

厚生労働省（2020a）「平成30年度被保護者調査」

厚生労働省（2020b）「社会援護局関係主管課長会議資料（令和2年3月4日）」

佐々木輝雄（2016）『学校給食の役割と課題を内側から明かす』筑波書房

渋谷博史（2014）『21世紀日本の福祉国家財政（第2版）』学文社

総務省（2019）『平成30年　地方公共団体定員管理調査』

総務省（2020a）『地方財政白書（令和2年版）』

総務省（2020b）『平成30年度都道府県決算状況調』

総務省（2020c）『平成30年度市町村決算状況調』

総務省（2020d）『日本の統計2020』

東京都教育委員会（2019）『平成30年度東京都における学校給食の実態』

農林水産省（2019）『平成30年度食育白書』

八王子市（2018）『はちおうじの教育統計（平成30年版）』

八王子市（2019a）『八王子市くらしの便利帳』

八王子市（2019b）『平成30年度（2018年度）主要な施策の成果・事務報告書』

藤原辰史（2018）『給食の歴史』岩波書店

前田宏樹・遠藤亜紀（2019）「循環型都市八王子市の実現にむけて」（『まちづくり研究はちおうじ』第20号）

文部科学省（2018）『学校給食実施状況調査（平成30年5月1日現在）』

第2章
地方財政システム

橋都 由加子

　第1章では，地方公共団体が住民に提供する身近な公共サービスを取り上げることで，地方公共団体の果たす具体的な役割をみた。続いて本章では，地方公共団体の基本的な財政構造を検討し，地方公共団体の役割が地方財政にどのように表れているかをみてみよう。また，住民の福祉の増進を目的とした地方公共団体による公共サービスの提供を，どのような財政システムが支えているのかを確認しよう。

　まず，基本的な公共サービスを提供する「現場」である地方公共団体と，中央政府である国との役割分担は，法令上どのように規定されているのかを確認したうえで，国と地方公共団体の役割の規模や範囲をはかることを試みる。

　続いて，市町村と都道府県それぞれの経費の全体像をみることで，財政面からみた地方公共団体の役割を説明する。また，地方公共団体が公共サービスを提供するために必要な財源は，どのように調達されているのかを検討する。地方公共団体の収入のうち，最も重要なものは地方税であるが，財源はそれだけでは十分ではない。日本国憲法第25条および第26条に規定される基本的な公共サービスを国民に公平に提供するためには，特に福祉国家システムの中心である社会保障や教育などの行政分野の財源として，国から地方公共団体への財政移転が不可欠となっている。さらに，地方公共団体は地理的・社会的条件がさまざまであることから，地方公共団体間の財政力格差を均衡化する制度が準備されていることを確認する。

　最後に，地方公共団体が実施する社会保険である国民健康保険，後期高齢者医療制度，介護保険の特別会計を取り上げて，それらの社会保険制度を支える

財政システムについて検討する。

2.1　国と地方公共団体の関係：地方自治法と財政の枠組み

2.1.1　地方自治法上の地方公共団体の役割

　国と，公共サービスを提供する「現場」である地方公共団体の間では，政府の役割はどのように分担されているのだろうか。地方自治法は地方公共団体の組織や運営に関して定めた基本的な法律であり，その第1条の2第1項で，次のように総則が述べられている。「地方公共団体は，住民の福祉の増進を図ることを基本として，地域における行政を自主的かつ総合的に実施する役割を広く担うものとする。」つまり，日本における地方公共団体の役割は具体的に列挙して限定されることなく，広い範囲で求められている。

　そして，国の役割については，同法の第1条の2第2項で「国が本来果たすべき役割を重点的に担い，住民に身近な行政はできる限り地方公共団体にゆだねることを基本として，地方公共団体との間で適切に役割を分担するとともに，地方公共団体に関する制度の策定および施策の実施にあたって，地方公共団体の自主性および自立性が十分に発揮されるようにしなければならない。」と規定されている。

> **●コラム：自治事務と法定受託事務**
>
> 　地方公共団体の行う仕事には，住民の福祉の増進を図る目的で行われる，地方公共団体自身の仕事である自治事務だけではなく，国から委託された仕事である法定受託事務もある。
> 　法定受託事務とは，法律や政令により地方公共団体が処理されることとされる事務のうち，国が本来果たすべき役割にかかわるものであって，国においてその適正な処理を特に確保する必要があるものとして，法律や政令で事務処理が義務づけられているものを指す。一方で，自治事務とは法定受託事務以外のものをいう（地方自治法第2条8項および9項）。

56

　　法定受託事務の例は，国政選挙，旅券の交付，国の指定統計，国道の管理，戸籍事務，生活保護などである。これらは本来は国の仕事であるが，地方公共団体が事務を行う方が効率がよいことなどから，法律や政令で地方公共団体が行うことが義務づけられている。　　　　　　　　　　　　　　　　　　　　　　　　　　　　　〔橋都 由加子〕

2.1.2　財政面からみた国と地方公共団体

　　国と地方公共団体の実際の活動の大きさを，財政面からはかってみよう。**図表2.1**を用いて国と地方公共団体の歳出の規模を比較することができる。同図表には国民健康保険や後期高齢者医療制度，介護保険という重要な社会保険の分野が含まれていないが，まず，地方財政の分野において中核となる一般会計（財政資金でまかなわれる）を中心に検討しておこう。

　　歳出を比較するにあたっては，国と地方公共団体の財政の一部が重複している点に注意しなければならない。国の歳出には，国から地方公共団体への支出が含まれているだけではなく，地方公共団体の歳出にも，地方公共団体から国への支出が含まれているからである。そこで，総計の歳出からそれらを除いて求めた純計の歳出を比較することで，国と地方公共団体の最終的な支出がそれぞれいくらかを確認することができる。2018年度の国の歳出は106.2兆円，地方公共団体の歳出は98.0兆円であるが，歳出純計額は，国が71.9兆円，地方公共団体が97.3兆円である。地方公共団体の歳出規模は国の約1.3倍であり，地方公共団体は公共部門全体において大きな役割を果たしていることがわかる。

　　ところが，歳出をまかなうために用いる税収を国と地方公共団体で比較すると，両者の比率は歳出面と逆転している。同年度の国税収入は64.2兆円，地方税収入は40.8兆円であった[1]。国の税収が地方公共団体の税収の約1.5倍である。つまり，地方公共団体は国よりも大きな支出を行っているが，国よりも小さな税収しか得ていない。序章［コラム：福祉国家と財政調整］で述べられたように，所得再分配的機能を中核とする福祉国家では，大規模に再分配を行うにはそれだけ大規模に中央政府に財源を集中することが必要になり，中央集中型の

図表2.1　国と地方公共団体の目的別歳出（2018年度）

(億円・%)

区　分	歳出合計		国から地方に対する支出	地方から国に対する支出	国・地方を通じる歳出純計額					総額中地方の占める割合
	国	地方			国		地方		総額	
					(A)-(C)	構成比	(B)-(D)	構成比	(E)+(F)	
	(A)	(B)	(C)	(D)	(E)		(F)		(G)	(F)/(G)
機関費	48,079	156,877	3,954	—	44,124	6.1	156,877	16.1	201,001	78.0
一般行政費	14,961	94,396	3,016	—	11,944	1.7	94,396	9.7	106,340	88.8
司法警察消防費	16,293	52,977	938	—	15,355	2.1	52,977	5.4	68,332	77.5
外交費	8,785	—	—	—	8,785	1.2	—	—	8,785	—
徴税費	7,893	9,504	—	—	7,893	1.1	9,504	1.0	17,396	54.6
貨幣製造費	148	—	—	—	148	0.0	—	—	148	—
地方財政費	200,017	—	193,535	—	6,482	0.9	—	—	6,482	—
防衛費	54,881	—	355	—	54,526	7.6	—	—	54,526	—
国土保全及び開発費	78,133	138,687	31,385	7,477	46,748	6.5	131,209	13.5	177,958	73.7
国土保全費	12,650	19,469	5,616	1,739	7,034	1.0	17,730	1.8	24,765	71.6
国土開発費	59,168	108,824	22,309	5,445	36,859	5.1	103,379	10.6	140,238	73.7
災害復旧費	4,426	10,394	3,460	294	966	0.1	10,100	1.1	11,066	91.3
その他	1,889	—	—	—	1,889	0.3	—	—	1,889	—
産業経済費	48,412	60,230	3,866	—	44,546	6.2	60,230	6.2	104,776	57.5
農林水産業費	18,649	12,697	2,871	—	15,779	2.2	12,697	1.3	28,476	44.6
商工費	29,763	47,534	996	—	28,767	4.0	47,534	4.9	76,301	62.3
教育費	54,968	168,733	24,149	—	30,819	4.3	168,733	17.3	199,552	84.6
学校教育費	40,162	129,750	20,244	—	19,918	2.8	129,750	13.3	149,668	86.7
社会教育費	1,649	12,629	563	—	1,086	0.2	12,629	1.3	13,715	92.1
その他	13,157	26,354	3,342	—	9,815	1.3	26,354	2.7	36,169	72.9
社会保障関係費	335,690	331,917	85,092	—	250,598	34.8	331,917	34.1	582,514	57.0
民生費	304,916	259,078	77,199	—	227,717	31.6	259,078	26.6	486,796	53.2
衛生費	6,515	62,367	5,663	—	852	0.1	62,367	6.4	63,219	98.7
住宅費	1,541	10,403	1,207	—	334	0.0	10,403	1.1	10,737	96.9
その他	22,718	69	1,023	—	21,695	3.1	69	0.0	21,762	0.3
恩給費	2,406	86	—	—	2,406	0.3	86	0.0	2,492	3.5
公債費	225,706	123,674	50	—	225,656	31.4	123,674	12.7	349,330	35.4
前年度繰上充用金	—	3	—	—	—	—	3	0.0	3	100.0
その他	13,583	—	—	—	13,583	1.9	—	—	13,583	—
合計	1,061,875	980,206	342,387	7,477	719,488	100.0	972,729	100.0	1,692,216	57.5

注：1　国の歳出総額は，一般会計と交付税及び譲与税配付金特別会計，エネルギー対策特別会計，
　　　年金特別会計（子ども・子育て支援勘定のみ），食料安定供給特別会計（国営土地改良事業勘
　　　定のみ），自動車安全特別会計（空港整備勘定のみ），東日本大震災復興特別会計の6特別会計
　　　との純計決算額である。
　　2　「国から地方に対する支出」は，地方交付税，地方特例交付金，地方譲与税及び国庫支出金
　　　（交通安全対策特別交付金及び国有提供施設等所在市町村助成交付金を含む。）の合計額であ
　　　り，地方の歳入決算額によっている。
　　3　「地方から国に対する支出」は，地方財政法第17条の2の規定による地方公共団体の負担金
　　　（地方の歳出決算額中，国直轄事業負担金に係る国への現金納付額）で，地方の歳出決算額に
　　　よっている。
出所：総務省（2020a）より作成。

財政を持たざるをえないことの現れである。歳出に比して税収が少ない状況は，
地方公共団体だけではなく国にもあてはまり，実際には国の収入には国税だけ
ではなく，税外収入や公債金収入がある。同様に，地方公共団体の収入には地
方税以外に税外収入や地方債収入もある。しかし，地方公共団体の歳出と税収

は大きく乖離しており，その差額の大部分は，後述する地方交付税や国庫支出金といった，国から地方公共団体への財政移転によってまかなわれている。

　次に，地方公共団体の活動の広さを確認してみよう。先の**図表2.1**は，国と地方公共団体の歳出状況を目的別に示したものである。目的別歳出とは，どのような政策や施策に支出を行っているかという基準で歳出を分類したものであるが，この図表からわかることは，第1に，国だけが支出を担っているのは外交費と貨幣鋳造費，地方財政費，防衛費に限られており，その他の行政分野では国と地方公共団体が協働している。それらのうち，地方財政費はほとんどが国から地方公共団体への財政移転である。つまり，地方公共団体は外交，貨幣鋳造，防衛を除く大部分の行政の実施に関与しており，活動の範囲は広く，第1章で取り上げた基本的な公共サービス（義務教育，公的資本形成，生活保護，介護保険サービス）などを提供する役割を担っている。

　第2に，それらの基本的な公共サービスについては，地方公共団体が国よりも大きな支出を行っていることが確認できる。国・地方を通じる歳出純計額の中で地方公共団体の占める割合は，教育費のうち学校教育費について86.7％，国土保全及び開発費について73.7％，社会保障費のうち民生費について53.2％である。また，その他に特に地方公共団体の占める割合の高いものとしては，機関費のうち司法警察消防費（77.5％）や，ごみ収集や保健所などを含む，社会保障関係費のうち衛生費（98.7％）が挙げられる。

　第3に，地方公共団体の支出が最も大きいのは，社会保障関係費のうち民生費（25.9兆円）であることがわかる。その内訳は，社会福祉費6.5兆円，老人福祉費6.2兆円，児童福祉費8.7兆円，生活保護費3.9兆円，災害救助費0.2兆円となっており，国民の生活に密着した公共サービスを提供している。[2]民生費の詳しい内容については次節で検討する。

　第4に，国から地方公共団体へ大規模な財政移転が行われている。国の歳出106.2兆円のうち，約3分の1の34.2兆円は「国から地方に対する支出」である。その中では地方財政費が19.4兆円と最も大きく，この額は地方交付税，地方譲与税，地方特例交付金の合計に相当する。地方財政費以外の「国から地方に対

する支出」は，国庫支出金として国から地方公共団体に交付される補助金であり，規模の大きい順に，社会保障関係費が8.5兆円，国土保全及び開発費が3.1兆円，教育費が2.4兆円である。つまり，国の歳出の約3分の1を占める大規模な財政移転は，地方公共団体が提供する，社会保障や教育などの基本的な公共サービスの領域において，必要不可欠な役割を担っていることがわかる。

2.2　地方公共団体の歳出：民生費，教育費，土木費

2.2.1　地方公共団体の目的別歳出

国と比較した地方公共団体の活動が，規模においても大きく，国民の生活に密着した公共サービスを提供していることを確認できたところで，次に，都道府県と市町村に分けて地方公共団体の歳出構造を検討しよう。

●コラム：普通会計の範囲と「市町村の決算額」が表すもの

　地方公共団体の財政の検討に入るにあたって，決算額として表される地方公共団体の会計の範囲を確認したい。国が一つしかないのとは違って，地方公共団体は複数存在することから，地方公共団体の財政として表される数字の意味を念頭におく必要があるからである。

　各地方公共団体は，税収を主な収入として支出を行う基本的な会計である一般会計のほかに，特定の目的のために収入と支出を管理するさまざまな特別会計を設けている。特別会計の例としては，国民健康保険や介護保険などの社会保険に関する特別会計や，競馬・競輪などの収益事業の会計，水道事業や電気事業，公立病院事業などの事業会計が挙げられる。

　しかし，各地方公共団体の会計は，団体ごとにその範囲が異なっているため，そのままでは全国の地方公共団体の財政状況を統一的に把握したり比較したりすることが困難である。そこで，全国の地方財政状況を調査するために，便宜的に普通会計という会計区分が用いられている。普通会計とは，地方公共団体の地方公営事業会計以外の会計で，一般会計のほか，特別会計のうち地方公営事業会計にかかるもの以外の純計額のことをいう。[3] 本節では，普通会計決算額を用いて地方公共団体の財政構造を検討するが，第4

60

節で検討する国民健康保険や後期高齢者医療制度，介護保険の特別会計は地方公営事業会計であるため，普通会計決算額には含まれていないことに注意したい。

　また，都道府県の数値は47都道府県の決算額の合計であるのに対して，市町村の数値は「すべての市，町，村の決算額の合計」ではないことについても確認しよう。

　第1章で説明したとおり，日本の地方政府は2層構造である。この2層に対応する地方公共団体は，住民に直接行政サービスを供給する基礎的な地方公共団体と，基礎的な地方公共団体を包括する広域の地方公共団体があるが，市，町，村と東京都の23特別区が基礎的な地方公共団体，都道府県が広域の地方公共団体にあたる。

　さらに，日本の地方公共団体には普通地方公共団体と特別地方公共団体という区分もある。地方公共団体のうち，その組織，事務，権能等が一般的，普遍的なものが普通地方公共団体，それ以外が特別地方公共団体である。普通地方公共団体は都道府県と市，町，村であり，東京都の23特別区は特別地方公共団体に含まれる。

　特別地方公共団体には，23特別区のほかに，一部事務組合や広域連合などがある。一部事務組合は，地方公共団体がその事務の一部を共同処理するために設ける団体である。広域連合は，地方公共団体が広域的・総合的な地域振興整備や事務処理の効率化を推進するために設ける団体であり，第5章で説明する後期高齢者医療制度の運営主体である，都道府県ごとに設立された後期高齢者医療広域連合もこれに含まれる。[4]一部事務組合や広域連合は住民に密接な公共サービスを提供しているため，その財政は市町村の財政に含められている。

　つまり，地方公共団体の決算額のうち，市町村の数値は，市，町，村，特別区，一部事務組合および広域連合の決算額の合計額から，一部事務組合および広域連合とこれを組織する市区町村との間の重複額を控除したものを表している。　〔橋都 由加子〕

　図表2.2で市町村と都道府県のそれぞれの普通会計決算額について，目的別歳出の大きい項目を順に確認すると，市町村では民生費（21.1兆円）に，総務費（7.0兆円），教育費（7.0兆円），土木費（6.5兆円）が続く。都道府県では教育費（10.0兆円）に続いて，民生費（7.8兆円），公債費（6.8兆円），土木費（5.6兆円）の順である。これらのうち，総務費は全般的な事務管理のための経費であり，公債費は過去に発行した地方債の元利償還費用であるから，具体的な政策や施策のための支出ではない。つまり，市町村と都道府県のいずれにおいても，社会保障，教育，公的資本形成の3分野が重要な位置を占めていることがわかる。そこで，以下ではこれら3つの経費を取り上げて，これらが支出される行政分

図表2.2 地方公共団体の目的別歳出（2018年度）

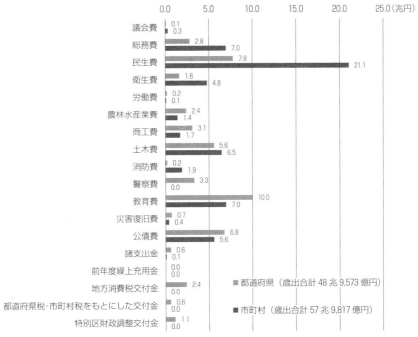

出所：総務省（2020a）より作成。

野では，市町村と都道府県がどのような財政的な役割を担っているかをみていこう。⁵⁾

2.2.2 地方公共団体の主要経費の内容

市町村と都道府県の主要な経費である民生費，教育費，土木費について，内訳を表した**図表2.3**を用いて，支出の特徴を詳しく検討しよう。

①民生費

民生費は，社会福祉費，老人福祉費，児童福祉費，生活保護費，災害救助費から構成されている。

社会福祉費は，障害者等の福祉対策や，他の福祉に分類できない総合的な福

図表2.3　地方公共団体の主要経費の内訳（2018年度）

（億円・%）

	市町村		都道府県	
	決算額	構成比	決算額	構成比
民生費	210,756	100.0	77,927	100.0
社会福祉費	52,680	25.0	23,920	30.7
老人福祉費	38,262	18.2	32,274	41.4
児童福祉費	81,467	38.7	17,562	22.5
生活保護費	37,428	17.8	2,419	3.1
災害救助費	919	0.4	1,750	2.2
教育費	69,952	100.0	99,976	100.0
教育総務費	10,474	15.0	20,614	20.6
小学校費	19,264	27.5	27,779	27.8
中学校費	10,727	15.3	16,396	16.4
高等学校費	1,490	2.1	20,837	20.8
特別支援学校費	698	1.0	8,510	8.5
幼稚園費	2,550	3.6	69	0.1
社会教育費	10,834	15.5	1,934	1.9
保健体育費	13,155	18.8	2,011	2.0
大学費	761	1.1	1,827	1.8
土木費	65,214	100.0	55,543	100.0
土木管理費	3,359	5.2	2,300	4.1
道路橋りょう費	18,411	28.2	22,876	41.2
河川海岸費	1,829	2.8	12,736	22.9
港湾費	1,620	2.5	3,030	5.5
都市計画費	33,438	51.3	9,754	17.6
住宅費	6,403	9.8	4,317	7.8
空港費	155	0.2	530	1.0

出所：総務省（2020a）より作成。

祉対策に要する経費である。市町村の支出は5.3兆円，都道府県は2.4兆円といずれも大きい。しかし，社会福祉費の内訳をさらに性質別に分類（経費の経済的性質に着目した分類）すると，割合の大きいものは市町村では扶助費（社会福祉費の60.2%），都道府県では補助費等（51.1%）と，様子が異なっている[6]。

　これには，市町村と都道府県の行政への関わり方の違いが表れている。第7章で検討する，障害者総合支援法に基づく障害者福祉行政を例にとれば，市町村が基本的な実施主体となって自立支援給付と地域生活支援事業を行っている。都道府県は広域的な取り組みが必要な事業を担当するほか，市町村の事業が円滑に行われるための援助を行っており，自立支援給付と地域生活支援事業にかかる市町村のサービス供給費用は，都道府県がその4分の1を，国が2分の1を負担している。そのように，市町村は福祉の現場として住民への直接的

なサービスを担い，都道府県は広域的な取り組みを行うほか，財政移転を通じて市町村を支援するという傾向が，両者の性質別経費の割合の違いに反映されている。

　また，社会福祉費には国民健康保険事業会計への繰出金等も含まれる。国民健康保険の運営主体は都道府県と市町村であり，それぞれが国民健保保険事業会計を設置している。図表2.3は普通会計を対象としているので，市町村と都道府県の普通会計から国民健康保険事業会計への繰出金も社会福祉費に計上されている。国民健康保険に関する特別会計については本章の第4節で検討するが，市町村の国民健康保険事業会計と都道府県の国民健康保険事業会計の間では，市町村が都道府県へ国民健康保険事業納付金を納め，都道府県はその納付金に加えて多様な財政資金をもとに，市町村へ保険給付費等交付金を交付するという財政移転が行われている。

　続いて老人福祉費は，老人福祉施設を含む老人福祉行政に要する費用である。市町村の支出は3.8兆円，都道府県の支出は3.2兆円で，都道府県の民生費支出のうち41.4％と最大の割合を占めている。老人福祉費においては，市町村の介護保険事業会計と後期高齢者医療事業会計への繰出金，後期高齢者医療広域連合特別会計への負担金や，都道府県の後期高齢者医療制度や介護保険制度にかかる支出金が特に大きいことから，市町村の支出の83.7％が繰出金，都道府県の支出の96.2％が補助費等である[7]。介護保険制度や後期高齢者医療制度の特別会計については第4節で検討する。

　児童福祉費は，保育・子育て支援サービス，児童手当や児童扶養手当の給付などの児童福祉行政の費用である。市町村と都道府県を比較すると，市町村の支出が8.1兆円と大きく，支出規模は都道府県の4倍以上である。また，児童福祉費は市町村の民生費支出の最大項目（38.7％）である。児童手当や児童扶養手当の支給は市町村が実施していることなどから，市町村の支出の71.8％が扶助費であるのに対して，都道府県の支出は，市町村に対する支出金などの補助費等が66.2％である。児童福祉費においても，社会福祉費と同様に，市町村が住民への直接的な給付を行い，都道府県は財政移転を通じて市町村を支援す

るという傾向がみてとれる。

　生活保護制度は，第1章で述べられたように，国民の生活の重要なセーフ
ティネットとして，日本の福祉国家システムの最前線である市町村で実施されて
いる。福祉事務所を設置していない町村では，都道府県が生活保護に関する事
務を行うが，基本的には市町村の福祉事務所が窓口となるため，生活保護費は
市町村の支出が3.7兆円であるのに対して，都道府県の支出は0.2兆円にすぎな
い。生活保護制度では被保護世帯への保護費の支給が主な経費であることから，
生活保護費の内訳を性質別でみると，扶助費の割合が市町村の92.8％，都道府
県の74.4％といずれも大部分を占めている。

　②**教育費**

　次に，教育費の内訳をみると，市町村，都道府県ともに小学校費，中学校費
の支出が大きいことがわかる。第1章で検討したように，都道府県は政令指定
都市を除く市町村立義務教育学校の教職員の給与を負担しており，市町村は小
中学校の事務運営や学校施設の建設などの施設整備，物品購入を負担してい
る。**図表1.2**を再度確認すると，小学校費の性質別の内訳は，都道府県では人件
費がほとんどであるのに対して（99.2％，2.8兆円），市町村では人件費（38.7％，
0.8兆円）のほか，普通建設事業費（31.1％，0.6兆円）や物件費（24.4％，0.5兆
円）の割合も高い。中学校費も同様の構造がみてとれる。

　図表2.3に戻ると，小学校費と中学校費は市町村と都道府県の両者で支出が大
きいのに対して，高等学校費以下の項目では市町村と都道府県の支出に偏りが
あることが対照的である。高等学校費や特別支援学校費は都道府県が，幼稚園
費や社会教育費，保健体育費は市町村が，主に支出を担っていることがみてと
れる。公立高等学校の約9割，特別支援学校の約8割は都道府県が設置してお
り，一方で，幼稚園や社会教育費に含まれる公民館，図書館，博物館等の社会
教育施設，保健体育費に含まれる学校給食に関しては，主に市町村が行政上の
役割を果たしていることが，これらの費目での市町村と都道府県の支出構成の
違いに表れている。

③土木費

　最後に，土木費の内訳をみると，市町村と都道府県それぞれに特徴的な構成がみられる。都道府県では，道路橋りょう費（2.3兆円）や河川海岸費（1.3兆円）など，規模の大きな事業への支出が多いのに対して，市町村の支出の半分以上は，街路，公園，下水道等の整備，区画整理等の事業に対する支出である都市計画費（3.3兆円）が占めている。第1章でも述べられたように，都道府県では国の直轄事業として行われる高速道路や国道事業，防災などの基幹的なインフラを補完する事業への支出も多い一方で，市町村では地域住民に身近なインフラの整備が主な内容となっていることがわかる。

　以上のように，日本の福祉国家システムにおいて歳出の主軸となる民生費，教育費，土木費は，市町村と都道府県に共通する主要な経費であるが，その内容を詳しくみると，市町村と都道府県の役割や関わり方に違いがある中で，国民の生活に密着した公共サービスが提供されているのである。次節では，これらの経費にはどのような財源が用いられているかをみていこう。

2.3　地方公共団体の歳入：自主財源と依存財源

　日本のすべての地域で住民の福祉の増進を図るために，基本的な公共サービスや給付を網羅的に提供する地方公共団体には，それをまかなう財源が必要である。地方財政の歳入には，地方税を柱とする自主財源だけではなく，地方交付税や国庫支出金などの依存財源が不可欠であり，さらに地方債もある。

　本節で詳しく検討するように，地方税等の自主財源は地域による課税力の格差を反映するため，地方公共団体の財政力にも格差が生じ，多くの地方公共団体で公共サービスの提供に必要な財源が不足する。地方公共団体間の財政力格差を均しながら財源を保障するために，国からの財政移転（地方交付税や国庫支出金）の仕組みがある。後述のように，国庫支出金は生活保護費負担金や義務教育費負担金などの使途が特定される補助金であり，地方交付税は使途が特定

されない一般財源で，かつ地方公共団体間に存在する財政力の格差を均す機能を持っている。大きな視野でみれば，序章でみたように，日本国憲法に規定される福祉国家の「現場」を機能させるために，財政力の格差を均しながら必要な財源を確保する仕組みが形成されているといえよう。

2018年度普通会計歳入決算額を表した**図表2.4**で具体的な歳入項目をみると，市町村と都道府県で最大規模の自主財源は地方税である（それぞれ20.1兆円，20.6兆円）。他方，依存財源については，市町村では国庫支出金（9.2兆円），地方交付税（8.0兆円），地方債（5.1兆円），都道府県支出金（3.9兆円），地方消費税交付金[8]（2.4兆円）であり，都道府県では地方交付税（8.6兆円），国庫支出金（5.7兆円），地方債（5.4兆円），地方譲与税[9]（2.2兆円）である。以下では，これらの収入のうち，地方税と国庫支出金，地方交付税に立ち入って詳しくみてみよう。

図表2.4　地方公共団体の歳入（2018年度）

(億円・%)

	市町村		都道府県		純計額	
	決算額	構成比	決算額	構成比	決算額	構成比
地方税*	201,313	33.6	206,201	40.9	407,514	40.2
地方譲与税	4,186	0.7	22,322	4.4	26,509	2.6
地方特例交付金	995	0.2	549	0.1	1,544	0.2
地方交付税	79,805	13.3	85,677	17.0	165,482	16.3
地方消費税交付金	23,849	4.0	—	—		
地方消費税交付金を除く都道府県税・市町村税を原資とした交付金	5,717	0.9	3	0.0	—	
小計（一般財源）	315,866	52.7	314,754	62.5	601,049	59.3
国庫支出金	91,552	15.3	56,789	11.3	148,341	14.6
都道府県支出金	39,133	6.5	—	—	—	
分担金・負担金*	6,803	1.1	2,622	0.5	6,050	0.6
使用料・手数料*	13,731	2.3	8,521	1.7	22,252	2.2
交通安全対策特別交付金	216	0.0	295	0.1	511	0.1
財産収入*	4,041	0.7	2,093	0.4	6,135	0.6
寄附金*	5,583	0.9	244	0.0	5,825	0.6
繰入金*	22,640	3.8	13,721	2.7	36,360	3.6
繰越金*	16,670	2.8	14,284	2.8	30,953	3.1
諸収入*	20,803	3.5	36,256	7.2	50,892	5.0
地方債	51,191	8.5	54,150	10.7	105,084	10.4
特別区財政調整交付金	10,682	1.8	—	—	—	
歳入合計	598,909	100.0	503,728	100.0	1,013,453	100.0
自主財源（*印をつけた項目）	291,583	48.7	283,942	56.4	565,982	55.8

出所：総務省（2020a）より作成。

●コラム：地方公共団体の財源の2分類

　図表2.4には多くの歳入項目が並んでいるが，これらを2つの視点から分類することで，地方公共団体の歳入の特徴をみてみよう。

　ひとつ目は，地方公共団体がその収入を自主的に調達できるか否かでの分類である。地方公共団体が自ら調達することができる財源を自主財源と呼ぶ。自主財源の第1は地方税であり，その他に公有地や施設の使用料，各種証明などの手数料，下水道などの分担金・負担金，公有財産の貸付や運用，売却による財産収入，個人や法人からの寄附金，他会計や基金からの繰入金，前年度からの繰越金，地方公共団体以外への貸付金の元利収入や宝くじ事業の収益金などの諸収入が含まれる。

　2018年度の自主財源は，市町村が29.2兆円，都道府県が28.4兆円で，それぞれ歳入に占める割合は48.7%と56.4%である。地方税収が歳入に占める割合は，市町村で33.6%（20.1兆円），都道府県で40.9%（20.6兆円）にとどまるが，それ以外の自主財源を加えても，市町村や都道府県が自主的に調達できているのは公共サービスの提供に必要な財源の2分の1前後ということである。

　逆に言うと，自主財源以外の収入は収入の金額や内容を国の決定（市町村であれば都道府県の決定を含める）に依存する，依存財源である。依存財源には，地方交付税，地方譲与税，地方特例交付金，国庫支出金，都道府県支出金，都道府県税や市町村税からの交付金，地方債が分類される。

　地方公共団体の財源の2つ目の分類は，財源の使途が特定されているか否かという分類である。財源の使途が特定されておらず，地方公共団体がどのような経費にも使用できる財源を一般財源と呼ぶ。具体的には，自主財源の地方税と，依存財源の地方交付税，地方譲与税，地方特例交付金，都道府県税や市町村税からの交付金が含まれる。2018年度の一般財源は市町村が31.6兆円，都道府県が31.5兆円で，それぞれ歳入の52.7%，62.5%を占めている。

　一方で，地方公共団体が主として特定の経費に用いる財源のことを特定財源と呼ぶ。特定財源は，国庫支出金，都道府県支出金，分担金・負担金，使用料・手数料，財産収入，寄附金，繰入金，繰越金，諸収入，地方債などである。　　　　　〔橋都　由加子〕

2.3.1　地方税

　地方公共団体の基本的な収入は，地方税である。地方公共団体の課税権は，地方自治法第223条で「普通地方公共団体は，法律の定めるところにより，地

方税を賦課徴収することができる」と規定されていることによって認められている。また，地方税について定めた国の法律である，地方税法の第2条の「地方団体は，この法律の定めるところによつて，地方税を賦課徴収することができる」との規定でも，地方公共団体の課税権が保障されている。序章［コラム：福祉国家と財政調整］で述べられたように，地方税の根拠は，地方公共団体の目的である「住民の福祉の増進」のために使われることである。

　さらに，同法の第3条では「地方団体は，その地方税の税目，課税客体，課税標準，税率その他賦課徴収について定をするには，当該地方団体の条例によらなければならない」と規定されている。つまり，地方税は国会で議決をされた地方税法によってのみ定められているのではなく，各地方公共団体が税目や税率などを条例で定めることが重要で，それらを条例で定めることによって地方税が賦課されている。

　地方税の内訳を**図表2.5**でみると，市町村では所得課税である市町村民税が10.5兆円と最大であり，税収の47.0％を占めている。また，市町村民税は個人と法人に課せられるが，約8割が個人分の税収である。続いて，資産課税である固定資産税が9.1兆円であり，市町村民税と固定資産税の2税で税収総額の9割近くを占めている。また，一部の市町村では都市計画事業の費用にあてる目的税のひとつとして都市計画税を課しており，この税収も1.3兆円と大きい。

　都道府県では，所得課税である道府県民税（5.7兆円）と事業税（4.5兆円）が主要な税目であるが，このうち，個人にかかる道府県民税（4.8兆円）と，法人にかかる道府県民税・事業税（合計5.1兆円）が，それぞれ税収総額の3割弱である。また，消費課税である地方消費税（4.8兆円）や自動車税（1.6兆円），軽油引取税（1.0兆円）も大きな比重を占めている。

　さて，**図表2.4**によれば，市町村の地方税収が歳入に占める割合は33.6％である。しかし，これは市町村レベルの地方税収と歳入を平均した値であり，個々の市町村の実態を反映した姿ではない。ここで，市町村の規模別のデータから，個々の市町村の課税力のばらつきをみてみよう。

　まず，第1章の**図表1.11**「地方公共団体の規模別財政状況」に戻って確認す

図表2.5　地方税（2018年度）　　　　　　　　　　　　　　　　（億円・%）

			収入額	構成比
市町村税	1　普通税		207,280	92.4
		（1）法定普通税	207,258	92.4
		ア　市町村民税	105,324	47.0
		個人分	81,057	36.2
		法人分	24,268	10.9
		イ　固定資産税	90,832	40.5
		ウ　軽自動車税	2,581	1.2
		エ　市町村たばこ税	8,502	3.8
		オ　鉱産税	16	0.0
		カ　特別土地保有税	2	0.0
		（2）法定外普通税	23	0.0
	2　目的税		16,954	7.6
		（1）法定目的税	16,921	7.5
		都市計画税	12,914	5.8
		その他	4,007	1.7
		（2）法定外目的税	33	0.0
	3　旧法による税		—	—
	合計		224,235	100.0
道府県税	1　普通税		183,165	99.9
		（1）法定普通税	182,677	99.7
		道府県民税	56,976	31.1
		個人分	48,069	26.2
		法人分	8,349	4.6
		利子割	558	0.3
		事業税	44,505	24.3
		個人分	2,074	0.3
		法人分	42,431	23.2
		地方消費税	48,155	26.3
		不動産取得税	4,036	2.2
		道府県たばこ税	1,389	0.8
		ゴルフ場利用税	433	0.2
		自動車取得税	1,982	1.1
		軽油引取税	9,584	5.2
		自動車税	15,504	8.5
		鉱区税	3	0.0
		固定資産税	109	0.1
		（2）法定外普通税	488	0.3
	2　目的税		115	0.1
		（1）法定目的税	8	0.0
		（2）法定外目的税	107	0.1
	3　旧法による税		0	0.0
	合計		183,280	100.0

注：東京都が徴収した市町村税相当額は，2018年度21,462億円であった。市町村税の
　　収入額は，市町村の地方税の決算額にこれを加算した額である。また，道府県税
　　の収入額は，都道府県の地方税の決算額からこれを控除した額である。
出所：総務省（2020a）

ると，人口規模の大きい都市は地方税の比重が大きく，逆に人口規模の小さい町村は地方税の比重が小さいことがわかる。[11] 政令指定都市20市の歳入に占める地方税の割合は41.2％である一方で，人口1万人未満の町村509町村のその割合は13.0％にすぎない。

さらに，規模別の地方公共団体間でも地方税の課税力は異なっている。**図表2.6**で，市町村の規模別に地方税が歳入に占める割合を確認すると，政令指定都市20市のうち，半数の10市はその割合が40％以上50％以下であり，最も割合が小さい1市も，その割合が20％以上30％未満である。政令指定都市は，地方税の割合が比較的大きく，また，財政力の弱い市であっても，歳入の2割は地方税でカバーできていることがわかる。ところが，人口1万人未満の町村では，48.9％の町村で地方税の割合が10％に満たない。つまり，約半数の町村が，歳入の1割をも税収でカバーすることができない状況である。その一方で，人口1万人未満の町村の1.6％では，地方税の割合が50％を超えており，わずかではあるが課税力の高い町村も存在していることがみてとれる。

このように，福祉国家システムの現場である市町村の課税力は市町村の地理的条件や社会的条件によってさまざまである。市町村間の課税力に格差がある

図表2.6　地方公共団体の規模別地方税の歳入総額に占める割合（2018年度）

(%)

	10％未満	10％以上20％未満	20％以上30％未満	30％以上40％未満	40％以上50％未満	50％以上
市町村合計（1,718）	16.7	28.1	21.1	16.7	11.7	5.8
政令指定都市（20）	―	―	5.0	45.0	50.0	―
中核市（54）	―	―	22.2	33.3	33.3	11.1
施行時特例市（31）	―	―	3.2	29.0	35.5	32.3
中都市（155）	0.7	3.2	20.7	29.7	29.0	16.8
小都市（532）	2.3	28.6	32.5	20.7	12.0	4.0
町村（417）〔人口1万人以上〕	6.0	33.1	25.4	18.2	10.6	6.7
町村（509）〔人口1万人未満〕	48.9	36.7	7.5	3.5	1.8	1.6

出所：総務省（2020a）より作成。

にもかかわらず全国の市町村で基本的な公共サービスの提供を可能とするためには，国からの財政移転により財政力の格差を均す仕組みが必要となる。

> ┄┄┄ ●コラム：課税自主権と国からの制限 ┄┄┄
>
> 　地方税は地方公共団体の自主財源の柱であり，法律で地方公共団体の課税権が認められている。しかし同時に，地方公共団体が条例によって独自の課税を行うことに対しては，国による制限も課されている。地方公共団体が税に関する事項を自主的に決定し課税することを課税自主権と呼ぶが，国による課税自主権への制限の主なものは次の2つである。
>
> 　第1に，税目に関する制限である。地方税法では，道府県や市町村が課するべき税目と課することができる税目を列挙しており，課することができる税目の課税は任意であるが，課するべき税目としてあげられている税目は，原則として課税することとされている。また，地方公共団体は地方税法で列挙された税目以外の税目（法定外税）を課すことができるが，その新設・変更に関しては，あらかじめ総務大臣に協議し，その同意を得なければならない。[12]
>
> 　第2に，税率設定に関する制限である。地方税法では，地方公共団体が課税する場合に通常よるべき税率として標準税率を定めている。[13]標準税率は，地方交付税の額を定める際に基準財政収入額の算定の基礎として用いられる税率でもある。地方公共団体が財政上その他の必要があると認める場合には，標準税率以外の税率を設定することができる。ただし，標準税率を超えて課税する場合でも，超えてはならない上限（制限税率）が決められている税目もある。[14]また，地方税法で税率が一つに決められている（一定税率）税目もある。[15]
>
> 　地方公共団体の実際の課税状況をみると，標準税率が定められている税目について，標準税率未満の税率を採用する例は少ない。[16]一方で，標準税率を超えた税率で課税する例は多くみられる。標準税率を超えて課税された部分を超過課税と呼ぶが，2018年度の超過課税による収入額は，市町村税が0.4兆円，道府県税が0.3兆円であった。超過税率が多く採用されている税目は，市町村税では法人にかかる市町村民税，道府県税では法人にかかる道府県民税と事業税法人分であり，それらの収入額は，市町村と都道府県の超過税率による収入全体のうち，それぞれ約9割を占めている。例えば，2018年度の市町村民税法人均等割は標準税率が9.7%，制限税率が12.1%であったが，第3章で取り上げる秋田県鹿角市と東京都八王子市はいずれも12.1%の超過税率を採用していた。
>
> 　以上のように，課税自主権には国からの制限があるため，地方公共団体ごとの税制の違いは大きくない。地方公共団体の課税力の格差は，地方公共団体間の税制の違いによ

るものというよりは，地方公共団体の地理的条件や社会的条件がさまざまであることが，その主な要因である。　　　　　　　　　　　　　　　　　　　　〔橋都 由加子〕

●コラム：個人市民税と固定資産税の仕組み

　第1章で具体的な事例として取り上げた八王子市における個人市民税と固定資産税の仕組みをみておこう。第3章の図表3.2にみるとおり，2018年度の八王子市の地方税収906億円のうち，個人市民税は366億円，固定資産税は357億円であり，この2税で地方税収の約8割を占めている。

　個人市民税（八王子市では，税務部住民税課が担当する）には，均等割（定額の3,500円）と所得割（課税総所得金額に対して税率6％）がある。2018年度の税収は，均等割が10億円，所得割が352億円であるので，大部分が所得割である。

　所得割について，第1に，その算定式は①収入から必要経費や給与所得控除を差し引いた所得（給与所得，事業所得，退職所得，不動産所得など）を合算して総所得金額を求め，②総所得金額から所得控除（基礎控除，配偶者控除，扶養控除，障害者控除，生命保険料控除，医療費控除など）を差し引いて課税総所得金額を求め，③課税総所得金額に税率を乗じて税額控除前所得割額を算出し，④そこから税額控除（住宅ローン控除，寄附金税額控除等）を差し引くことで，税額が決定する。

　第2に，2018年度の所得割の納税義務者数の合計は263.3千人であり，所得階層別の分布は，課税総所得金額1,000万円超層が4.3千人，700-1,000万円層が5.6千人，400-700万円層が26.2千人，200-400万円層が64.7千人，100-200万円層が73.4千人，10-100万円層が79.1千人，10万円以下層が10.1千人であった。

　所得割の税率は一律に6％であるから，例えば課税総所得金額が200万円の場合には，税額控除前の所得割額は12万円であり，課税所得金額がその5倍の1,000万円の場合は，税額控除前の所得割額も5倍の60万円となる。課税所得金額が半分の100万円の場合は，税額控除前の所得割額も半分の6万円となり，所得に比例した負担構造になっている。

　次に，固定資産税（税務部資産税課が担当する）について検討しよう。固定資産税は，土地・家屋・償却資産の毎年1月1日現在の所有者が納税義務を負う。2018年度の調定額は，土地について142億円（納税義務者数159.8千人），家屋について162億円（納税義務者数161.2千人），償却資産について43億円（納税義務者数6.0千人）であった。

　第1に，資産評価の方法は，固定資産税評価基準に基づいて，①土地については，地目別に，売買実例価額をもとに算定した正常売買価格を基礎として価格を求める。②家屋については，再建築価格（現在再建築した場合に必要な建築費）を基礎として，建築年数に応じた減価を考慮する。③償却資産については，取得価額をもとに，耐用年数と

取得後の経過年数に応じた減価を考慮する。

　第2に，固定資産の評価額が固定資産課税台帳に登録されると，原則としてこれが課税標準額となり，税率は1.4%である。

　第3に，宅地や農地等に対しては負担調整措置があり，課税標準額は評価額よりも低く抑えられている。

　以上のように，固定資産税は土地・家屋・償却資産というストックの所有者に課税されており，基本的には所有者はフローである毎年の所得から納税をするはずである。個人市民税はフローの所得のある者に課税されている。

　本文で説明する，地方税を中心とする自主財源と，地方公共団体間の不均衡を均すための地方交付税等の依存財源との関係は，ここでみた個人市民税や固定資産税の基盤となる経済力に地域間の格差があるために要請される仕組みである。次の第3章で取り上げる，過疎地の地方公共団体である鹿角市と八王子市の対比も，このような視野の中で考察されるものである。　　　　　　　　　　　　　　　　　　　〔橋都　由加子〕

（資料）
八王子市 (2019)『令和2年版　市税白書』
八王子市 (2019)『平成30年度 (2018年度) 主要な施策の成果・事務報告書』

2.3.2　国庫支出金・都道府県支出金

　国から地方公共団体への財政移転のうち，国によって使途が特定されるものを特定補助金，使途が特定されないものを一般補助金と呼ぶが，国から地方公共団体に交付される国庫支出金は前者の特定補助金にあたる。国庫支出金は地方公共団体が自ら調達することができない依存財源であり，市町村の歳入の15.3%，都道府県の歳入の11.3%を占めている。[17]

　図表2.7で国庫支出金の内訳を確認すると，市町村では生活保護費負担金が最も大きく (2.6兆円)，続いて児童手当等交付金 (1.3兆円)，障害者自立支援給付費等負担金 (1.3兆円)，児童保護費等負担金 (1.0兆円) の順に大きい。これら4つはいずれも社会保障分野の国庫支出金であるが，合計で市町村への国庫支出金総額の約3分の2を占めており，社会保障の分野に重点的に財政移転が行われていることがわかる。都道府県では義務教育費負担金 (1.3兆円) が最大である。これは，都道府県が政令指定都市を除く市町村立義務教育学校の教職員の

図表2.7 国庫支出金と都道府県支出金の内訳（2018年度）

（億円・%）

国庫支出金	市町村		都道府県	
	決算額	構成比	決算額	構成比
義務教育費負担金	2,718	3.0	12,587	22.1
生活保護費負担金	26,175	28.5	1,375	2.4
児童保護費等負担金	10,029	10.9	1,083	1.9
障害者自立支援給付費等負担金	12,527	13.7	765	1.3
私立高等学校等経常費助成費補助金	—	—	1,037	1.8
児童手当等交付金	13,404	14.6	—	—
公立高等学校授業料不徴収交付金	0	0.0	0	0.0
高等学校等就学支援金交付金	—	—	3,333	5.8
普通建設事業費支出金	6,136	6.7	11,544	20.2
災害復旧事業費支出金	1,409	1.5	4,401	7.7
失業対策事業費支出金	0	0.0	—	—
委託金	838	0.9	753	1.3
普通建設事業	32	0.0	45	0.1
災害復旧事業	18	0.0	0	0.0
その他	788	0.9	708	1.2
財政補給金	39	0.0	11	0.0
国有提供施設等所在市町村助成交付金	355	0.4	0	0.0
交通安全対策特別交付金	216	0.2	295	0.5
電源立地地域対策交付金	283	0.3	900	1.6
特定防衛施設周辺整備調整交付金	216	0.2	—	—
石油貯蔵施設立地対策等交付金	—	—	52	0.1
社会資本整備総合交付金	6,907	7.5	9,706	17.0
地方創生関係交付金	427	0.5	426	0.7
東日本大震災復興交付金	705	0.8	117	0.2
その他	9,383	10.3	8,699	15.4
合計	91,768	100.0	57,084	100.0

都道府県支出金	市町村	
	決算額	構成比
国庫財源を伴うもの	24,003	61.3
児童保護費等負担金	4,197	10.7
障害者自立支援給付費等負担金	5,901	15.1
児童手当等交付金	2,829	7.2
普通建設事業費支出金	2,284	5.8
災害復旧事業費支出金	637	1.6
委託金	302	0.8
普通建設事業	127	0.3
災害復旧事業	16	0.0
その他	159	0.5
電源立地地域対策交付金	169	0.4
石油貯蔵施設立地対策等交付金	47	0.1
その他	7,638	19.6
都道府県費のみのもの	15,130	38.7
普通建設事業費支出金	1,925	4.9
災害復旧事業費支出金	39	0.1
その他	13,166	33.7
合計	39,133	100.0

出所：総務省（2020a）より作成。

給与を負担する仕組みにおいて，国がその経費の3分の1を都道府県に交付しているものである。そのほか，公共事業に関連する普通建設事業費支出金（1.2兆円），社会資本整備総合交付金（1.0兆円）が大きく，これら3つの合計で都道府県の国庫支出金総額の6割弱を占めている。

また，市町村の受けとる使途が限定された財政移転には，国から交付される国庫支出金のほかに，都道府県から交付される都道府県支出金がある。都道府県支出金は，①都道府県が国から国庫支出金として受けとったものを市町村に交付したり，国庫支出金に都道府県の補助負担分を加えて市町村に交付するものと，②都道府県が市町村に対して単独で交付したり，または都道府県が国庫支出金に独自に追加して交付をするものがある。

図表2.7で都道府県支出金の内訳をみると，国庫財源を伴う形の支出金は全体の61.3%であり，障害者自立支援給付費等負担金（0.6兆円）や児童保護費等負担金（0.4兆円），児童手当等交付金（0.3兆円）の規模が大きく，ここでも社会保障分野の支出金が主である。

つまり，地方公共団体が提供する義務教育や生活保護，児童福祉などの基礎的な公共サービスについて，国や都道府県からの財政移転が重要な役割を果たしている。

2.3.3 地方交付税

上にみたように，福祉国家システムの主軸を成す社会保障分野を中心に，教育や公共事業などの行政分野において，地方公共団体の財源を保障するために国から国庫支出金が交付されている。一方で，それを受け取る施策には地方公共団体の側の財政負担も求められる。地方公共団体の側からみれば，国庫支出金は自らが実施する事業に対する国からの財政支援といえる。しかし，先にみたとおり地方公共団体の財政力に格差がある状態では，地方公共団体の自主財源が不足することもあるため，地方公共団体の財政を支えるための重要かつ不可欠な仕組みとして地方交付税制度が設けられている。

地方交付税は，国から地方公共団体に算定式に基づいて交付される一般補助

金である。国庫支出金とは異なり，地方交付税は使途が特定されておらず，どのような経費にも用いることができる一般財源に分類される。**図表2.4**に戻って確認すると，地方交付税が歳入に占める割合は市町村の13.3％，都道府県の17.0％であるが，市町村と都道府県の一般財源に占める地方交付税の割合は約4分の1にのぼり，必要な公共サービスを提供するために，地方税のみでは不足する地方公共団体の財源を大きく補っていることがわかる。

　地方交付税の目的は，地方交付税法第1条に読むことができる。この条文は次のとおりである。「この法律は，地方団体が自主的にその財産を管理し，事務を処理し，および行政を執行する権能をそこなわずに，その財源の均衡化を図り，および地方交付税の交付の基準の設定を通じて地方行政の計画的な運営を保障することによって，地方自治の本旨の実現に資するとともに，地方団体の独立性を強化することを目的とする」。つまり，地方交付税は地方自治の本旨の実現と，地方公共団体の独立性の強化という目的のために，多様な地方公共団体に生じる財政力の格差を調整し（財政調整），地方公共団体の公共サービスの供給能力を財源面で保障する（財源保障）ものである。

　地方交付税は一般補助金であって税目ではないが，国税の一部を交付することから税という名称がつけられている。[18] 地方交付税の総額は，地方交付税法第6条により国税の一定割合とされており，2018年度時点では所得税・法人税の33.1％，酒税の50％，消費税の22.3％，地方法人税[19]の全額を加えた合計額である[20]。しかし，実際に交付されるべき地方交付税の総額は国税の一定割合によってのみ決定するのではない。それは地方交付税のもつ財源保障機能にかかわっている。

　地方公共団体の事務の費用は自主財源でまかなうことが基本であるが，地方公共団体が社会保障や教育などの行政分野で提供する公共サービスの多くは，国の法令によって実施が義務づけられたり，全国統一的なサービス水準が設定されたりしている。それらを実施する地方公共団体に対しては，地方財政法第10条に基づいて国が国庫支出金を交付しているが，多くの国庫支出金は費用の一部を定率で補助する仕組みであるため，残りの費用については，なお地方

公共団体が地方税を中心とする一般財源を用いて負担する必要がある。しかし，税源の乏しい地方公共団体は，地方税だけではその負担をまかなえず，その公共サービスを提供できない可能性がある。

　そこで国は，地方公共団体が国の法令によって義務づけられた事務や事業を円滑に実施するのに必要な財源を保障するため，翌年度の都道府県および市町村の歳入歳出総額の見込額に関する書類を毎年度作成している。この書類は地方財政計画と呼ばれており，地方交付税法第7条で内閣による作成が義務づけられている。地方財政計画の役割は，地方公共団体に対して財源を保障すると同時に，地方公共団体の行財政運営の指針や国の施策の指針となることである[21]。

　地方財政計画は，実際の地方公共団体の歳入歳出総額の見込額を推測するものではなく，地方財政全体の客観的に推測される通常の水準における経費と収入を計上し，その間の均衡状況を示すものである。それらの経費と収入の積算を比較して財源不足額がある場合は，基本的に地方交付税で埋め合わされることになるが，必要な地方交付税総額と，国税の一定割合で自動的に決められる地方交付税総額が一致するとは限らないため，毎年度さまざまな調整措置が採られている[22]。2018年度の地方財政計画（通常収支分）を表した序章の**図表0.5**でみたように，地方財政計画（通常収支分）上の地方交付税額は16.0兆円である。しかし，上に述べた国税5税を原資とする部分は15.5兆円であり，必要な地方交付税総額を確保するために，これに国の一般会計からの加算などが行われている[23]。

　地方交付税額が決定すると，そのうち94％が普通交付税，6％が特別交付税として配分される[24]。特別交付税は，自然災害への対応など，普通交付税の基準財政需要額として算定不可能なものに対して交付されるため，地方交付税の柱となるのは普通交付税である。

　普通交付税は，各地方公共団体の基準財政需要と基準財政収入との差額に交付される。基準財政収入額と基準財政需要額の詳しい算定方法は第3章で説明されるが，標準的な財政需要である基準財政需要と，標準的な財政収入である基準財政収入を算定し，基準財政需要額を基準財政収入額でまかなえない地方

78

公共団体にその差額を交付することで，財政調整と財源保障が同時に行われる。また，普通交付税は基準財政収入が基準財政需要を上回る豊かな地方公共団体（不交付団体）に対しては交付されない。2018年度の交付状況をみると，普通交付税の不交付団体は都道府県では東京都の1団体，市町村では77団体であった。

　このような仕組みから，各地方公共団体に交付される地方交付税の配分には濃淡ができている。**図表2.4**でみたとおり，地方交付税が歳入に占める割合は市町村について13.3%，都道府県について17.0%であるが，この値は平均値であり，実際の割合は団体ごとに大きく異なることに注意する必要がある。第1章で市町村の規模別財政状況を表した**図表1.11**では，人口規模の大きな都市の地方税の比重が大きく，人口規模の小さい町村の地方税の比重が小さい傾向がみられたが，地方交付税はそれとは逆の傾向をもっている。例えば，政令指定都市の歳入に占める地方交付税の割合は5.1%と小さい一方で，人口1万人未満の町村の歳入に占める地方交付税の割合は37.1%であり，地方税よりも地方交付税の収入が大きい様子が確認できる。

　このように，多様な地方公共団体間の財政力の格差を調整し，財源を保障する地方交付税のはたらきによって，全国統一的な公共サービスの提供が可能となっている。

2.3.4　地方債

　地方債とは，地方公共団体が年度を越えて行う金銭の借入れや債券発行によって負う債務のことをいう。地方財政の中で地方債が果たす役割は大きく2つある。ひとつ目は，支出と収入の年度間調整の役割である。公共施設の建設など，単年度に多額の財源を必要とする事業については，その年度の収入だけで費用をまかなえばその他の公共サービスの提供に支障が出ることにもなりかねないが，地方債の発行によって資金を調達することで，事業を円滑に行うことができる。2つ目の役割は，住民負担の世代間の調整である。長期間にわたって利用する公共施設などは，現在の住民だけはなく，将来の住民も便益を受け

ることになるため，地方債を事業の財源とし，地方債の元利償還金の支払い財源に後年度の税収を充てることで，将来の住民にも負担を求めることができる。

　地方財政法第5条では，「歳出は，地方債以外の歳入をもつて，その財源としなければならない」との原則を定めたうえで，第5条の但し書きに，地方債で財源を調達することができる経費が挙げられている。さらに，地方財政法第5条に基づいて発行されるもの以外の地方債もある。

　図表2.8で2018年度の地方債を発行目的別に確認すると，市町村，都道府県ともに臨時財政対策債が最大であり（市町村1.8兆円，都道府県2.2兆円），それぞれ地方債発行額合計の34.3％，40.4％を占めている。2001年度から発行が開始された臨時財政対策債は，それまで地方交付税の財源不足を交付税特別会計による借入れで補っていた方式に代えて，各地方公共団体の交付必要額と実際の交付額の差額を地方債の発行でまかなうものである。これは地方交付税の財源不足を補うものであることから，その元利償還金相当額については，全額を後

図表2.8　地方債発行額（発行目的別）（2018年度）　　（億円・%）

	市　町　村		都道府県	
	発行額	構成比	発行額	構成比
公共事業等債	3,248	6.3	10,205	18.8
公営住宅建設事業債	977	1.9	868	1.6
うち復旧・復興事業分	17	0.0	8	0.0
災害復旧事業債	1,114	2.2	1,666	3.1
教育・福祉施設等整備事業債	6,136	12.0	1,111	2.1
一般単独事業債	14,189	27.7	10,832	20.0
辺地対策事業債	433	0.8	—	—
過疎対策事業債	3,642	7.1	—	—
首都圏等整備事業債	—	—	—	—
公共用地先行取得等事業債	167	0.3	146	0.3
行政改革推進債	335	0.7	1,400	2.6
退職手当債	44	0.1	567	1.0
国の予算貸付・政府関係機関貸付債	45	0.1	350	0.6
財源対策債	2,006	3.9	4,018	7.4
減収補塡債	30	0.1	125	0.2
臨時財政対策債	17,542	34.3	21,853	40.4
減収補塡債特例分（2007 -- 2018年度）	34	0.1	436	0.8
都道府県貸付金	552	1.1	—	—
その他	697	1.3	574	1.1
合計	51,191	100.0	54,150	100.0

出所：総務省（2020a）より作成。

年度地方交付税の基準財政需要額に算入することとされている。次に規模が大きいのは，一般単独事業債（市町村1.4兆円，都道府県1.1兆円）や公共事業等債（市町村0.3兆円，都道府県1.0兆円）である[27]。その他には，教育・福祉施設等整備事業債（市町村0.6兆円，都道府県0.1兆円）や，過疎地域の市町村が発行する過疎対策事業債（0.4兆円），公共事業等債などの地方債の充当率を通常分に比べて引き上げることで発行される財源対策債（市町村0.2兆円，都道府県0.4兆円）が大きな比重を占めている。

2.4　地方公共団体の社会保険と多層的財政調整：国民健康保険・後期高齢者医療制度・介護保険

　ここまでは普通会計決算額を用いて地方公共団体の歳出と歳入を検討してきたが，最後に，福祉国家と地方財政の関係において最も重要な分野である，国民健康保険と後期高齢者医療制度，介護保険の特別会計についても検討しよう。

　序章の**図表0.2**で，日本の社会保障システムと関連づけて地方財政をみると，地方公共団体の歳出の最大項目である民生費は，主として同表の社会福祉（広義）に該当するようにみえる。そこで，社会福祉（広義）における費用負担の構造をみると，「他の公費負担」（地方公共団体の負担）の対GDP比率が0.78％であるのに対して，「国庫負担」の対GDP比率は1.29％である。つまり，費用の6割以上を国が負担して，地方公共団体が実施の現場を担当するという関係にある。

　さて，第5章で詳しくみる国民健康保険と後期高齢者医療制度は，日本の医療保障システムの基盤的な制度であり，第7章でみる介護保険は，高齢者福祉の軸となる制度であるが，これらは地方公共団体が運営主体の地域保険である。これら3制度における地方公共団体の負担を**図表0.2**で確認すれば，対GDP比率は1.39％と，社会福祉（広義）のそれをはるかに上回っていることがわかる。

　さらに，これら3制度に対する「国庫負担」の対GDP比率は2.07％であり，やはり，社会福祉（広義）における「国庫負担」の値を上回っている。また，同表では「他制度から移転」（主として現役世代の医療保険からの財政支援）も大

きく，対GDP比率は2.32％もある。このように，3制度は，保険料や地方公共団体の負担のほかに，国の財政資金や現役世代の医療保険にも支えられている。

　また，**図表0.2**の支出欄に目を向ければ，これら地域保険の3制度は給付の規模も大きいことがわかる。国民健康保険と後期高齢者医療制度の医療給付（対GDP比率4.46％）は，社会保険全体の医療給付（対GDP比率6.48％）の約7割を占めている。これは，序章および第5章でみるように，医療給付に占める高齢者の比重が大きいことによる。また，介護保険の給付（対GDP比率1.93％）も，社会福祉（広義）の支出（対GDP比率2.07％）に匹敵する規模である。

　さて，これら地域保険の3制度は，地方公共団体の財政においては一般会計ではなく，それぞれの特別会計で管理されている。本節では，その基本的な財政構造を検討しておこう。社会保険制度を通じて提供される医療保障や介護保険サービスが，福祉国家システムに内蔵される複雑で多層的な財政調整制度によって支えられていることを明らかにする。

2.4.1　国民健康保険

　国民皆保険システムの軸であり，地方公共団体が担う地域保険のひとつである国民健康保険は，市町村と都道府県が運営主体であることから，市町村と都道府県のそれぞれに特別会計が設けられている。

　第5章の**図表5.2**は，2018年度の市町村と都道府県の国民健康保険事業会計の歳入・歳出状況を示したものである[28]。歳出規模は，市町村（事業勘定）が13.2兆円，都道府県が11.2兆円である。**図表2.2**より，普通会計の民生費の支出額は市町村が21.1兆円，都道府県が7.8兆円であった。この数字と比較しても，特別会計である国民健康保険事業の規模が大きいことがわかる。しかし実際には，普通会計と国民健康保険事業会計には重複する部分が多いことに注意する必要がある。

　図表5.2からわかることは，第1に，市町村と都道府県の特別会計間で大きな財政移転が行われていることである。市町村が保険給付を担っているため，市町村の主な歳出は保険給付費8.8兆円であるが，歳入側では，医療給付等に必

要な資金として，都道府県の特別会計から都道府県支出金9.0兆円を受け入れている。一方で，市町村が被保険者から徴収する保険料（税）2.7兆円は，基本的に都道府県の特別会計に国民健康保険事業費納付金として納付される。

第2に，市町村と都道府県の特別会計には，それぞれの一般会計からの財政移転が行われている。これは**図表5.2**の歳入項目の「他会計繰入金」に表されている。市町村の一般会計からの繰入金は1.2兆円，都道府県の一般会計からの繰入金は0.7兆円である。市町村の一般会計からの繰入金は，上述の保険料とあわせて，市町村が都道府県に納付する国民健康保険事業費納付金3.6兆円の財源となっている。市町村と都道府県の一般会計からの繰入金は第2節でみたように，普通会計の側からみると，普通会計から国民健康保険事業会計への繰出金であり，民生費支出に含まれる。

ただし，市町村の普通会計からの繰入金のすべてが市町村の一般財源でまかなわれているわけではない。例えば，市町村の繰入金のうち，保険基盤安定制度に係るものが0.7兆円あるが[29]，この経費は国・都道府県・市町村で負担することから，市町村だけではなく国と都道府県の財源も用いられている。国と都道府県の負担分は国民健康保険事業会計には現れず，市町村の普通会計歳入に国庫支出金・都道府県支出金として計上されている。

第3に，国民健康保険の特別会計は，保険料収入や市町村・都道府県の一般会計からの繰入金を上回る規模で，国からの財政移転を受け入れている。都道府県の国民健康保険事業会計歳入のうち，国庫支出金は3.3兆円である。医療給付費の一定割合を国が負担する仕組みである療養給付費負担金（2.3兆円）や調整交付金（0.8兆円）がその主なものである。

第4に，国民健康保険とその他の社会保険との制度間の財政移転もある。都道府県の歳入には，前期高齢者交付金（現役世代の被用者保険等から65-74歳の前期高齢者への給付の支援）3.6兆円があり，歳出には後期高齢者医療制度（1.6兆円）や介護保険制度（0.6兆円）への負担金があり，これらは序章の**図表0.2**における「他制度から移転」「他制度へ移転」に含まれる[30]。

つまり，国民健康保険制度は，被保険者から徴収する保険料だけではなく，

国や都道府県から市町村特別会計への財政移転や，市町村の一般会計から特別
会計への繰入や，さらには財政基盤の強い被用者保険からの財政支援によって
支えられている。

2.4.2 後期高齢者医療制度

すべての75歳以上の後期高齢者が加入する後期高齢者医療制度も，地方公
共団体が担う地域保険である。後期高齢者医療事業の実施主体は，都道府県区
域ごとに設置された特別地方公共団体の，47の後期高齢者医療広域連合であ
る。また，市町村は保険料の徴収や後期高齢者医療広域連合への保険料等の納
付を行うことから，市町村と広域連合にそれぞれ特別会計が設けられている。

図表2.9は，2018年度の市町村と広域連合の後期高齢者医療事業会計の歳入・
歳出状況を示したものである。歳出規模は，市町村が1.8兆円，広域連合が
16.0兆円である。

この図表からわかることは，第1に，市町村の特別会計では，歳入の被保険

図表2.9 後期高齢者医療制度の全体像（2018年度決算ベース）

【市町村】　（億円）

歳　　入	17,520	100.0%
保険料	12,375	70.6%
繰入金	4,504	25.7%
(1)一般会計繰入金	4,502	25.7%
(2)その他	2	*
その他の収入	641	3.7%
歳　　出	17,211	100.0%
総務費	486	2.8%
後期高齢者医療広域連合納付金	16,293	94.7%
その他の支出	433	2.5%

【広域連合】　（億円）

歳　　入	160,247	100.0%
市町村支出金	27,788	17.3%
(1)市町村負担金	27,770	17.3%
うち保険料等負担金	15,326	9.6%
うち療養給付費負担金	11,967	7.5%
(2)市町村補助金	17	*
国庫支出金	51,192	31.9%
(1)国庫負担金	38,325	23.9%
うち療養給付費負担金	37,643	23.5%
(2)国庫補助金	12,867	8.0%
都道府県支出金	12,715	7.9%
(1)都道府県負担金	12,676	7.9%
うち療養給付費負担金	11,981	7.5%
(2)その他のもの	39	*
支払基金交付金	62,886	39.2%
その他の収入	5,667	3.5%
歳　　出	155,920	100.0%
総務費	439	0.3%
保険給付費	151,465	97.1%
保健事業費	391	0.3%
その他の支出	3,633	2.3%

注：＊は0.05％未満
出所：総務省（2020b）より作成。

者から徴収した保険料1.2兆円と一般会計繰入金0.5兆円を財源として，広域連合に対して後期高齢者医療広域連合納付金1.6兆円を支出している。

第2に，広域連合の特別会計では，歳出の柱は保険給付費15.1兆円であるが，これは市町村が徴収した保険料1.2兆円の12.2倍に相当する。つまり，保険給付費の大部分は，市町村が徴収した保険料以外の財源によってまかなわれていることになる。

そこで，広域連合の特別会計の歳入をみると，第3に，他の政府からの財政移転は市町村支出金2.8兆円，国庫支出金5.1兆円，都道府県支出金1.3兆円の合計9.2兆円である。市町村支出金には，市町村の特別会計から受け入れる後期高齢者医療広域連合納付金（財源に保険料収入1.2兆円を含む）のほか，市町村の一般会計から受け入れる負担金も含まれる。市町村の普通会計の側からみると，後期高齢者医療事業への繰出金は1.6兆円であるが[31]，これは市町村の特別会計への繰出金0.5兆円と，広域連合の特別会計への負担金等を合わせたものである。

第4に，広域連合の特別会計の歳入項目のうち金額が最も大きいのは，支払基金交付金の6.3兆円である。これは，国民健康保険や被用者保険制度からの財政移転，つまり現役世代の健康保険からの財政支援である。これらは序章の**図表0.2**における「他制度から移転」に含まれる。

すなわち，高齢化が進む福祉国家システムを支える後期高齢者医療制度は，保険料収入を大幅に上回る給付を行っているが，この制度は国，都道府県，市町村からの財政移転に加えて，現役世代の健康保険からの財政支援によっても維持されている。第5章で詳しく説明されるように，国民皆保険システムの基盤である国民健康保険制度や後期高齢者医療制度は「国民全体で支えるという枠組みのなかで」運営されているのである。

2.4.3　介護保険

高齢者福祉の主軸である介護保険の実施主体は市町村であり，保険者となっている市町村に介護保険特別会計が設けられている。

2018年度の市町村の介護保険事業会計の歳入・歳出状況を示した**図表2.10**で確認すると，歳出規模は11.0兆円である。この図表からわかることは，第1に，介護保険事業の主な支出は保険給付費（9.6兆円）であり，その他は介護予防の対応策である地域支援事業にかかる事業費（0.5兆円）などである。

第2に，65歳以上の第1号被保険者から徴収する介護保険料からの保険料収入は2.4兆円である。

第3に，第2号被保険者の保険料分が，社会保険診療報酬支払基金から支払

図表2.10　介護保険事業の全体像（2018年度決算ベース）

【市町村・保険事業勘定】　　　　　　　　（億円）

歳　　入	110,100	100.0%
保険料	24,229	22.0%
国庫支出金	24,820	22.5%
（1）介護給付負担金	18,003	16.4%
（2）調整交付金	4,923	4.5%
（3）地域支援事業交付金	1,639	1.5%
（4）その他のもの	255	0.2%
支払基金交付金	27,024	24.5%
（1）介護給付費交付金	26,036	23.6%
（2）地域支援事業支援交付金	988	0.9%
都道府県支出金	14,970	13.6%
（1）財源補填的なもの	0	＊
（2）介護給付費負担金	14,124	12.8%
（3）地域支援事業負担金	838	0.8%
（4）その他のもの	7	＊
他会計繰入金	15,684	14.2%
（1）財源補填的なもの	35	＊
（2）一般会計からのもの	15,564	14.1%
（3）その他のもの	84	0.1%
基金繰入金	448	0.4%
繰越金	2,729	2.5%
その他の収入	196	0.2%
歳　　出	107,173	100.0%
総務費	2,518	2.3%
保険給付費	96,392	89.9%
地域支援事業	5,382	5.0%
保健福祉事業費	10	＊
繰出金	199	0.2%
基金積立金	1,431	1.3%
その他の支出	1,241	1.2%

注：＊は0.05％未満
出所：総務省（2020a）より作成。

基金交付金として2.7兆円交付されている。40-65歳の第2号被保険者の保険料は，第2号被保険者が加入する医療保険制度が徴収し，各医療保険制度が社会保険診療報酬支払基金に納付するが，これが支払基金から各市町村の介護保険特別会計に交付される仕組みである。

第4に，公費負担は国庫支出金が2.5兆円，都道府県支出金が1.5兆円，市町村の一般会計等からの繰入金が1.6兆円である。介護給付および予防給付に要する費用の額は，保険料，国，都道府県，市町村の負担割合が決まっており，特別会計の受け入れる都道府県支出金は，都道府県の普通会計歳出では補助費等として，市町村の一般会計からの繰入金は市町村の普通会計歳出では繰出金として計上されている。

以上のように，介護保険制度においても，介護保険料収入を大幅に上回る介護給付費をまかなううえで，財政移転や財政支援が重要な役割を果たしている。

本章では日本の地方財政システムの構造を考察した。第1に，財政面からみた地方公共団体の活動は規模も大きく，範囲も広いことが確認された。地方公共団体の支出は特に社会保障分野で大きく，国と地方公共団体の役割分担は「住民に身近な行政はできる限り地方公共団体にゆだねる」形になっている。第2に，社会保障，教育，公共事業といった行政分野では，国から地方公共団体への財政移転が重要な役割を果たしている。地方公共団体が条例によって独自の課税を行うことに対しては国からの制限も課せられているため，住民からみれば，住む地方公共団体によって負担する地方税が大きく異なることはないが，地方公共団体の地理的・社会的条件が多様なことから，地方公共団体の税収や財政需要には格差が生じている。このため，国は特定補助金である国庫支出金の交付を通じて地方公共団体の経費の一部を負担することに加えて，一般補助金である地方交付税の交付によって地方公共団体の公共サービスの供給能力を財政面で保障しており，これらの財政移転が，序章で概観した福祉国家の理念を実現するための必要不可欠な仕組みとなっている。

第3に，地方公共団体の運営する社会保険の特別会計は，保険料を収入の柱

としながらも，都道府県・市町村の一般会計からの繰出金や補助費の形で行われる財政移転や，国からの国庫支出金の交付，現役世代からの財政支援などの多様な収入を給付の財源としており，社会保険においても多様な財政調整システムが役割を果たしている。

【注】
1）数値は総務省（2020a）による。
2）数値は総務省（2020a）による。
3）地方公営事業会計とは，地方公共団体の経営する公営企業，国民健康保険事業，後期高齢者医療事業，介護保険事業，収益事業，農業共済事業，交通災害共済事業および公立大学附属病院事業にかかる会計のことである。
4）一部事務組合や広域連合は，2018年度末には1,303団体あり，主な設置目的は，ごみ処理等の衛生関係が535団体，消防関係が270団体であった。
5）同図表で市町村と都道府県の目的別歳出を比較すると，まず，市町村と都道府県のいずれもが支出を行っている行政分野が多いものの，それらの行政分野への支出の比重は異なることがみてとれる。市町村は民生費の支出が大きいことが顕著であり，民生費の支出が市町村の歳出合計の36.3％を占めている。一方で，都道府県の歳出では教育費が最大の支出項目である（20.4％）。また，この図表からは市町村と都道府県で役割がはっきりと分かれている行政分野があることもわかる。地方公共団体のうち，警察費を支出しているのは都道府県であり，また，消防費についてはそのほとんどを市町村が支出している。これは，警察法で都道府県に警察を置くこととされ，消防組織法で市町村が区域の消防の責任を有するとされていることによる。
6）以下，性質別分類に関する割合は総務省（2020a）の数値を用いている。
7）市町村の後期高齢者医療広域連合特別会計への負担金は，「補助費等」ではなく「繰出金」に計上される。
8）地方消費税交付金は一般財源に含まれる交付金の一つである。一般財源に含まれる交付金には，国からの交付金である地方特例交付金と，地方消費税交付金をはじめとした，都道府県税や市町村税を原資とした交付金がある。
　前者の地方特例交付金とは，国の制度変更等により地方公共団体の負担増や減収が生じた場合に，国から地方公共団体に特例的に交付される交付金のことをいう。2018年度は，国の所得税で控除しきれない住宅ローン減税額を個人住民税から控除する制度による地方公共団体の減収を補填する目的で，都道府県と市町村に個人住民税減収補填特例交付金が交付されている。
　後者は，都道府県税や市町村税を原資として，都道府県から市町村に，または市町村から都道府県に交付される交付金である。このうち最大のものが，地方消費税交付金である。2018年度時点の地方消費税は，国の消費税額（税率6.3

　　%）の67分の13（地方消費税率は税率1.3％に相当）を税収とする都道府県税であり，都道府県間で精算後，税収の2分の1の額が，都道府県から市町村に交付される。その後の税率引き上げにより，2019年10月1日以降の地方消費税は，国の消費税額（標準税率7.8％，軽減税率6.24％）の78分の22（地方消費税率は標準税率2.2％，軽減税率6.24％分に相当）となった。各市町村に地方消費税交付金を交付する基準には，人口や従業者数が用いられている。

9）地方譲与税は，本来は地方税に属するべき税源を，課税技術上の理由などからいったん国税として徴収し，これを国が地方公共団体に対して譲与する制度であり，税という名前ではあるが税目ではない。地方譲与税を地方公共団体に配分する基準は，徴収地にそのまま譲与する場合や，地方公共団体間の合理的な税源配分や財源調整をはかる必要性に基づいて，客観的な基準で配分する場合がある。

　　2018年度時点の地方譲与税は，地方揮発油譲与税，特別とん譲与税，石油ガス譲与税，自動車重量譲与税，航空機燃料譲与税，地方法人特別譲与税の6つである。地方譲与税の収入総額は2.7兆円であり，そのうち78.7％の2.1兆円は国から都道府県に譲与される地方法人特別譲与税であった。その地方法人特別譲与税は2019年度までで廃止されて，2020年度からは特別法人事業譲与税が創設されている。また，2019年度には新たな地方譲与税として森林環境譲与税が創設されている。

10）道府県民税個人分には，均等割・所得割のほか，配当割と株式等譲渡取得割を含む。

11）同表の「市町村合計」は，政令指定都市，中核市，施行時特例市，中都市，小都市および町村の合計であることから，**図表2.4**の「市町村」の数値とは一致しない。前節コラムで説明したとおり，**図表2.4**の「市町村」には特別区である東京都23区やその他の特別地方公共団体が含まれる。

12）2018年度の法定外税の税収は道府県税で596億円，市町村税で56億円と小さく，地方税収に占める割合はわずかである。

　　税目は，都道府県では核燃料関係や産業廃棄物税等がほとんどである。福井県や佐賀県など10道県で賦課されている核燃料税は，核燃料価格や発電用原子炉の熱出力などを課税標準として課税し，発電用原子炉の設置者が納税義務を負うものである。また，27道府県で課税されている産業廃棄物等税は，最終処分場への産業廃棄物の搬入などを課税客体として，産業廃棄物の排出事業者や中間処理業者が税を納めるものである。その他の例として，東京都や大阪府の宿泊税が挙げられる。これらは，観光の振興を図る施策の財源として，旅館やホテルの宿泊数を課税標準としている。

　　一方で，市町村では環境関係の税目が多い。例えば，河口湖での遊漁行為に課税する遊漁税（山梨県富士河口湖町）や，空港連絡橋利用税（大阪府泉佐野市），別荘等所有税（静岡県熱海市）などがある。

13) 道府県民税均等割・所得割・法人割，事業税，不動産取得税，ゴルフ場利用税，自動車税，市町村民税均等割・所得割・法人税割，固定資産税，軽自動車税，鉱産税，入湯税に標準税率が設定されている。例えば，市町村民税所得割は標準税率6％，道府県民税所得割は標準税率4％である。

14) 道府県税法人割，事業税，ゴルフ場利用税，自動車税，市町村民税法人税割，軽自動車税，鉱産税，都市計画税は制限税率が設定されている。

15) 道府県民税利子割・配当割・株式等譲渡所得割，地方消費税，道府県たばこ税，鉱区税，自動車取得税，軽油引取税，狩猟税，市町村たばこ税，特別土地保有税，事業所税は一定税率が設定されている。

16) 2018年度は名古屋市が市町村民税の個人均等割，所得割，法人均等割について税率を標準税率より引き下げていた例がある。

17) 地方財政法第9条では，「地方公共団体の事務を行うために要する経費は，その地方公共団体が全額負担をする」ことが規定されており，地方公共団体の事務には自主財源を用いることが原則である。一方で，同法には国が経費の全部または一部を負担する事務についての例外規定も設けられており，これが国庫支出金の根拠となっている。国が地方公共団体の経費の全部または一部を負担する事務とは，第1に，地方財政法の第10条に挙げられる「地方公共団体が法令に基づいて実施しなければならない事務であって，国と地方公共団体相互の利害に関係がある事務のうち，その円滑な運営を期するためには，なお，国が進んで経費を負担する必要があるもの」である。具体的には，義務教育職員の給与や生活保護，児童手当などが含まれる。第2は公共事業関係であり，第10条の2に「地方公共団体が国民経済に適合するように総合的に樹立された計画に従って実施しなければならない法律または政令で定める土木その他の建設事業」が列挙されている。第3は災害復旧関係であり，第10条の3に「地方公共団体が実施しなければならない法律又は政令で定める災害にかかる事務で，地方税法又は地方交付税法によってはその財政需要に適合した財源を得ることが困難なもの」が列挙されている。

　また，同法第16条は「国は，その施策を行うため特別の必要があると認めるときまたは地方公共団体の財政上特別の必要があると認めるときに限り，当該地方公共団体に対して，補助金を交付することができる」と規定しており，国が地方公共団体に特定の施策を奨励する場合に，補助金を交付することを認めている。

　一方で，第10条の4では，「専ら国の利害に関係のある事務を行うために要する経費については，地方公共団体は，その経費を負担する義務を負わない」として，国政選挙や国勢調査に要する経費などは国が地方公共団体に対して支出し，国から地方公共団体へ負担の転嫁をすることがないよう定められている。

18) 地方交付税法第2条の1に，地方交付税という用語の定義として次のように規定されている。「第6条の規定により算定した所得税，法人税，酒税および消費

税のそれぞれの一定割合の額ならびに地方法人税の額で地方団体がひとしくその行うべき事務を遂行することができるように国が交付する税をいう。」

19）地方法人税は，法人住民税法人税割の一部を替えて地方交付税の原資とするために創設された国税である。

20）その後，消費税率の引き上げに伴い，地方交付税の原資として繰り入れられる消費税の割合は2019年度に20.8％，2020年度に19.5％に変更された。

21）地方財政計画の構造については，石原（2016）200-213頁を参照。

22）地方交付税法第6条の3第2項では，地方交付税の原資となる国税収入の法定率分が，必要な地方交付税総額と比べて著しく異なることとなった場合には，①地方財政もしくは地方行政にかかる制度の改正，または②法定率の変更を行うこととしている。現実には，法定率の変更よりも，地方財政・行政の制度改正に該当する調整が頻繁に用いられて，国の一般会計からの繰り入れや，過去には交付税特別会計からの借り入れなどによって調整されてきた。

23）2018年度決算の地方交付税の総額は，**図表2.4** に示したとおり 16.5兆円である。これは，地方財政計画（通常収支分）の地方交付税額16.0兆円に，2018年度補正予算（第2号）による追加交付分0.1兆円と，震災復興特別交付税額0.4兆円を合わせたものである。震災復興特別交付税は，後述の普通交付税と特別交付税とは別に，東日本大震災にかかる復旧・復興事業等の実施のため，東日本大震災の被災地方公共団体等に交付される。

24）2018年度の地方交付税の内訳は，普通交付税15.0兆円，特別交付税1.0兆円，震災復興特別税0.4兆円であった。

25）地方債の対象にできる経費として列挙されているもののうち，公共施設，公用施設の建設事業費および土地の購入費等の経費を対象とする地方債については，普通税のいずれかが標準税率未満である地方公共団体は発行に総務大臣または都道府県知事の許可を要することになっている（地方財政法第5条の4第4項）。

26）それらは，①特定目的事業の財源として発行される地方債と，②地方財政の不足分を埋めるための地方債に分けることができる。前者は，災害対策や地震対策，過疎対策などの特定の施策を推進するために，国が個別の立法を行うことで発行が認められている地方債であり，過疎対策事業債，辺地対策事業債などがその例である。後者は，地方財政法第5条の特例である同法第33条の規定に基づいて，地方税の減収を補てんするなどのために起こされる地方債である。

27）一般単独事業債は，普通建設事業のうち，国が事業費の一部を補助や負担をせず，地方公共団体が独自に行う事業に充てられる地方債であり，公共事業等債は国が事業費の一部を補助・負担するもののうち，地方公共団体が負担する部分に充てられる地方債である。

28）市町村の国民健康保険事業会計は「事業勘定」と「直診勘定」に分かれているが，以下では保険給付等を行う「事業勘定」のみを扱う。なお，「直診勘定」は，市町村が保健事業の一つとして設置する診療所や薬局にかかる勘定である。

29）保険基盤安定制度については，第5章注8参照。

30）**図表0.2**の国民健康保険には，本節で取り上げた市町村と都道府県の国民健康保険事業会計のほか，地方財政統計の対象外である国民健康保険組合の会計が含まれる。国民健康保険組合については，第5章注6参照。

31）数値は総務省（2020b）による。

32）市町村の介護保険事業会計は「保険事業勘定」と「介護サービス事業勘定」に分かれているが，以下では保険給付等を行う「保険事業勘定」のみを扱う。「介護サービス事業勘定」は，介護給付の対象となる居宅サービスおよび施設サービス等の実施にかかる勘定である。なお，序章の**図表0.2**の介護保険には，「保険事業勘定」だけではなく「介護サービス事業勘定」が含まれている。

【参考文献】

石原信雄（2016）『新地方財政調整制度論（改訂版）』ぎょうせい

総務省（2020a）『地方財政白書（令和2年版）』

総務省（2020b）『平成30年度　地方財政統計年報』

橋都由加子（2018）「地方債制度と国の関与の変遷」持田信樹・林正義編『地方債の経済分析』有斐閣

深澤映司（2012）「地方税の標準税率と地方自治体の課税自主権」『レファレンス』国立国会図書館，2012年4月

第3章
地域格差と財政調整

塚谷　文武

　地方公共団体は「住民の福祉の増進」を第一義的な目的として，国民の人生
と生活に寄り添う形で基本的な公共サービスを包括的に提供する，最も身近な
政府部門である。序章で詳しくみたように，日本国憲法第25条及び第26条に
規定される基本的な公共サービスや給付を「すべての国民」に公平に提供する
には，地方公共団体間の財政力の格差を均す仕組みが不可欠である。財政力格
差を均す財政調整制度は，「すべての国民」に公平に基本的な公共サービス及
び給付を提供するために存在している。

　第1章でみた義務教育の財政では，公平な教育サービスを提供するために必
要な費用単価が地域条件で異なる場合や，それを賄う財政力の格差がある場合
に，財政調整の仕組みが有効に機能しており，日本の福祉国家システムに内蔵
される財政調整メカニズムのひとつの典型といえよう。

　本章では，福祉国家システムにおける財政調整制度に焦点をあて，秋田県鹿
角市（非大都市圏の典型的な過疎地）の財政構造を検討する。そのために東京都
八王子市（大都市圏の豊かな税収を有する）との比較検討を行い，さらには，鹿
角市の「現場」に立ち入って考察する。

　日本の地方公共団体（47都道府県，1,718市町村等）は，南北約3,000kmに及
ぶ日本列島の上に存在し，自然条件・人口規模・経済構造も多様である。東
京，名古屋，大阪などの3大都市圏には総人口の約2分の1の人口が集中する
が，他方，非大都市圏では不利な経済条件のゆえに過疎化が進行する地域も増
加している。

　このような多様性を有する地方公共団体は，「住民の福祉の増進」を図ることを基本として，地域における行政を自主的かつ総合的に実施する役割を広く担う」（地方財政法第1条の2）ために，第2章で詳しく検討されているように，自主財源と依存財源（地方交付税，国庫支出金等）を使って，それぞれの地域における多様な公共サービスや給付を賄っている。本章において，特に，不利な経済社会条件のゆえに自主財源が著しく不足する過疎地の地方公共団体の財政構造を検討することで，日本の福祉国家システムの「現場」が，財政調整メカニズムを基盤として編成・構築されていることを理解することができよう。

3.1　財政構造の地域格差：過疎地域の鹿角市と大都市圏の八王子市

3.1.1　歳出構造の比較

　本節では，非大都市圏における典型的な過疎の地方公共団体としての秋田県鹿角市と，大都市圏にある地方公共団体としての東京都八王子市を具体的な事例として取り上げて，非大都市圏と大都市圏の地方公共団体の財政力格差の実態を明らかにする。

　両地方公共団体の人口と地理的条件について確認しておこう。秋田県鹿角市は，県北東部の内陸部にあり，北東北3県（秋田県，青森県，岩手県）のほぼ中央に位置している。人口規模は3万1,026人であり，高齢化率は38.5％である。秋田県には過疎地域に該当する市町村の数が多く，都道府県の中では島根県，鹿児島県に次ぐ多さであり，秋田県の市町村の92％が過疎に該当している[1]。大都市圏の地方公共団体として取り上げる八王子市は，東京都の西端に位置している人口56万2,460人の中核市であり，高齢化率は26.5％である[2]。

　図表3.1では，鹿角市と八王子市の一般会計の歳出構造を比較している。

　第1に，鹿角市の歳出総額は190.3億円であり，人口一人当たり歳出総額を算出すると613千円になる。全国市町村の人口一人当たり歳出総額398千円に比べると215千円高くなっている。八王子市の人口一人当たり歳出総額が349

図表3.1　鹿角市と八王子市の歳出構造（一般会計，2018年度）

	全国市町村合計		鹿角市			八王子市		
人口（人）	117,956,945		31,026			562,460		
	億円	人口一人当たり（千円）	億円	人口一人当たり（千円）	人口一人当たり格差（千円）	億円	人口一人当たり（千円）	人口一人当たり格差（千円）
歳出総額	469,347.1	398	190.3	613	215	1,963.3	349	▲ 49
議会費	2,498.6	2	1.7	6	3	6.9	1	▲ 1
総務費	49,739.2	42	22.7	73	31	166.1	29	▲ 13
民生費	174,985.5	148	56.6	182	34	982.9	175	26
社会福祉費	43,466.3	37	16.3	52	16	241.2	43	6
老人福祉費	31,042.6	26	14.4	46	20	139.1	25	▲ 2
児童福祉費	66,909.7	57	19.5	63	6	407.3	72	16
生活保護費	32,813.7	28	6.5	21	▲ 7	195.2	35	7
災害救助費	753.3	1	—	—	—	0.1	0	▲ 1
衛生費	38,342.9	33	9.7	31	▲ 1	187.1	33	1
保健衛生費	19,025.8	16	3.3	11	▲ 5	54.4	10	▲ 6
結核対策費	115.8	0	—	—	—	1.0	0	0
保健所費	858.9	1	—	—	—	11.2	2	1
清掃費	18,342.3	16	6.4	21	5	120.5	21	6
労働費	862.9	1	0.2	1	▲ 0	4.6	1	0
農林水産業費	8,996.2	8	17.1	55	47	4.1	1	▲ 7
商工費	14,454.3	12	10.0	32	20	17.0	3	▲ 9
土木費	53,949.0	46	19.2	62	16	182.9	32	▲ 13
土木管理費	2,462.3	2	0.5	2	▲ 0	7.7	1	▲ 1
道路・橋りょう費	14,373.6	12	9.6	31	19	49.2	9	▲ 3
河川費	1,538.6	1	0.1	0	▲ 1	—	—	—
港湾費	1,318.6	1	—	—	—	—	—	—
都市計画費	28,949.3	25	7.3	24	▲ 1	117.2	21	▲ 4
住宅費	5,164.7	4	1.6	5	1	8.8	2	▲ 3
空港費	141.9	0	—	—	—	—	—	—
消防費	15,298.1	13	7.6	25	12	66.4	12	▲ 1
教育費	58,219.4	49	25.8	83	34	196.6	35	▲ 14
教育総務費	8,693.9	7	2.6	8	1	37.9	7	▲ 1
小学校費	16,293.3	14	1.9	6	▲ 8	51.1	9	▲ 5
中学校費	8,993.8	8	4.9	16	8	35.3	6	▲ 1
高等学校費	1,440.2	1	—	—	—	—	—	—
特別支援学校費	690.6	1	—	—	—	—	—	—
幼稚園費	2,041.7	2	0.3	1	▲ 1	—	—	—
社会教育費	8,702.7	7	2.8	9	2	22.8	4	▲ 3
体育施設費等	4,135.7	4	2.8	9	6	15.5	3	▲ 1
学校給食費	6,497.1	6	10.5	34	28	34.0	6	1
大学費	730.5	1	—	—	—	—	—	—
災害復旧費	3,015.9	3	2.3	7	5	5.3	1	▲ 2
公債費	47,864.0	41	17.4	56	16	143.4	25	▲ 15
諸支出金	1,118.5	1	—	—	—	—	—	—
前年度繰上充用金	2.7	0	—	—	—	—	—	—

備考：人口一人当たりの金額は，原則として単位未満で四捨五入している。
出所：総務省（2019）より作成。人口は，住民基本台帳に基づく人口数である。（2019年1月1日現在）

千円であることからすれば，人口規模が約18倍の大きさである八王子市に比べ
て過疎の地方公共団体としての鹿角市は相対的に割高な歳出水準となっている。

　第2に，民生費は鹿角市と八王子市ともに全国市町村と比較して相対的に歳
出水準が高くなっている。しかし，その内訳は，対照的である。鹿角市の老人
福祉費の人口一人当たりの金額46千円は全国市町村に対して20千円高くなっ
ている。鹿角市の高齢化率は38.5％であり，高齢化の進行が老人福祉費の膨張
という形で表れている。それに対して，八王子市の民生費において老人福祉費
の水準は全国市町村と変わらないが，児童福祉費の72千円は全国市町村より
も16千円高く，財政力の高さから保育サービスの充実や子育て世帯への経済
的な支援などの子育て支援策を充実させていることがわかる[3]。

　第3に，鹿角市の農林水産業費も全国市町村と比較して47千円高く，非大都
市圏における地域振興策が実施されている。その中心は，農業経営基盤強化促
進対策費8.8億円である[4]。気候条件が厳しい鹿角市ゆえに，気候変動に左右さ
れない植物工場の設立を支援する補助金が計上されている。後述のように，地
方交付税や国庫支出金の財政移転によって可能になっているのであろう。

　第4に，人口一人当たりの教育費については全国市町村49千円に対して鹿角
市は83千円となり34千円高く，それは，［コラム：学校統合と給食センター］
にみるように，学校統合に伴う給食センターの施設整備費が原因であり，過疎
地ゆえに人口減少と少子高齢化が急激に進行する状況への対応策の一環である。

　第5に，鹿角市の土木費は全国市町村と比較しても総じて歳出規模が高くな
っている。鹿角市（2019d）によれば，鹿角市の土木費の主力は道路橋りょう費
の9.6億円と都市計画費7.3億円である。道路橋りょう費の中心は，除雪対策費
4.7億円と道路橋りょう維持費3.2億円，橋りょう長寿命化対策事業0.7億円（国
及び秋田県負担0.2億円，市債0.4億円）である。都市計画費は，鹿角花輪駅前整
備事業2.1億円（国及び秋田県負担1.1億円，市債0.9億円），公営住宅建設事業0.8
億円（国及び秋田県負担0.4億円，市債0.4億円）である。過疎の地方公共団体に
おける相対的に高い土木費は，国及び秋田県の財政移転と借り入れで賄われる
ことがわかる。

96

●コラム：学校統合と給食センター

　秋田県の内陸部の鹿角市では，現代日本で進行する少子高齢化が先行して進んでいる。1990年から2015年における人口の変化をみると，総計が42,407人から10,369人も減少して32,038人になる中で，0-14歳層が7,700人から4,261人も減少して3,439人になり，15-64歳層も27,060人から10,308人も減少して16,752人になり，逆に65歳以上層は7,611人から4,182人も増加して11,793人になっている。すなわち，人口が24％減少する中で，現役就業世代が減少して少子高齢化が進行したのである。(鹿角市 (2019)『令和元年版　鹿角市統計書』)

　それに対応するために，鹿角市財政は，第1に義務教育の縮小，第2に高齢者福祉の拡充が進行している。医療や介護の福祉については，後述のように，社会保険システムを通して国や秋田県からの財政資金や，さらには大都市圏の現役世代の社会保険料からの財政支援にバックアップされる仕組みがあるが，ここでは，小中学校の再編や，それに伴う給食施設の統合再編をみておこう。

　鹿角市教育委員会 (2016)『鹿角市立学校等再編計画 (平成28年度〜平成32年度)』によれば，少子高齢化の中で児童・生徒数も減少して，2003年度の3,243人 (小学校児童2,138人，中学校生徒1,105人) から2018年度には2,075人 (小学校児童1,384人，中学校生徒691人) にまで減少した。それゆえに，2016年度時点で小学校が8校，中学校が5校あったが，「少子化による児童生徒数の減少を起因とした学校規模の小規模化が進み，小規模学級や複式学級を形成せざるを得ない状況になることによって，学校活動が制限される場合があるなど，学校の規模による格差が見られる」(8頁) ので，2020年度までに小学校を6校に，中学校を4校に統合再編することを決定した。本文で指摘された教育費の中の突出して大きな給食費は，その学校の統合再編に沿う形で，従来の4つの給食施設を統合するために，新たに鹿角市学校給食センターを建設する費用であり，同時にドライシステム等の導入によって衛生管理面の向上も目指すものであった (19-20頁)。

　地方公共団体による公的資本形成は，主として交通インフラ等の土木費であるが (第1章第3節)，義務教育の不可欠な一環を成す給食事業のための施設整備 (第1章第2節) が，少子化に対応する義務教育の再編の中でも，地域の特性に整合する形で進められることを，見逃してはならない。ちなみに，2018年度当初予算では，学校給食施設等整備事業費7.6億円 (地方債が5.1億円) が計上され，また，通学対策費0.6億円 (スクールバス，公共交通賃助成，スクールハイヤー) も計上されており，小規模校や複式学級の弊害を克服するための学校の統合再編に伴う丁寧な制度設計と運営であると評価できよう。
〔渋谷　博史〕

3.1.2 歳入構造の比較

　図表3.2では，鹿角市と八王子市の歳入構造を比較している。

　第1に，人口一人当たり歳入総額では全国市町村の409千円に対して，鹿角市の625千円は216千円も高く，他方，八王子市の350千円は59千円も低く，鹿角市の人口一人当たりの歳入水準はかなり高いといえよう。すなわち，過疎地の鹿角市は割高な歳出水準を賄うために十分な歳入水準が確保されている。

　しかし，第2に，自主財源の柱である地方税収についてみると，鹿角市の99千円は全国市町村の149千円よりも51千円も低く，他方，八王子市の161千円は全国市町村よりも12千円高い。地方税収における格差の主な要因は，市町村民税個人分において全国市町村が人口一人当たり56千円に対して鹿角市は25千円低く，八王子市は9千円高い。また，固定資産税は，全国市町村の人口一人当たりの金額が6千円に対して，鹿角市は12千円低く，八王子市は3千円高くなっている。

　第2章［コラム：個人市民税と固定資産税の仕組み］で検討された八王子市のような大都市圏の財政基盤が強い地方公共団体と過疎の地方公共団体である鹿角市との間には経済的な格差が生じている。鹿角市の個人市民税の所得階層別の分布をみると，課税総所得金額1,000万円超層が納税義務者全体の0.6％，700-1,000万円層が0.4％，400-700万円層が2.3％，200-400万円層が13.3％，100-200万円層が26.8％，10-100万円層が50.6％，10万円以下層が6.1％となっている。課税所得金額が200万円以下の所得層が全体の83.5％であり，200万円以上の所得層は全体の16.6％に過ぎない。[5]過疎地と大都市圏の間に存在する経済力の格差が担税力に現れている。

　そして，第3に，地方税等の自主財源における格差を均すのが，地方交付税である。全国市町村の人口一人当たり地方交付税の50千円に対して，鹿角市の232千円は182千円も高く，八王子市の8千円は42千円も低いのである。第2章においても検討されたように，地方交付税には財政調整機能と財源保障機能が備えられており，財政基盤の弱い過疎の地方公共団体においても，公平に

図表3.2　鹿角市と八王子市の歳入構造（一般会計，2018年度）

	全国市町村合計		鹿角市			八王子市		
人口	117,956,945			31,026			562,460	
	億円	人口一人当たり（千円）	億円	人口一人当たり（千円）	人口一人当たり格差（千円）	億円	人口一人当たり（千円）	人口一人当たり格差（千円）
歳入総額	482,940.4	409	193.9	625	216	1,969.4	350	▲59
地方税	175,904.6	149	30.6	99	▲51	906.0	161	12
市町村民税個人分	66,258.5	56	9.7	31	▲25	365.7	65	9
市町村民税法人分	16,115.2	14	2.1	7	▲7	53.8	10	▲4
固定資産税	71,060.5	60	15.0	48	▲12	357.3	64	3
市町村たばこ税	7,035.7	6	2.3	8	2	31.8	6	▲0
特別土地保有税	1.4	0	—	—	—	—	—	—
都市計画税	10,313.5	9	—	—	—	69.5	12	4
地方譲与税	3,380.9	3	2.4	8	5	9.8	2	▲1
利子割交付金	275.5	0	0.0	0	▲0	1.6	0	0
配当割交付金	672.8	1	0.0	0	▲0	5.4	1	0
株式等譲渡所得割交付金	570.7	0	0.0	0	▲0	4.4	1	0
地方消費税交付金	19,837.5	17	6.1	20	3	102.8	18	1
ゴルフ場利用税交付金	236.8	0	—	—	—	0.9	0	▲0
自動車取得税交付金	1,139.4	1	0.5	2	1	5.9	1	0
軽油引取税交付金	1,311.8	1	—	—	—	—	—	—
地方特例交付金	875.3	1	0.1	0	▲0	4.7	1	0
地方交付税	59,188.3	50	72.1	232	182	46.9	8	▲42
普通交付税	51,418.7	44	60.5	195	151	43.7	7.8	▲36
特別交付税	6,422.1	5	11.6	37	32	3.2	1	▲5
震災復興特別交付税	1,347.6	1	0.0	0	▲1	0.0	0	▲1
交通安全対策特別交付金	193.3	0	0.0	0	▲0	0.7	0	▲0
分担金及び負担金	4,608.4	4	0.4	1	▲3	20.2	4	▲0
同級他団体からのもの	700.8	1	0.0	0	▲0	0.1	0	▲1
その他	3,907.6	3	0.4	1	▲2	20.1	4	0
使用料	7,695.2	7	1.3	4	▲2	19.6	3	▲3
手数料	2,784.2	2	0.2	1	▲2	24.6	4	2
法定受託事務に係るもの	203.0	0	0.1	0	0	0.6	0	▲0
自治事務に係るもの	2,581.2	2	0.1	0	▲2	24.0	4	2
国庫支出金	77,305.7	66	20.1	65	▲1	372.5	66	1
生活保護費負担金	22,970.3	19	4.3	14	▲5	141.4	25	6
児童保護費等負担金	8,815.2	7	0.3	1	▲7	50.5	9	2
障害者自立支援給付費等負担金	10,614.5	9	4.0	13	4	55.7	10	1
児童手当等交付金	11,447.9	10	2.7	9	▲1	56.1	10	0
公立高等学校授業料不徴収交付金	0.1	0	—	—	—	—	—	—
普通建設事業費支出金	4,691.1	4	2.4	8	4	24.7	4	0
災害復旧事業費支出金	914.6	1	—	—	—	—	—	—
委託金	710.8	1	0.1	0	▲0	1.6	0	▲0
社会資本整備総合交付金	5,587.0	5	2.7	9	4	8.0	1	▲3
地方創生関係交付金	289.8	0	0.4	1	1	—	—	—
その他	10,332.2	9	3.2	10	2	33.5	6	▲3
都道府県支出金	30,720.3	26	20.1	65	39	263.3	47	21
国庫財源を伴うもの	19,095.8	16	14.7	47	31	70.0	12	▲4
児童保護費等負担金	3,635.5	3	0.1	0	▲3	23.4	4	1
障害者自立支援給付費等負担金	4,959.8	4	2.1	7	2	27.8	5	1
児童手当等交付金	2,411.4	2	0.6	2	▲0	12.4	2	0
普通建設事業費支出金	1,502.6	1	0.0	0	▲1	1.2	0	▲1
災害復旧事業費支出金	408.5	0	1.0	3	3	—	—	—
その他	5,890.5	5	10.7	34	29	5.0	1	▲4
都道府県費のみのもの	11,624.5	10	5.4	17	8	193.3	34	25
その他	10,538.4	9	0.0	0	▲9	168.5	30	21
地方債	43,293.1	37	18.6	60	23	121.8	22	▲15

備考：人口一人当たりの金額は，原則として単位未満で四捨五入している。
出所：総務省（2019）より作成。

公共サービスや給付を提供するために，地方交付税を鹿角市において相対的に多く配分し，八王子市には相対的に少なく配分する仕組みが反映されているのである。

3.2　高齢化する過疎地域の福祉国家システムと財政構造

本節では，過疎の地方公共団体としての鹿角市における福祉国家システムの実態について検討する。

3.2.1　鹿角市の一般会計における歳出構造の変化

鹿角市の一般会計における主要な歳出項目を再度確認しておくと，民生費，教育費，土木費が中心となっている。1995年度以降の歳出構造の変化に着目すれば，特に変化が大きいのが土木費の減少と民生費の増加傾向である。土木費は1995年度の34.5億円（歳出全体に対する比率，17.7％）から，2002年度には22.9億円（12.2％），2018年度には19.1億円（10.1％）に減少している。一方で，民生費は1995年度の32.6億円（16.7％）から，2002年度には46.5億円（24.9％）に増加し，2018年度には56.6億円（29.7％）へと増加している[6]。

鹿角市における歳出構造の長期的なトレンドから，土建国家的な地域間所得再配分機能（大都市圏から非大都市圏へ公共事業等を通じて分配する仕組み）が低下し，それは土木費の減少として表れている。その反面，少子高齢化が進行する鹿角市では高齢者福祉や児童福祉，障害者福祉などの民生費が増加し，福祉国家システムの構造的な変化を一般会計の歳出構造の変化の中で読み取ることができる。

以下では，鹿角市における福祉国家システムを支える民生費をより詳細にみていこう。

┌───┐

 ······ ●コラム：過疎地としての鹿角市の就業構造の変化 ······

　鹿角市は，歴史的に見ればわが国でも有数の金や銅の鉱山地帯であり，戦前から戦後
に生じた銅に対する需要の増加は，鉱山を中心とした都市形成をもたらし，鹿角市の経
済を発展させる基礎となった。しかし，1955年以降の銅価格の下落により鉱況は次第
に不振の一途を辿り，尾去沢鉱山も1978年には閉山に追い込まれ，鹿角市の地域経済
は急速に衰退した。

　その後，1980年代後半には電子部品，電子回路関連，繊維業の企業誘致が進んだが，
グローバル化の進展により海外への工場移転が進み，製造業従業者も減少した。一時期，
建設業が雇用の受け皿となったものの，製造業，建設業ともに就業者はその後減少傾向
にある。

　この間，鹿角市経済を支えているのが第3次産業である。産業別の労働者数を見れば，
第1次産業326人（2.5%），第2次産業3,447人（26.7%），第3次産業9,144人（70.8%）
となっている。その中で労働者数全体において大きな比重を占めているのが医療・福祉
業（2,565人）である。鹿角市における労働者総数13,488人のうちの最も多くの労働者
が従事していることになる。医療・福祉業の内訳をみると，社会保険・社会福祉・介護
事業（1,708人）が多く，その内，老人福祉・介護事業（1,189人）が大きな比重を占め
る構造になっている（総務省統計局 2015）。

　つまり，鹿角市の産業構造は農林業や鉱業の第1次産業の衰退という内的要因と経済
のグローバル化などの外的要因に影響を受ける形で生じた第2次産業の衰退を，第3次
産業が受け止める形で構造的な変化が生じている。そして，高齢化が進む過疎の地方公
共団体において生じる医療や介護サービスへの需要増加を受け止める形で，老人福祉・
介護事業に携わる労働者数が増加する傾向を読み取ることができる。　〔塚谷 文武〕

└───┘

3.2.2　鹿角市の民生費

　図表3.3には，鹿角市の一般会計歳出総額において最大の支出項目である民生
費の内訳が示されている。民生費の中で主要な支出項目となるのが，社会福祉
費30.5億円（民生費全体の55.2%），児童福祉費19.2億円（34.7%），生活保護費
5.4億円（9.8%）である。なお，児童福祉の現場，理念，構造については第4章
で詳しく検討する。

　社会福祉費の内訳は，主として社会福祉総務費11.6億円，障害者福祉費9.2

図表3.3　鹿角市の民生費（2018年度）

	（千円）	構成比（%）
社会福祉費	3,050,243	55.2
社会福祉総務費	1,157,164	21.0
国民健康保険事業特別会計繰出金	309,060	5.6
介護保険事業特別会計繰出金	694,053	12.6
障害者福祉費	918,854	16.6
障害者自立支援給付事業	819,585	14.8
老人福祉費	133,492	2.4
老人福祉施設費	90,145	1.6
医療給付費	218,181	4.0
後期高齢者医療費	532,407	9.6
秋田県後期高齢者医療広域連合医療給付費負担金	370,263	6.7
後期高齢者医療特別会計繰出金	132,922	2.4
児童福祉費	1,916,101	34.7
児童福祉総務費	22,129	0.4
児童措置費	1,772,705	32.1
認可保育園費	968,216	17.5
認定こども園指定管理料	190,726	3.5
児童手当給付事業	383,830	7.0
児童扶養手当給付事業	128,773	2.3
母子福祉費	1,848	0.0
母子福祉施設費	22,565	0.4
児童福祉施設費	96,855	1.8
生活保護費	542,407	9.8
生活保護総務費	50,558	0.9
扶助費	491,849	8.9
国民年金費	12,444	0.2
合計	5,521,195	100.0

出所：鹿角市（2019c）より作成。

億円，後期高齢者医療費5.3億円である。さらに，社会福祉総務費11.6億円の内訳に立ち入ってみると，国民健康保険事業特別会計への繰出金3.1億円と介護保険事業特別会計への繰出金6.9億円となっている。鹿角市の国民健康保険や介護保険制度といった高齢者福祉を支えるための社会保険特別会計への繰出金や，後期高齢者医療費5.3億円（主として，秋田県後期高齢者医療広域連合に対する医療給付費負担金3.7億円と鹿角市の後期高齢者医療特別会計への繰出金1.3億円）は，財政資金による一般会計の民生費の範囲を超える福祉国家システムの大きな枠組みの中で考察する必要があり，その仕組みについては後述する[7]。また，障害者福祉費9.2億円の主力は，障害者自立支援給付事業8.2億円である[8]。

　社会福祉費の次に，鹿角市の一般会計における民生費の中で大きな支出項目は，児童福祉費19.2億円である。児童措置費として17.7億が計上されているが，認可保育園費9.7億円は主として，鹿角市内における認可保育園を運営する指定管理者への指定管理費及び保育委託料である。それ以外にも，認定こども園指定管理料1.9億円，児童手当給付事業3.8億円，児童扶養手当給付事業として1.3億円が支出されている。

3.2.3　鹿角市の地域福祉

　ここでは，高齢化が進行する鹿角市の地域福祉について高齢者福祉と障害者福祉に着目して，その実態について検討する。鹿角市の地域福祉は，社会福祉法第107条に基づいて作成された鹿角市の『地域福祉計画』と，社会福祉法第109条に基づいて地域社会の中心的な役割を担う主体としての社会福祉協議会が作成する『地域福祉活動計画』が，いわば両輪として機能する構図の中で多様な福祉サービスが提供されている。[9]この構図の中で提供されている鹿角市の具体的な福祉サービスの特徴は，福祉サービスの構造が全国統一的な福祉サービスと地域性を反映させる福祉サービスに区分されていることにある。

　鹿角市の高齢者福祉は，介護保険制度を中心に提供されている。介護保険法によれば，介護保険制度は，全国統一的に提供される介護給付（第40条）と予防給付（第52条），それ以外に地域の特性に応じた介護サービスを提供するための地域支援事業（第115条第45項）によって構成されている。

　鹿角市の介護保険制度の給付の内訳をみると，介護給付としての介護サービス諸費38.8億円や予防給付としての介護予防サービス諸費0.5億円，地域支援事業1.5億円となっている。介護給付の内訳は，主として居宅介護サービス給付費12.7億円と施設介護サービス給付費15.8億円である。[10]

　鹿角市の介護サービスの供給体制をみると，第1章第5節において検討されたように，多様なサービスを提供する事業者が市内の各地域に配置されており，そのサービスの利用料を賄うためにこれらの高齢者福祉・介護保険の給付の仕組みがある。詳細は第7章を参照されたい。

　次に，障害者総合支援法（「障害者の日常生活及び社会生活を総合的に支援するための法律」）によれば，障害者福祉は全国統一的に提供する自立支援給付（第6条）と各地方公共団体が地域的な特性に応じて提供する地域生活支援事業（第77条第1項）によって構成されている[11]。

　鹿角市の障害者福祉の中心は，生活介護事業，就労継続支援事業，計画相談支援事業などで構成される障害者自立支援給付8.2億円であり，地域の特性に応じた地域生活支援事業（障害者等地域活動支援事業扶助費，障害者センター指定管理委託費（相談支援事業））は0.4億円である[12]。なお，障害者福祉制度の体系的な説明は第7章を参照されたい。

> **●コラム：鹿角市の障害者福祉サービスの供給体制**
>
> 　鹿角市の障害者福祉サービスの供給体制を見ると，花輪・尾去沢地区では鹿角市から事業委託されている社会福祉法人花輪福祉会が運営する「障害者センターかづの（鹿角市障がい者総合サポートセンター）」を拠点として，福祉サービスが提供されている。
>
> 　具体的には，同行援護サービスを提供する居宅介護事業者「からーず」，通所型の生活介護サービスを提供する「はなワークセンター」（定員20名），放課後デイサービス・児童発達支援・保育所等訪問支援サービスを提供する障害児通所支援多機能型事業所「ちくたく」（定員10名）など，障害者や障害をもつ児童に対するきめ細やかな福祉サービスが提供されている。
>
> 〔塚谷　文武〕

3.3　福祉国家システムを支える多層的財政調整

　上述のように，過疎地域の地方公共団体である鹿角市は，不利な経済社会条件のゆえに財政力が弱いにもかかわらず日本国憲法第25条及び第26条等に規定される福祉国家システムを維持しているが，それは多様かつ多層的な財政調整の仕組みに支えられている。

　第1に，鹿角市の一般会計に国の地方交付税や国庫支出金，秋田県からの県支出金などの財政移転があり，第2に，国民健康保険や介護保険制度の特別会

計に鹿角市一般会計の繰出金だけではなく，国及び秋田県からの財政移転，さらには，現役世代の社会保険料からの財政支援もある。第3に，75歳以上の高齢者を対象とする後期高齢者医療制度にも，鹿角市と秋田県と国の財政移転があり，さらに現役世代の社会保険料からの財政支援がある。

　これらの多様で多層的な財政調整の複雑な仕組みによって，上記の福祉国家システムの「現場」が支えられている。

3.3.1　鹿角市の自主財源比率と外部からの財政移転

　鹿角市の一般会計に財政移転される国の地方交付税や国庫支出金，秋田県からの県支出金について検討しよう。図表3.2（前掲）にみるように，鹿角市の一般会計歳入総額（193.9億円）に占める地方税収（30.6億円）の比重はわずかに15.8％である。

　依存財源の内訳は，国からの地方交付税72.1億円（37.2％）と国庫支出金20.1億円（10.4％），秋田県からの県支出金20.1億円（10.4％）である。国庫支出金の内訳は，民生関係の生活保護・障害者自立支援・児童手当等交付金を合計すると11.0億円である。県支出金には，別の資料によれば，民生費負担金5.7億円と民生費補助金1.8億円がある。[13]鹿角市では自主財源が乏しいがゆえに生じる財政力の低さを補うために，国や秋田県からの財政移転に依存している。

3.3.2　地方交付税の財政調整メカニズム

　鹿角市が実施する民生費関係の施策には国庫支出金や県支出金が投入されるが，鹿角市の財政資金も必ず投入される。逆からいえば，鹿角市の側に財政資金がなければ，それらの施策は実施できないのである。過疎地の地方公共団体は地方税等の自主財源が乏しいので，地方交付税という財政調整制度がバックアップする形で重要な役割を担うことになる。

　第2章で詳しく検討されたように，日本の福祉国家システムにおいては多様な地方公共団体間に生じる財政力格差を前提としながら，地方公共団体が行政を執行する権能を失わずに公共サービスを提供するために地方交付税を通じて

財源の均衡化が図られる。

　そのために，地方交付税の算定式は，第1に，地方公共団体を都道府県と市町村に区別し，一律に適用される構造となっている。第2に，基準財政需要額を算出する際には，全国一律に定められた測定単位に対して補正係数を乗じることで，測定単位の数値を割増しまたは割落しすることによって各地方公共団体間に生じる行政費用の違いを反映させる構造となっている。

　地方交付税の配分額は，公共サービスを提供する際に必要となる費用の見積もりとして算出された基準財政需要額から基準財政収入額を差し引いて算出される財源不足額である。鹿角市の場合，基準財政需要額91.0億円から基準財政収入額30.5億円を差し引くと，普通交付税額は60.5億円となり，鹿角市の一般会計歳入総額に占める比率は31.2%となる。それに対して八王子市は，基準財政需要額789.1億円から基準財政収入額745.4億円を差し引くと地方交付税額は43.7億円となり，八王子市の一般会計歳入総額全体に占める比率は2.2%となる。[14]

　すなわち，地方交付税制度は，財政力の強い地方公共団体に相対的に少なく，財政力の弱い過疎の地方公共団体に対して相対的に多く配分される仕組みになっている。このように財政調整制度は，地方公共団体間に生じる財政力格差を均すことで，日本国憲法に規定される基本的な公共サービスを公平に提供することを支える役割を果たしている。

●コラム：地方交付税の基準財政需要額と基準財政収入額

　基準財政需要額は，多様な地方公共団体の財政需要を合理的に測定するために，地方公共団体の自然的・地理的・社会的諸条件を踏まえた合理的かつ妥当な水準における財政需要として算定される。

　基準財政需要額は，以下の算定式によって算出される。

　　基準財政需要額　＝　単位費用　×　測定単位　×　補正係数

　例えば，市町村の民生費に関わる行政項目として厚生労働費に含まれている高齢者保健福祉費は，単位費用のうち65歳以上人口にかかるものは65,600円と定められている。

測定単位は，地方公共団体の規模に応じた65歳以上人口が設定されており，そこに密度補正などの補正係数を乗じて算出されている。つまり，単位費用と測定単位を都道府県と市町村に分けて全国一律に設定し，補正係数が割増し及び割落しとされることで各地方公共団体の地域的な特性を財政需要に反映させる仕組みになっている（図表3.4）。

　基準財政収入額は，日本全国の多様な地方公共団体が全国統一的な公共サービスを提供するために，「標準的な一般財源としての基準財政収入額」が合理的に算定されるように，法定普通税を主体とした標準的な地方税収（市町村民税，固定資産税等）の一定割合に基づいて算定されている。

　基準財政収入額は，以下の算定式によって算出される。

　基準財政収入額 ＝ 標準的な地方税収入 × 原則として75／100 ＋ 地方譲与税等

　市町村の基準財政収入額の算定対象となる税目としては，法定普通税である市町村民税，固定資産税，軽自動車税，たばこ税，鉱産税がある（総務省自治財政局交付税課2019b）。　　　　　　　　　　　　　　　　　　　　　　　　　〔塚谷 文武〕

図表3.4　高齢者保健福祉費（65歳以上人口）

	測定単位(人)補正前の数値	最終補正係数	測定単位(人)補正後の数値	単位費用(円)	基準財政需要額(円)	人口一人当たり基準財政需要額(円)
鹿角市	11,793	1.206	14,222	65,600	932,986,685	30,071
八王子市	140,909	0.869	122,450	65,600	8,032,714,818	14,281

出所：「平成30年度　市町村分地方交付税算定台帳」より作成。

3.3.3　国民健康保険・後期高齢者医療制度・介護保険の多層的財政調整

　日本国憲法第25条に規定される「健康で文化的な最低限度の生活」において「国民の健康」を支えるのが，第5章で詳しくみるように，国民皆保険システムであり，それは地方公共団体が運営する地域保険の国民健康保険制度や後期高齢者医療制度が基盤となって構築されている。介護保険も，40歳以上の国民のすべてに要介護というリスクに対する保健医療及び福祉サービスを提供する社会保険であり，同様に地域保険として運営される。

　これらの社会保険制度を支えているのが，「国民の共同連帯」の理念である。

例えば，後期高齢者医療制度は，高齢者の医療の確保に関する法律の第1条の中で「高齢者の医療について，国民の共同連帯の理念等に基づき，前期高齢者に係る保険者間の費用負担の調整，後期高齢者に対する適切な医療の給付等を行うために必要な制度を設け，もつて国民保健の向上及び高齢者の福祉の増進を図ることを目的とする」と明記されている。同様に，介護保険制度は，介護保険法の第1条において，「これらの者（要介護認定者：引用者）が尊厳を保持し，その有する能力に応じ自立した日常生活を営むことができるよう，必要な保健医療サービス及び福祉サービスに係る給付を行うため，国民の共同連帯の理念に基づき介護保険制度を設け，その行う保険給付等に関して必要な事項を定め，もつて国民の保健医療の向上及び福祉の増進を図ることを目的とする」としている。そして，福祉国家システムにおいて「国民の共同連帯」の理念を具体化する仕組みとして，多様かつ多層的な財政調整システムが内蔵されているのである。

　まずは，国民健康保険について検討しよう。国民健康保険は地方公共団体が運営する地域保険であり，国民は原則として，居住する地域の国民健康保険に強制的に加入する義務がある。他の医療保険制度（被用者保険，後期高齢者医療制度，生活保護の医療扶助等）に加入する場合には適用除外となるが，自営業者や小規模経営被用者や無職者に対する医療保障は，鹿角市の地域的な福祉システムにとって重要な制度インフラとなっている。

　図表3.5にみるように，国民健康保険事業特別会計の歳出35.7億円の主力は保険給付費22.9億円，国民健康保険事業費納付金7.7億円であり，歳入36.2億円の主力は県支出金23.6億円，国民健康保険税6.6億円，繰入金（鹿角市一般会計の民生費の国民健康保険事業特別会計繰出金）3.1億円である。すなわち，自営業・無職者等の拠出（序章の**図表0.2**における被保険者拠出）6.6億円に鹿角市一般会計繰入金から1.1億円を上乗せして秋田県の国民健康保険特別会計に7.7億円を納付するが，秋田県の特別会計からは鹿角市の保険給付のために23.6億円の財政資金が移転される仕組みになっている。

　ちなみに，この点を秋田県の予算資料に基づいて確認すると，秋田県国民健

図表3.5　鹿角市の国民健康保険事業特別会計の歳出歳入構造（2018年度）

歳出	金額（千円）	構成比（％）
総務費	68,619	1.9
保険給付費	2,291,505	64.1
国民健康保険事業費納付金	766,864	21.5
共同事業拠出金	1	0.0
保健事業費	29,835	0.8
積立金	34,515	1.0
公債費	—	0.0
諸支出金	70,138	2.0
予備費	—	0.0
合計	3,572,111	100.0

歳入	金額（千円）	構成比（％）
国民健康保険税	660,748	18.3
使用料及び手数料	378	0.0
県支出金	2,362,856	65.3
財産収入	2	0.0
繰入金	309,060	8.5
繰越金	281,573	7.8
諸収入	4,325	0.1
合計	3,618,955	100.0

出所：鹿角市（2019c）より作成。

康保険特別会計では，2018年度歳入940.6億円の内訳は，事業費納付金（市町村からの納付）254.1億円，国庫支出金268.3億円，県一般会計繰入金68.1億円，社会保険診療報酬支払基金（現役世代の保険料からの支援）350.1億円であり，歳出940.6億円の主力は保険給付費等交付金744.9億円，後期高齢者支援金（社会保険診療報酬支払基金へ納付）122.4億円，介護保険納付金（社会保険診療報酬支払基金へ納付）43.8億円である。[15] なお，これらの医療保険及び介護保険制度間の財政移転については序章の図表0.2と第5章を参照されたい。

　このように，財政基盤が弱く高齢化による福祉需要が膨張する過疎地の鹿角市の医療保障は，県レベルで構築される制度的な仕組みを通して国の財政資金やさらには大都市圏で徴収される現役世代の保険料からの財政支援によって支えられている。

　次に75歳以上の後期高齢者のための後期高齢者医療制度について検討しよう。第5章で詳しく説明されるように，国民は75歳になると後期高齢者医療制

度に移行することになり，序章の**図表0.2**にみるように，それは日本の医療保障システムの中で最大規模の制度である。

　図表3.6で，鹿角市の後期高齢者医療制度の特別会計をみてみよう。歳入は，主として後期高齢者医療保険料2.5億円（鹿角市の後期高齢者の拠出）と繰入金1.3億円（鹿角市一般会計の民生費からの後期高齢者医療事業特別会計への繰出金）であり，これらの財源は，秋田県後期高齢者医療広域連合への納付金3.7億円（歳出全体の97.1％）として支出されている[16]。

　なお，**図表3.7**にみるように，秋田県後期高齢者医療広域連合の歳入1,520.7億円は，主として市町村負担金228.6億円，国庫支出金530.3億円，県支出金120.4億円，支払基金交付金573.5億円であり，市町村負担金や県支出金より大規模な財政移転が，国や社会保険診療報酬支払基金から投入されている。保険給付費については，国民健康保険の場合には鹿角市の国民健康保険事業特別会計を通して給付されるが，後期高齢者医療制度では秋田県後期高齢者医療広域連合から支払われる。

　最後に，介護保険の財政構造は，国民健康保険や後期高齢者医療制度のような仕組みがないので，比較的わかりやすい（介護保険制度の説明は第7章を参照）。**図表3.8**にみるように，鹿角市の介護保険特別会計の歳入46.3億円は，主として

図表3.6　鹿角市の後期高齢者医療特別会計（2018年度）

歳出	金額（千円）	構成比（％）
総務費	9,655	2.5
後期高齢者医療広域連合納付金	369,050	97.1
諸支出金	1,251	0.3
予備費	—	0.0
合計	379,955	100.0

歳入	金額（千円）	構成比（％）
後期高齢者医療保険料	245,628	64.4
使用料及び手数料	53	0.0
国庫支出金	1,026	0.3
繰入金	132,922	34.8
繰越金	770	0.2
諸収入	1,268	0.3
合計	381,667	100.0

出所：鹿角市（2019c）より作成。

図表3.7　秋田県後期高齢者医療広域連合特別会計（2018年度）

歳出	金額（千円）	構成比（%）
総務費	1,331,151	0.9
保険給付費	142,001,454	96.0
県財政安定化基金拠出金	―	0.0
特別高額医療費共同事業拠出金	38,919	0.0
保健事業費	278,502	0.2
公債費	―	0.0
諸支出金	4,234,535	2.9
予備費	―	0.0
合計	147,884,561	100.0

歳入	金額（千円）	構成比（%）
市町村負担金	22,864,244	15.0
国庫支出金	53,030,678	34.9
県支出金	12,035,905	7.9
支払基金交付金	57,349,662	37.7
特別高額医療費共同事業交付金	37,026	0.0
繰入金	1,425,463	0.9
繰越金	5,211,852	3.4
県財政安定化基金借入金	―	0.0
諸収入	119,811	0.1
財産収入	139	0.0
合計	152,074,789	100.0

出所：秋田県（2019）より作成。

図表3.8　鹿角市の介護保険事業特別会計（2018年度）

歳出	金額（千円）	構成比（%）
総務費	82,264	1.8
保険給付費	4,243,475	93.5
地域支援事業	152,495	3.4
包括的支援事業・任意事業費	52,025	1.1
積立金	14	0.0
諸支出金	59,092	1.3
合計	4,537,341	100.0

歳入	金額（千円）	構成比（%）
保険料	844,260	18.3
使用料及び手数料	55	0.0
国庫支出金	1,192,312	25.8
県支出金	646,821	14.0
支払基金交付金	1,189,111	25.7
財産収入	14	0.0
繰入金	659,569	14.3
繰越金	65,106	1.4
諸収入	1,148	0.0
合計	4,625,276	100.0

出所：鹿角市（2019c）より作成。

保険料（鹿角市内の 65 歳以上の高齢者の拠出，序章**図表0.2**の被保険者拠出）8.4 億
円，国庫支出金 11.9 億円，県支出金 6.5 億円，支払基金交付金（現役世代の医療
保険制度で徴収）11.9 億円，繰入金（鹿角市一般会計の民生費の介護保険特別会計繰
出金）6.6 億円である。介護保険制度の保険給付は，鹿角市の介護保険事業特別
会計から行っており，鹿角市において徴収される保険料や財政資金よりも大規
模な財政移転が国や社会保険診療報酬支払基金から投入されるという制度的な
構造が明確に現れている。

　すなわち，日本の福祉国家システムにおいて「国民の共同連帯」の理念に基
づいて提供される医療保障や介護保険サービスは，国や都道府県からの市町村
特別会計への支出金といった財政移転や，市町村一般会計から特別会計への繰
入，さらには財政基盤の強い被用者保険制度からの財政支援（社会保険診療報
酬支払基金からの前期及び後期高齢者交付金）などの多様で多層的な財政調整制
度によって支えられているのである。

3.4　過疎の地方公共団体における福祉国家システムと財政調整

　日本国内の地方公共団体において過疎の定義に該当する市町村の数は 814 あ
り，全国にある 1,713 市町村のうち 47.5％に達している。[17] 過疎地域全体の高齢
化率は 36.7％であり，非過疎地域の 27.4％を大きく上回っている。[18] 過疎地域が
偏在する非大都市圏の人口減少や高齢化，過疎化が進む中で，過疎地域の地方
公共団体は総じて自主財源比率が低いために，今後もより一層財政的な制約が
強まることが予想される。また，20 世紀型の福祉国家システムを形成する土
台となった「豊かな社会」を支えた諸条件は 21 世紀の経済社会において変化
しており，今後の福祉国家システムの再編過程は，あらゆる政府部門において
財政的な制約が強まる条件の中で模索されることになる。

　そのような福祉国家システムを取り巻く厳しい状況の中においても，福祉国
家システムの最前線である地方公共団体を通じて，日本国憲法第 25 条及び第
26 条に規定される公共サービスや給付が全国統一的かつ地域的な特性を踏ま

えて提供されていくことになる。過疎であるがゆえに自主財源に乏しく財政基盤の弱い地方公共団体において基本的な公共サービスを公平・公正に提供するためには，国庫支出金や都道府県支出金，地方交付税などの財政移転や財政調整，さらには，国民健康保険や後期高齢者医療制度や介護保険の制度における現役世代からの財政支援などの多様で多層的な財政調整システムが不可欠な役割を果たしており，福祉国家システムにおける重要な特徴になっている。

【注】

1) 秋田県は，過疎地域の人口割合の大きい都道府県として第1位であり，都道府県別の過疎地域が占める面積割合でも第1位である。(総務省 2019a)
2) 両市の人口数及び高齢化率は，総務省「住民基本台帳に基づく人口，人口動態及び世帯数調査」(平成31年1月1日現在) の数値である。
3) 八王子市 (2019b)
4) 鹿角市 (2019c)
5) 鹿角市市民部税務課 (2019)
6) 総務省『市町村決算状況調 (各年度版)』
7) 医療や介護に関する社会保険制度の詳しい説明は，第5章及び第7章を参照されたい。
8) 障害者に対するホームヘルプ事業や生活介護事業，就労継続支援事業などについては，第7章で詳しく検討される。
9) 鹿角市 (2019b)。鹿角市の『地域福祉計画』には，地域福祉を支える4つの主体が明示されている。第1に，地域福祉活動に主体的に参画する「住民」である。第2に，自治会活動などを通じた社会活動を行い地域における事業者とともに地域福祉の向上に取り組む「地域」である。第3に，社会福祉法において，地域福祉の推進を図る中核として位置づけられている「社会福祉協議会」である。第4に，住民の福祉の向上のために，福祉施策を総合的に推進する責務を負う「行政」である。
10) 鹿角市 (2019c)
11) 地域生活支援事業には，市町村が実施主体として必ず実施しなければならない「必須事業」と地域の実情や利用者のニーズに応じて地域に必要な事業として実施される「任意事業」がある。
12) 鹿角市 (2019d)
13) 鹿角市 (2019c)
14)「平成30年度　市町村分地方交付税算定台帳」
15) 秋田県 (2018)
16) 秋田県広域連合規約第17条「広域連合の経費の支弁の方法」。この根拠となる

法律は,「高齢者の医療の確保に関する法律」である。この法律の第98条を根拠として,市町村は一般会計から広域連合へ負担金を納め,第99条及び第105条を根拠として特別会計で管理する後期高齢者医療保険制度の保険料と,保険料軽減額相当分を一般会計から繰入れて広域連合へ納付金として納める。

17) 市町村数については,東京都特別区は1団体とみなされ,東日本大震災により町村全域に避難指示が出ていた福島県浪江町,葛尾村,飯舘村は過疎地域の市町村数から除外され,富岡町,大熊町,双葉町は非過疎地域の市町村数から除外されている。

18) 総務省 (2019) 93頁。

【参考文献】

秋田県 (2018)「平成30年度　秋田県国民健康保険特別会計体系図」

秋田県 (2019)『平成30年度　秋田県後期高齢者医療広域連合一般会計特別会計歳入歳出決算書』

鹿角市 (2016)『鹿角市過疎地域自立促進計画 (平成28年度〜令和2年度)』

鹿角市 (2018a)『第7期鹿角市高齢者福祉計画・介護保険事業計画 (計画期間　平成30年度〜平成32年度)』

鹿角市 (2018b)『第5期鹿角市障がい福祉計画　第1期鹿角市障がい児福祉計画』

鹿角市 (2019a)『鹿角市の統計 (平成30年度版)』

鹿角市 (2019b)『第2期鹿角市地域福祉計画・第4期地域福祉活動計画 (2019年度〜2023年度) 〜笑顔でつながる福祉のまち　鹿角〜』

鹿角市 (2019c)『平成30年度　歳入歳出決算事項別明細書』

鹿角市 (2019d)『平成30年度　主要事業執行実績報告書』

鹿角市市民部税務課 (2019)『平成30年度　税務概要』

総務省『市町村決算状況調 (各年度版)』

総務省統計局 (2015)「平成26年経済センサス基礎調査」

総務省 (2019a)『過疎対策の現況 (平成30年度版)』

総務省 (2019b)『地方交付税関係資料 (令和元年度)』

総務省 (2019c)『平成30年度　市町村決算状況調』

塚谷文武 (2009)「過疎自治体と社会保障:秋田県鹿角市を事例として」

渋谷博史・櫻井潤・塚谷文武編 (2009)『福祉国家と地域と高齢化』学文社

八王子市 (2019a)「八王子市年齢別人口 (平成30年)」

八王子市 (2019b)「主要な施策の成果・事務報告書 (平成30年度版)」

林正義・別所俊一郎・岩田由加子 (2005)「政府間財政移転制度―理論・比較・現状―」『財務省財務総合政策研究所と中国国務院発展研究中心 (DRC) との「地方財政 (地方交付税)」に関する共同研究最終報告書』財務省財務総合政策研究所

第4章
地方公共団体と児童福祉

塚谷　文武

4.1　児童福祉の理念と地方公共団体の位置づけ

　現代の福祉国家においては，本来，家庭がもつ児童を養育する機能が低下し，第一義的な責任を負う保護者がその役割を果たせない場合に，地方公共団体が児童福祉を提供することが求められる。市町村を中心として提供される児童福祉は，保育や子育て支援，経済的な支援など保護者と児童の日常生活に寄り添う形で幅広いサービスの提供や給付を行っている。その児童福祉について，全国平等に最低限度の質を確保する枠組みを構築し維持するために，地方公共団体や国の財政資金が投入されており，そのための財政システムが形成されている。

　本章の構成としては，第1に，児童福祉法及び子ども・子育て支援法において，保護者が児童の養育について第一義的責任を負っているが，それが十分に果たされない場合に，地方公共団体や国が支援する責任を負っていることを確認する。第2に，最前線の現場を担う市町村を中心とする児童福祉の全体像を示したうえで，大阪府堺市を具体的な事例として検討する。第3に，市町村が提供する児童福祉の中でも中心的な役割を担う保育と子育て支援サービスに立ち入って検討し，その財政システムについて明らかにする。

　序章でみたように，第2次世界大戦後に平和主義的な民主国家として日本を再建するために日本国憲法が制定され，その具体化の一環として1947年の児

童福祉法によって，児童福祉の理念が明示された。[1]

児童福祉法 [2]
第1条　すべて国民は，児童が心身ともに健やかに生まれ，且つ，育成され
　　　るよう努めなければならない。
第1条の2　すべて児童は，ひとしくその生活を保障され，愛護されなけれ
　　　ばならない。
第2条　国及び地方公共団体は，児童の保護者とともに，児童を心身ともに
　　　健やかに育成する責任を負う。

　すなわち，第1に，日本社会全体（「すべて国民」）として児童の誕生と育成に
努めることが宣言され，しかも児童は平等に生活保障と愛護を受ける権利があ
るというのである。そして第2に，具体的な責任と義務について，国及び地方
公共団体が関わるのであるが，それは個別の児童の保護者と同じ立場ではなく，
上記の日本社会全体の責任を体現する形で，児童憲章（[コラム：児童憲章]）に
みられるように，教育や生活保護や他の社会福祉も含めた総合的な仕組みの構
築と運営がイメージされる。

　　●コラム：児童憲章

　1947年に児童福祉法が制定されてから4年後の1951年5月5日に，「児童憲章」が制
定された。児童憲章は日本国憲法の精神にしたがって，児童が本源的にもつ権利を保障
するために制定されたものである。本書の序章においても述べられているように，戦後
の日本では20世紀に人類が経験した悲劇的な戦争の反省にたって日本国憲法を制定し，
平和的で民主的な国家を構築することが目指された。そこには，戦争に起因した飢饉や
疾病などの災害によって児童のもつ本源的な権利が保障されない状況が生じたことへの
反省が含まれているのである。その反省から，児童を養護することに対する国民全体の
責務として，その役割を国や地方公共団体が担うことが確認されたのである。以下は，
その全文である。

　　　　　　　　　　　　　　＊

　われらは，日本国憲法の精神にしたがい，児童に対する正しい観念を確立し，すべての児童の幸福をはかるために，この憲章を定める。

　児童は，人として尊ばれる。
児童は，社会の一員として重んぜられる。
児童は，よい環境の中で育てられる。

一　すべての児童は，心身ともに健やかにうまれ，育てられ，その生活を保障される。
二　すべての児童は，家庭で，正しい愛情と知識と技術をもって育てられ，家庭に恵まれない児童には，これにかわる環境が与えられる。
三　すべての児童は，適当な栄養と住居と被服が与えられ，また，疾病と災害からまもられる。
四　すべての児童は，個性と能力に応じて教育され，社会の一員としての責任を自主的に果たすように，みちびかれる。
五　すべての児童は，自然を愛し，科学と芸術を尊ぶように，みちびかれ，また，道徳的心情がつちかわれる。
六　すべての児童は，就学のみちを確保され，また，十分に整った教育の施設を用意される。
七　すべての児童は，職業指導を受ける機会が与えられる。
八　すべての児童は，その労働において，心身の発育が阻害されず，教育を受ける機会が失われず，また，児童としての生活がさまたげられないように，十分に保護される。
九　すべての児童は，よい遊び場と文化財を用意され，悪い環境からまもられる。
十　すべての児童は，虐待・酷使・放任その他不当な取扱からまもられる。あやまちをおかした児童は，適切に保護指導される。
十一　すべての児童は，身体が不自由な場合，または精神の機能が不充分な場合に，適切な治療と教育と保護が与えられる。
十二　すべての児童は，愛とまことによって結ばれ，よい国民として人類の平和と文化に貢献するように，みちびかれる。

＊

　現在，5月5日は「こどもの日」として国民の祝日とされている。　　　　〔塚谷　文武〕

　さらに同法の第10条及び第11条によって，基礎的な地方公共団体である市町村が児童や妊産婦に関する福祉の現状を把握し，情報の提供や相談に応じる

など住民に寄り添う形の児童福祉を提供することが確認される。また，広域地方公共団体の都道府県は，その活動について市町村と連携し必要な援助をする役割分担になっている。

　21世紀の現在における子ども・子育て支援法（2012年公布）によるスキームでも同様の役割分担が維持される。同法では，「父母その他の保護者が子育てについての第一義的責任を有するという基本的認識の下に，家庭，学校，地域，職域その他の社会のあらゆる分野における全ての構成員が，各々の役割を果たすとともに，相互に協力して行われなければならない」（第2条）ことを確認したうえで，地方公共団体及び国の責任を以下のように規定している。

子ども・子育て支援法
第3条　市町村は，「子どもの健やかな成長のために適切な環境が等しく確保されるよう，子ども及びその保護者に必要な子ども・子育て支援給付及び地域子ども・子育て支援事業を総合的かつ計画的に行う」
第3条の2　都道府県は，「市町村が行う子ども・子育て支援給付及び地域子ども・子育て支援事業が適正かつ円滑に行われるよう，市町村に対する必要な助言及び適切な援助を行うとともに，子ども・子育て支援のうち，特に専門性の高い施策及び各市町村の区域を超えた広域的な対応が必要な施策を講じなければならない」
第3条の3　国は，「市町村が行う子ども・子育て支援給付及び地域子ども・子育て支援事業その他この法律に基づく業務が適正かつ円滑に行われるよう，市町村及び都道府県と相互に連携を図りながら，子ども・子育て支援の提供体制の確保に関する施策その他の必要な各般の措置を講じなければならない」

　すなわち，児童の養育について保護者が第一義的責任を負っていることを踏まえて，地方公共団体や国は児童の健全な成長を促すために，市町村が地域の実情に応じた子育て支援計画を立案し実行する。その際に，都道府県は市町村

に対して助言や援助を行い，広域的な対応が必要な時にはその対策を講じる。さらに，国は，市町村や都道府県の児童福祉が適切に提供されるように連携して，それらの活動に対して助言や援助を行うことが義務づけられている。保護者や地方公共団体，国などの児童福祉に関係するさまざまな主体と連携することを通じて，地域社会全体で児童の健全な成長を促すことが想定されているのである。そして，その最前線に基礎自治体としての市町村が位置づけられている。

　次節では，地方公共団体が提供する児童福祉の具体的な中身について検討しよう。

4.2　地方公共団体の児童福祉と財政システム

4.2.1　地方公共団体の児童福祉

　現代の福祉国家においては，その最前線で市町村という地方公共団体を中心に児童福祉が提供される。具体的な児童福祉としては，第1に，保護者が日常生活において主に労働によって児童を養育できない場合に保育サービスを提供している。市町村は，児童福祉法に基づいて「保護者の労働又は疾病その他の事由により，その監護すべき乳児，幼児その他の児童について保育を必要とする場合」（第24条）に，児童福祉施設としての保育所を設置及び運営し，児童の健全な発育を促すために保育サービスを提供している。その施設には，保育所や認定こども園などが含まれている。

　第2に，児童手当制度によって経済的な支援を行っている。児童手当は，「児童を養育している者に児童手当を支給することにより，家庭等における生活の安定に寄与するとともに，次代の社会を担う児童の健やかな成長に資すること」（児童手当法第1条）を目的とし，市町村を通じて経済的な支援を行っている。児童手当は，15歳に達した日以後最初の3月31日まで（中学校修了前）の児童を養育している人に対して支給される。受給条件には，所得制限が設けられて

おり，受給資格者の前年の所得が児童数によって定められている所得制限限度額を超えないことが条件となっている。ただし，現時点では所得制限を超える受給者についても，特例給付という形で児童手当が支給されている。児童手当の金額は，児童1人につき3歳未満月額15,000円，3歳以上小学校修了前月額10,000円（ただし，第3子以降は月額15,000円），中学生月額10,000円である。所得制限限度額以上の場合は，児童1人につき月額5,000円となっている。その費用については，国，都道府県，市町村，事業主によって負担される構造になっている。

　第3に，ひとり親世帯に対する支援を行っている。近年，離婚件数の増加を原因とする母子・父子世帯が増加している。特に，母子世帯の場合，その平均年間収入は243万円にとどまり，経済的及び社会的に不安定な状態に置かれている。市町村は，そのようなひとり親世帯に対する自立に向けた子育て支援や経済的支援を提供している。³⁾市町村が提供する子育て支援としては，保護者が就労により児童の養護が困難になった場合に，児童養護施設などで児童を一時的に預かる「短期入所生活援助（ショートステイ）事業」や，平日の夜間や休日の不在時に児童養護施設において「夜間養護等（トワイライト）事業」を実施している。また，経済的な支援として，児童扶養手当や母子・父子福祉資金貸付制度を通じて経済的な自立を促すための支援を行っている。

　第4に，身体に障害のある児童に対する福祉を提供している。市町村は，障害のある児童が利用する障害児入所施設などの児童福祉施設を設置し，児童発達支援として日常生活における基本的な動作の指導や，障害のある児童が集団生活に適応するための訓練などを行っている。それ以外にも，障害のある児童が日常生活を行うための相談，支援事業や居宅介護などの居宅サービス，障害児手当などの経済的な支援を行っている。

　第5に，家庭内で生じる児童への虐待の予防や被虐待児童の保護などを行っている。2016年の児童福祉法の改正によって，市町村は児童虐待の発生予防や，虐待発生時の対応，被虐待児童への自立支援を行っている。その背景には，児童虐待数増加の問題がある。2000年代初頭に児童相談所での相談対応

件数は1.7万件であったが，2018年度には16.0万件へと増加している。[4] 市町村レベルで設置している児童への虐待に対応する機関としては，妊娠期から子育て期において支援を行う母子健康包括支援センター（設置努力義務）や，要保護児童対策地域協議会があり，保護者が児童の養育上抱えている養護相談（児童虐待等）や障害相談に対応し，問題解決のための指導を行っている。市町村は，相談窓口を設置し，それらの問題を都道府県レベルで設置される児童相談所や福祉事務所の児童福祉関係部局などの各機関と連携しながら児童虐待問題に取り組んでいる。

　第6に，広域地方公共団体としての都道府県は，児童福祉法に基づいて児童福祉に関する行政機関としての児童相談所，福祉事務所，保健所の設置及び運営を行っている。その際，市町村と連携し，市町村が設置及び運営する児童福祉施設への指導や助言，児童養護施設や児童自立支援施設などの児童福祉施設（保育所を除く）への入所決定に関する業務を行っている。[5] つまり，その役割は，市町村が提供する児童福祉を支援するという位置づけである。**(図表4.1)**

●コラム：児童福祉施設の設備及び運営に関する基準

　市町村が運営する児童福祉施設の設備やその運営については，厚生労働省令（第63号）で「児童福祉施設の設備及び運営に関する基準」が定められている。その目的は児童福祉について全国平等に最低限度の質を確保する枠組みを維持することにあり，以下の点が明記されている。

　第4条　児童福祉施設は，最低基準を超えて，常に，その設備及び運営を向上させなければならない。

　第4条の2　最低基準を超えて，設備を有し，又は運営をしている児童福祉施設においては，最低基準を理由として，その設備又は運営を低下させてはならない。

　最低基準は，「今後従うべき基準」と「参考とすべき基準」に区分されており，都道府県等が条例によって定めることになっている。つまり，地方公共団体が設置及び運営する児童福祉施設に関する設備運営基準については，全国統一的な枠組みとして国が定める基準を最低基準として位置づけ，都道府県が地域性を踏まえながらその基準を維持し，向上させることが義務づけられているのである。　　　　〔塚谷　文武〕

図表4.1　児童福祉施設の設置目的と対象者一覧

施設の種類	種別	入(通)所・利用別	設置主体	設置目的と対象者
乳児院	第1種	入所	都道府県　市町村　都道府県知事へ届出　社会福祉法人・その他の者　都道府県の認可	乳児（保健上、安定した生活環境の確保が必要な者）を入院させて、これを養育し、あわせて退院した者について相談その他の援助を行う。
母子生活支援施設	第1種	入所	同上	配偶者のない女子及びその者の監護すべき児童を入所させて、これらの者の自立の促進のためにその生活を支援し、あわせて退所した者について相談その他の援助を行う。
児童養護施設	第1種	入所	同上	保護者のない児童（乳児は除く。ただし、安定した生活環境の確保が必要な場合には、乳児を含む。）、虐待されている児童その他環境上養護を要する児童を入所させて、これを養護し、あわせて退所した者に対する相談や自立のための援助を行う。
障害児入所施設	第1種	入所	同上	障害児を入所させて、保護、日常生活の指導、自立に必要な知識技能の付与及び治療を行う。
児童心理治療施設	第1種	入所・通所	同上	家庭環境、学校における交友関係等の理由により社会生活への適応が困難となった児童を入所させ、又は保護者の下から通所させて、治療や生活指導を行い、退所した者については相談及び援助を行う。
児童自立支援施設	第1種	入所・通所	国・都道府県　市町村　都道府県知事へ届出　社会福祉法人・その他の者　都道府県の認可	不良行為をなし、又はなすおそれのある児童及び家庭環境その他の理由により生活指導等を要する児童を入所させ、又は保護者の下から通所させて、個々の児童の状況に応じて必要な指導を行い、その自立を支援し、退所した者について相談その他の援助を行う。
助産施設	第2種	入所	都道府県　市町村　都道府県知事へ届出　社会福祉法人・その他の者　都道府県の認可	経済的理由により、入院助産を受けさせることができない妊産婦を入所させて、助産を受けさせる。
保育所	第2種	通所	同上	保育を必要とする乳児・幼児を日々保護者の下から通わせて保育を行う。
幼保連携型認定こども園	第2種	通所	同上	満3歳以上の幼児に対する教育及び保育を一体的に行い、乳児又は幼児の心身の発達を助長する。
児童館	第2種	利用	同上	屋内に集会室、遊戯室、図書館などの設備を設け、児童の健康を増進する。
児童発達支援センター	第2種	通所	同上	障害児を日々保護者の下から通わせて、日常生活における基本的な動作、自立に必要な知識技能を身につけ、集団生活への適応のための訓練、治療及び知識技能を提供する。
児童家庭支援センター	第2種	利用	同上	地域の児童の福祉に関する問題について、児童、母子家庭、母子家庭、地域住民からの相談に応じる。児童又は児童の保護者に対する指導及び児童相談所等との連携、連絡調整などを総合的に行う。

出所：厚生労働統計協会（2020）322 頁より作成。

4.2.2　堺市の児童福祉と財政システム

　本項では，市町村を中心として提供される児童福祉について，大阪府堺市を具体的な事例として取り上げて，その実態を明らかにしたい。

　図表4.2は，堺市の一般会計の最大支出項目である民生費の内訳を示している。堺市は児童福祉費として525.4億円を計上しているが，その特徴は，第1に，最も支出額が大きいのが児童保育施設費の217.6億円である。この支出は，堺市内の保育所（市立及び私立）や認定こども園（市立及び私立）の運営に必要となる支出と，これらの施設で提供される病児・病後児保育，延長保育，一時預かりといった事業に関する支出である。これらの支出のうち最大項目は，認定こども園・幼稚園運営事業に関する134.6億円（全体の61.9%）である。そのほかの認定こども園に関する事業を含めれば全体の7割を超える支出項目となり，認定こども園の普及促進が実施されている。[6] 保育や子育て支援サービスについては，次節において詳細に検討する。

　第2に，児童手当費134.3億円は，児童手当法を根拠として堺市内の受給者

図表4.2　堺市の民生関係費（2018年度）　　　　　　　　　　（百万円）

民生費			169,975
	社会福祉費		47,294
	生活保護費		47,945
	児童福祉費		52,538
		心身障害児施設費	1,169
		児童保育施設費	21,757
		母子福祉施設費	159
		児童福祉総務費	6,007
		児童扶養手当費	4,099
		児童手当費	13,433
		児童措置費	5,239
		児童福祉施設建設費	676
	国民健康保険事業特別会計繰出		8,569
	母子父子寡婦福祉資金貸付事業特別会計繰出		8
	介護保険事業特別会計繰出		10,899
	後期高齢者医療事業特別会計繰出		2,707

出所：堺市（2019a）より作成。

に対して支給される児童手当及び特例給付の事務に要した支出である。

　第3に，児童福祉総務費60.1億円は，主に，施設入所児，母子・父子家庭や交通遺児に対する支出である。主な支出項目として，ひとり親世帯に対する支援事業や，児童自立支援施設措置委託事業などがある。

　第4に，児童扶養手当費の41.0億円は，児童扶養手当法を根拠として堺市内の受給者に支給される児童扶養手当の支給及びその事務に要した支出である。児童扶養手当は，父母が離婚した児童，父または母が死亡した児童等を養育する親（あるいは父母ともになく，父母以外の養育者）に対し，支給される（児童扶養手当法第4条）。

　第5に，児童措置費52.4億円は，市町村に設置される児童福祉施設に対する措置費である。主に，一時的な保護が必要となる児童が児童養護施設へ入所する場合や，助産院への入所措置，障害のある児童が施設へ入所した場合に必要となる支出である[7]。

　図表4.3は，これらの堺市の児童福祉を支える財政システムとして，国側からの児童福祉に関する国庫補助金及び負担金などの財政移転の内訳である。主な財政移転の項目としては，児童福祉費負担金207.9億円の中で児童手当負担金が93.2億円（負担金全体の44.8％）と教育・保育給付費負担金73.4億円（35.3％）がある。また，児童福祉費補助金8.4億円として，保育対策総合支援事業費補助金2.5億円（補助金全体の30.0％），子ども・子育て支援交付金2.3億円（27.6％）が国から堺市に対して財政移転されている。これらの国からの財政移転によって，市町村による保育や児童手当などの経済的支援を含めた児童福祉を提供することが可能となっている。

　次節では，市町村が提供する児童福祉の中で最大支出項目となる児童保育施設費の中の，特に，保育と子育て支援サービスとその財政システムについて検討する。

図表4.3　児童福祉に関する国庫補助金

児童福祉費負担金	（百万円）	（%）
助産施設措置費負担金	45	0.2
教育・保育給付費負担金	7,337	35.3
母子生活支援施設措置費負担金	79	0.4
児童手当費負担金	9,318	44.8
児童扶養手当費負担金	1,348	6.5
児童養護施設等措置費負担金	926	4.5
障害児施設措置費負担金	1,737	8.4
合　計	20,791	100.0

児童福祉費補助金	（百万円）	（%）
母子家庭自立支援給付金事業費補助金	59	7.0
母子家庭等日常生活支援事業費補助金	0	0.0
母子家庭等就業・自立支援センター事業費補助金	7	0.9
児童虐待・DV対策等総合支援事業費補助金	73	8.7
母子自立支援プログラム策定事業費補助金	2	0.3
ひとり親家庭生活支援事業費補助金	2	0.2
地域生活支援事業費補助金	11	1.3
子ども・子育て支援交付金	232	27.6
社会福祉施設等施設・設備整備費補助金	59	7.1
社会保障・税番号システム整備費補助金	2	0.2
保育所等整備交付金	57	6.8
保育対策総合支援事業費補助金	253	30.0
子ども・子育て支援体制整備総合推進事業費国庫補助金	13	1.5
子どものための教育・保育事業費補助金	25	2.9
認定こども園施設整備交付金	40	4.8
社会福祉施設等災害復旧費国庫補助金	6	0.7
合　計	841	100.0

出所：堺市（2019a）より作成。

4.3　保育と子育て支援の財政システム

4.3.1　子どものための教育・保育給付費国庫負担金と子ども・子育て支援交付金

　市町村が提供する保育及び幼児教育，そして，子育て支援サービスについて，全国平等にサービスの「最低限度の質」（国の定める基準をベースとして）が確保されるように，国からの「子どものための教育・保育給付費国庫負担金」や「子ども・子育て支援交付金」による財政移転の仕組みが構築されている。[8]

　2015年より子ども・子育て支援法のもとで，保育所，認定こども園，幼稚園などの施設において提供される保育及び教育に要する費用の財政的な措置を，新たに「子どものための教育・保育給付費」とした。それらを「施設型給付」と「地域型保育給付」に分け，その一部について国が財政的な支援をしている[9]。

　施設型給付費は，保育所，認定こども園，幼稚園に共通の給付であり，市町村がそれらの施設において提供される保育及び教育に要する費用として支払うものである（子ども・子育て支援法第27条及び第28条）。ただし，私立保育所に対しては，市町村が保育実施の義務を担っていることから（児童福祉法第24条），施設型給付と同様の費用が「委託費」として支払われる。地域型保育給付費は，市町村が地域型保育事業として認可した家庭的保育事業，小規模保育事業，居宅訪問型保育事業，事業所内保育事業において提供される保育サービスに要した費用を，保育施設に支払うものである（子ども・子育て支援法第29条及び30条）。

　国からの「子どもための教育・保育給付費国庫負担金」は，市町村レベルの「子どものための教育・保育給付費」の一部を財政支援するものである。この給付費は，「国が定める基準により算定した費用の額」を公定価格として，その額から市町村が定める利用者負担額を控除した額として算出される[10]。例えば，認定こども園（定員区分36人から45人）に在籍する4歳児以上の児童一人当たりに月額35,860円（基本分単価，2018年度）の公定価格が設定されている[11]。年齢区分によって定められている公定価格を基準として施設に在籍する児童数を乗じた額から利用者負担額を控除することで，この施設において提供されるサービスの費用の総額が算出され，その施設に支払われる子どものための教育・保育給付費が算出される。

　国からの「子どものための教育・保育給付費国庫負担金」は，市町村が保育施設に対して支払う給付費の総額に対して，給付費総額の2分の1を市町村に対して支給し，残りの部分は都道府県，市町村が一定の割合で負担することになる（**図表4.4**）。

126

図表4.4　子どものための教育・保育給付費国庫負担金の負担割合

		国	都道府県	市町村
施設型給付	私立	1/2	1/4	1/4
	公立	—	—	10/10
地域型保育給付		1/2	1/4	1/4
子育てのための施設等利用給付		1/2	1/4	1/4

出所：厚生労働統計協会（2020）95頁より作成。

　また，国からの「子ども・子育て支援交付金」は，市町村が実施する延長保育事業や放課後児童クラブ（放課後児童健全育成事業），病児・病後児保育などの子育て支援サービスに対する財政支援である。この交付金は，交付金の対象となる事業について児童一人当たりの単価が定められており，単価に対して事業を利用した児童数を乗ずることで費用の総額が算出される。例えば，定員20名以上の保育所において延長保育事業が実施された場合，保育短時間認定の在籍児童一人当たり（年額），延長時間区分1時間で18,300円，2時間で36,600円，3時間で54,900円（2018年度）を必要な経費として定めており，その単価に利用児童数を乗じて施設における費用総額が算出される。国からの「子ども・子育て支援交付金」は，市町村内の施設において実施される事業の費用総額の3分の1を国が市町村に交付し，残りの部分は都道府県，市町村が一定の割合で負担することになる。[12]

　次に，保育施設としての認定こども園を取り上げて，保育及び教育に関して最低限度の質が確保される仕組みを検討しよう。

4.3.2　認定こども園の施設運営と質の確保

　市町村レベルの保育施設としての認定こども園には4つのタイプがある。[13]第1に，幼保連携型の認定こども園であるが，この施設は，従来の幼稚園と保育所のそれぞれの機能を併せ持つ施設である。第2に，幼稚園型の認定こども園は，従来の幼稚園において保育を必要とする児童に対して保育サービスを提供する施設である。第3に，保育所型の認定こども園は，保育所において保育を必要とする児童に対して，幼稚園で提供される幼児教育を提供する施設である。

　第4に，地方裁量型の認定こども園は，幼稚園及び保育所いずれについても認可された施設がない特定の地域において，教育及び保育施設が認定こども園として必要な機能を果たす施設である。2018年の認定こども園の施設数は6,160件であり，その内訳は幼保連携型が4,409件，幼稚園型が966件，保育所型が720件，地方裁量型が65件となっている。公私立の分類でみると，公立が1,006件，私立が5,154件となっている。

　認定こども園のなかで最も施設の件数として多いのが，幼保連携型認定こども園である。この施設は学校教育法上の学校と児童福祉法上の児童福祉施設としての法的な位置づけを併せ持つ施設となっており，満3歳から小学校就学前の児童に対する幼児教育と，0歳から小学校就学前の児童に対して保育が行われている。施設を設置する場合には「幼保連携型認定こども園の学級の編制，職員，設備及び運営に関する基準」に基づいて認可基準が定められている。その基準の第1は，学級編制及び職員の配置基準として満3歳以上の児童について1学級35人以下とし，専任保育教諭として幼稚園教諭免許と保育士資格を併せ持つ保育教諭を1人配置しなければならない。第2に，園舎や保育室についても，満3歳以上の園舎は幼稚園基準の1学級180㎡，保育所基準として一人当たり1.98㎡を確保することが基準として定められている。第3に，幼保連携型認定こども園において提供される保育及び幼児教育は，国が定める「幼保連携型認定こども園教育・保育要領」を基準として提供される。つまり，各施設が提供する保育及び幼児教育の内容についても最低限度の質を確保するための基準が示されている。各施設はそれを基準として保育及び幼児教育に関する計画を作成し，組織的かつ計画的に提供することで，全国平等な最低限度の質を確保する枠組みが維持されている。

　次節では再び堺市を事例として市町村レベルでの保育と子育て支援サービスの具体的な内容について検討する。

4.4　堺市の保育と子育て支援サービス

4.4.1　子ども・子育て支援制度の全体像

堺市では，2012年に成立した子ども・子育て支援法を受けて「堺市子ども・子育て支援事業計画」(2015年3月) が作成された。その目的は，既存の保育及び子育て支援サービスを「子ども・子育て支援給付」と「地域子ども・子育て支援事業」に再編し，保育と子育て支援サービスの充実化を図ることにある。

図表4.5には，堺市の子ども・子育て支援制度の全体像が示されている。その特徴として，第1に，施設型給付として認定こども園，保育所，幼稚園などの保育関連施設で基本的な保育及び教育サービスが提供される。第2に，地域型保育給付として，小規模保育，家庭的保育などの保育サービスが提供されている。小規模保育は，比較的小規模な施設（定員6人から19人まで）で0歳児から2歳児の乳幼児を保育するサービスである。また，家庭的保育は就労などの理由から子どもを保育できない保護者などに対して，堺市の認定を受けた家庭的

図表4.5　堺市の子ども・子育て支援制度

子ども・子育て支援給付

施設型給付
- ○認定こども園
- ○幼稚園
- ○保育所

地域型保育給付
- ○小規模保育
- ○家庭的保育
- ○居宅訪問型保育
- ○事業所内保育

地域子ども・子育て支援事業
- ①利用者支援事業
- ②地域子育て支援拠点事業
- ③妊婦健康診査
- ④乳児家庭全戸訪問事業
- ⑤養育支援訪問事業
- ⑥子育て短期支援事業
- ⑦ファミリー・サポート・センター事業
- ⑧一時預かり事業
- ⑨延長保育事業
- ⑩病児・病後児保育事業
- ⑪放課後児童クラブ（放課後児童健全育成事業）
- ⑫実費徴収に係る補足給付を行う事業
- ⑬多様な主体が本制度に参入することを促進するための事業

出所：堺市（2015）7頁。

保育者が自宅などで少人数の子どもを対象に保育サービスを提供するものである。第3に，地域子ども・子育て支援事業には，さまざまな子育て支援サービスがあり，延長保育事業や放課後児童クラブ（放課後児童健全育成事業），病児・病後児保育などの保育サービスの多様化が図られている。

　つまり，堺市の新たな制度の下では，保育所や認定こども園などの施設を通じて基本的な保育及び教育サービスが提供され，それらの施設では対応できないような，地域社会に特有のニーズに対して，小規模保育などの地域型の保育サービスを提供している。そして，保護者の就労状況によって必要となるさまざまな保育に対するニーズにも，延長保育や病児・病後児保育などの子育て支援サービスを提供することで，総合的な保育及び子育て支援サービスが提供されている。

4.4.2　保育及び子育て支援サービスの内容

　ここでは，具体的な保育及び子育て支援サービスをイメージしてもらうために，標準的なモデルの家族を想定しながら，堺市内で受けられるサービスの具体例を示していく。

　標準的なモデル世帯としては，堺市内に居住する夫婦子ども2人の共働き世帯で，年収は600万円を想定している。夫は堺市内の臨海部にある工作機械の生産工場で働き，妻は堺市内のサービス業でパート労働をしている。2人の子どもの年齢は，2歳と4歳である。堺市内には，保育サービスを提供する保育関連施設として保育所，認定こども園などがあり，それらの施設から利用者が選択し，それぞれの施設と契約を結ぶことになる。2人の子どもを堺市内の保育施設に預けたり，小規模保育や家庭的保育サービスを受けたりするためには，市の窓口で申請をして入所に関する保育認定（［コラム：保育認定]）を受けなければならない。仮に保育認定が受けられない場合には，認可外の保育施設を探すことも検討しなければならない。[15]

　保育認定には，審査基準として数量的な採点基準が設けられており，各項目に該当する点数の高い世帯が優先的に保育施設への入所が認められることにな

る。採点項目としては，単身家庭及び生活保護家庭であるという「優先項目」や，家庭内の就労や疾病状況を考慮するための「基準項目」が設けられている。この家族のケースでは，基準項目のうち点数の配分が高い「月64時間以上労働することを常態とする」という項目に該当するため，入所の優先順位が高くなっている。

●コラム：保育認定

　堺市の保育認定は，堺市が児童福祉法に基づいて定めた「堺市保育施設等利用調整基準」に基づいて行われる。各保健福祉総合センターで開催される判定会議において，児童や家庭の総合的な状況を把握し，保育の必要性が高いと認められる者から順に利用の決定を行う。

　審査は，4つの項目毎（優先項目，基準項目，加点項目，同点になった場合の優先段階）に家庭の状況を数量的に評価する。

(1)優先項目：①単身家庭　②生活保護家庭　③その他の優先家庭
(2)基準項目：
　①月64時間以上労働することを常態とすること（最大20点）
　②妊娠中であるか又は出産後間がないこと（最大16点）
　③疾病にかかり，若しくは負傷し，又は精神若しくは身体に障害を有していること（最大20点）
　④同居の親族（長期間入院等をしている親族を含む）を常時介護又は看護していること（最大20点）
　⑤震災，風水害，火災その他の災害の復旧にあたっていること（世帯点数50点）
　⑥虐待やドメスティック・バイオレンス（DV）のおそれがある場合など社会的養護が必要な家庭の児童であると保健福祉総合センター所長が判断した場合（世帯点数50点）
(3)加点項目：保育の代替手段
　①施設型給付の対象施設・地域型保育事業を卒園した場合（連携施設への申込みを除く）（最大6点，他24項目）
(4)同点になった場合の優先段階
　第一段階：基準項目の点数が高い世帯
　第二段階：類型間の優先段階（災害復旧など）

　第三段階当該保育施設等の希望順位が高いもの
　第四段階階層低位順（同一階層の場合は所得割額低位順）
　第五段階保留期間の長い世帯

　堺市の保育認定区分は，以下のように定められている。堺市内の保育関連施設で保育サービスを受けるには，2号認定か3号認定の保育認定を受ける必要がある。

認定区分	対象年齢	利用可能施設
1号認定（教育標準認定）	満3歳以上，保育の必要性がなく，教育を希望する場合	・認定こども園（教育部分） ・幼稚園
2号認定（保育認定）	満3歳以上，保育を必要とする事由に該当し，保育を希望する場合	・認定こども園（保育部分） ・保育所
3号認定（保育認定）	満3歳未満，保育を必要とする事由に該当し，保育を希望する場合	・認定こども園（保育部分） ・保育所 ・地域型保育事業

出所：堺市「堺市保育施設等利用調整基準（平成30年度版）」。

〔塚谷　文武〕

　堺市内の保育施設の利用料は，前年度の市民税所得割課税額を基準としているので仮に所得割課税額が281,000円とすると，施設の利用料は2歳の子どもは月額45,000円，4歳の子どもは月額28,000円になり，子ども2人の保育料の月額合計は73,000円となる。年間の保育施設利用料は，876,000円である[16]。ただし，2019年10月からの消費税率10％への引き上げとともに実施された幼児教育・保育の無償化によって，3歳以上の子どもと市町村民税非課税世帯の3歳未満の子どもの保育料負担については，政令で「0」と定められたことにより，このモデル世帯の4歳児の子どもの保育料負担が無償化された（**図表4.6**）。

　その他にも，乳児保育や保護者の疾病による緊急・一時的な保育サービスとしての「一時預かり」，病気にかかった児童への病児・病後児保育などの子育て支援サービスもある。いずれのサービスもその都度利用料を負担することが必要となる。

図表4.6　堺市内の保育関連施設利用料（2号・3号認定，月額）

階層	税区分	3歳未満児		3歳児		4歳以上児	
		標準	短時間	標準	短時間	標準	短時間
A	生活保護法による 被保護世帯	0	0	0	0	0	0
B1	市町村民税非課税 ひとり親世帯等	0	0	0	0	0	0
B2	市町村民税非課税 一般世帯	5,000	4,900	3,000	2,900	3,000	2,900
C1	市町村民税 均等割の額のみ課税世帯	10,000	9,800	8,000	7,800	8,000	7,800
C2	所得割課税額 48,600円未満	12,000	11,700	10,000	9,800	10,000	9,800
D1	所得割課税額 48,600円以上 70,900円未満	17,000	16,700	15,000	14,700	15,000	14,700
D2	所得割課税額 70,900円以上 108,200円未満	25,000	24,500	23,000	22,600	23,000	22,600
D3	所得割課税額 108,200円以上 138,100円未満	30,000	29,400	27,000	26,500	25,000	24,500
D4	所得割課税額 138,100円以上 198,400円未満	40,000	39,300	30,000	29,400	28,000	27,500
D5	所得割課税額 198,400円以上 297,400円未満	45,000	44,200	30,000	29,400	28,000	27,500
D6	所得割課税額 297,400円以上 338,500円未満	54,000	53,000	30,000	29,400	28,000	27,500
D7	所得割課税額 338,500円以上 397,000円未満	56,000	55,000	30,000	29,400	28,000	27,500
D8	所得割課税額 397,000円以上	67,000	65,800	35,000	34,400	32,000	31,400

出所：堺市役所子ども青少年局 子育て支援部幼保推進課提供資料。

4.4.3　堺市の保育施設運営費

　図表4.7には，堺市の認定こども園と保育所の運営費が示されている。堺市内にある公立認定こども園と民間認定こども園及び保育所（市内127カ所）の運営に要した全体の経費は238.2億円である。そのうち，国が基準としている運営費が176.2億円である。国基準の運営費のうち，国の基準に基づいた利用者負担としての徴収金は65.2億円である。しかし，堺市は国の基準（8区分）に対し

図表4.7　堺市の認定こども園・保育所運営経費

徴収金 (市基準) 34.2億円 (14.3%)	減免額 31.0億円 (13.0%)	国庫負担金 62.9億円 (26.4%)	府負担金 34.6億円 (14.5%)	市負 担金 13.6 億円 (5.7 %)	国庫 補助 金他 1.5 億円 (0.6 %)	市負担額 (施策による超過) 60.6億円 (25.4%)
徴収金（国基準） 65.2億円						
運営費（国運営経費）　176.2億円（73.9%）						
認定こども園・保育所（238.2億円，100%）市内127カ所						

出所：堺市役所子ども青少年局子育て支援部幼保推進課提供資料。

て独自で施設利用料基準を13区分に細分化し利用者負担を軽減しているため，市基準の徴収金は34.2億円となっている。[17]（前掲**図表4.6**）その差額分は，減免額31.0億円として計上されている。国庫負担金として国から堺市に配分される金額は，国基準の徴収金を運営費から差し引いた111億円のうちの62.9億円となる。その残りが大阪府の府負担金34.6億円と堺市の負担金13.6億円となる。それ以外にも，全体の経費238.2億円のうち国が定める経費を超える金額については，市負担額として60.6億円が計上されており，堺市の一般財源が充当されている。堺市という地方公共団体は，国が定める基準を超えて利用者負担の減免や多様な保育サービスを提供するために，自己財源から多額の財政資金を投入している。認定こども園や保育所を運営する経費において国庫負担金が全体の26.4%であることの意味は，堺市の側における主体的な独自の福祉拡充策の現れといえよう。

4.4.4　保育施設の利用者負担状況

図表4.8は，堺市の保育施設認定利用者の負担状況を示している。堺市の特徴として，第1に，階層区分A（児童数体に占めるウエイト3.0%），階層区分B（17.1%），階層区分C（7.9%），階層区分D1，D2（20.4%）の所得割課税額108,200円未満の区分で全体の48.4%を占めている。しかし，第2に，年収約450万円から約900万円の世帯が該当する階層区分D3〜D7の割合が全体の48.8%を占めている。ここから，所得が比較的高い世帯にも租税資金が投入されている実態

図表4.8 堺市の保育関連施設認定利用者負担状況（2号，3号認定）

階層	税区分	3歳未満児		3歳児		4歳以上児		児童数（人）	構成割合	区分割合
		標準	短時間	標準	短時間	標準	短時間			
A	生活保護法による被保護世帯	0	0	0	0	0	0	521	3.0%	3.0%
B1	市町村民税非課税母子世帯等	0	0	0	0	0	0	1,429	8.2%	17.1%
B2	市町村民税非課税一般世帯	5,000	4,900	3,000	2,900	3,000	2,900	1,555	8.9%	
C1	市町村民税均等割の額のみの世帯	10,000	9,800	8,000	7,800	8,000	7,800	221	1.3%	7.9%
C2	所得割課税額48,600円未満	12,000	11,700	10,000	9,800	10,000	9,800	1,157	6.6%	
D1	所得割課税額48,600円以上70,900円未満	17,000	16,700	15,000	14,700	15,000	14,700	1,200	6.9%	72.1%
D2	所得割課税額70,900円以上108,200円未満	25,000	24,500	23,000	22,600	23,000	22,600	2,356	13.5%	
D3	所得割課税額108,200円以上138,100円未満	30,000	29,400	27,000	26,500	25,000	24,500	1,832	10.5%	
D4	所得割課税額138,100円以上198,400円未満	40,000	39,300	30,000	29,400	28,000	27,500	3,006	17.2%	
D5	所得割課税額198,400円以上297,400円未満	45,000	44,200	30,000	29,400	28,000	27,500	2,713	15.5%	
D6	所得割課税額297,400円以上338,500円未満	54,000	53,000	30,000	29,400	28,000	27,500	541	3.1%	
D7	所得割課税額338,500円以上397,000円未満	56,000	55,000	30,000	29,400	28,000	27,500	445	2.5%	
D8	所得割課税額397,000円以上	67,000	65,800	35,000	34,400	32,000	31,400	523	3.0%	
合　計								17,499	100.0%	100.0%

出所：堺市役所子ども青少年局 子育て支援部幼保推進課提供資料。

が想像される。つまり，納税する住民税額が比較的高い世帯であっても，審査基準を満たす世帯であれば，低額で保育サービスを利用することができるのである。国基準との差額は市が独自に減免した金額であり，その性質上堺市の一般財源からの財政負担となる。今後，財政制約が厳しくなることが予想される過程では，低所得者層への利用者負担の軽減とは切り離して，高所得層への租税資金の投入のあり方について検討することが求められるであろう。

4.4.5　保育施設運営費の比較

　堺市では，保育サービスの充実化や利用者負担の減免措置の実施によって，保育所運営費に関する市側の超過負担額が増大傾向にあった。それを踏まえて，1998年度以降に保育所運営費削減の観点から保育所の民営化を随時進めてきており，2017年4月からすべての公立保育所を幼保連携型認定こども園に移行した。

　図表4.9は，堺市内の公立認定こども園と民間認定こども園・保育所の児童（2号認定及び3号認定。1号認定は除く）一人当たりの費用について比較したものである。堺市の公立認定こども園の児童一人当たりの年間運営経費が147.0万円であるのに対して，民間認定こども園・保育所のそれは104.4万円に利用者負担額20.5万円を加えた合計124.9万円となっている。児童一人当たり費用の違いの大部分は，公立認定こども園の市負担補助分が児童一人当たりで67.8万円であるのに対して，民間の認定こども園・保育所は12.0万円であることに求められ，公立施設を維持するためには人件費を含めた高い費用が必要となる。つまり，堺市では，このような市側の負担を減らし財政のスリム化を図る意味でも，保育施設の認定こども園への全面的な移行を中心とした民営化を実施しているのである。しかし今後，市町村が保育施設についての民営化を進める際にも，児童に対して提供される保育及び教育の質を確保し，地域性を踏まえなが

図表4.9　保育施設運営費用の状況（2018年度）

○公立認定こども園（18カ所）児童一人あたりの年間経費　　　　　　　　（千円）

国負担 (一般財源化)	府負担 (一般財源化)	市負担	市負担補助分	保育料	保育料 市負担 (減額分)
256	129	129	678	153	125

←――――――――――――― 1,470 ―――――――――――――→

○民間認定こども園・保育所（109カ所）児童一人あたりの年間経費（千円）

国負担	府負担	市負担	市負担 補助分	利用者 負担額
462	231	231	120	205

←――――――― 1,044 ―――――――→　　　園徴収

出所：堺市役所子ども青少年局 子育て支援部幼保推進課提供資料。

らサービスの多様化と質の向上を図ることが最も重要となるであろう。

4.5　児童福祉への財政制約の強まり

　本章では，地方公共団体が提供する児童福祉とその財政システムについて，大阪府堺市という具体的な事例を取り上げて検討した。現代の福祉国家においては，児童福祉法において児童の養育について第一義的な責任を負う保護者がその役割を十分に果たせない場合に，市町村を中心として都道府県や国を含めた公共部門がその責任を負わなければならない。本書の第1章にあるように，日本国憲法には，国民が勤労の権利と義務（第27条）に基づいて，健康で文化的な最低限度の生活を営む権利（第25条第1項）を追求し，それを政府部門が支援する（第25条第2項）という仕組みが規定されているが，本章で検討した児童福祉の分野は，それを典型的に示す政策領域といえよう。その枠組みの中に，保育を必要とする児童への保育サービスや児童手当などの経済的な支援，障害のある児童や被虐待児童への支援や養護，貧困対策としてのひとり親世帯への自立に向けた経済的な支援が位置付けられるのである。その最前線に，市町村という地方公共団体が存在しているのである。

　そして，市町村が提供する児童福祉は，全国平等に最低限度の質を確保することが求められており，児童福祉施設の設置及び運営についても，国が定める最低基準をベースとしながら地域性に応じて保育や子育て支援サービスの質を向上させることが優先される。そのために，公定価格を基準とした子どものための教育・保育給付費国庫負担金や子ども・子育て支援交付金などの国からの財政移転を通じて租税資金が投入されるのである。

　21世紀の経済社会においては，グローバル化のさらなる進行という外的要因と，家庭の中で生じる核家族化や，共働き世帯の増加，ひとり親世帯の増加といった内的要因によって，市町村を中心として提供される児童福祉の役割はより一層重要となる。しかし，21世紀型の福祉国家が直面する最大の課題は，人口減少や少子高齢化の深化に加えて，地方公共団体や国の財政的な制約が強

まることである。福祉国家や地方財政のスリム化が求められる条件下において，地方公共団体が提供する児童福祉を地域社会が有する特性に対応しながら，その質の向上を実現していくことが求められている。

●コラム：子ども食堂

　「子ども食堂」の活動が，日本全国で急速な広がりを見せている。子ども食堂は，主としてNPO法人などが月に1回から2回程度，子どもから大人を対象に無料か低額（100円から300円程度）の食事を提供する活動である。子ども食堂には，子どもがひとりでも食事ができる場を提供する食堂から，子どもに学習指導や生活相談を行う食堂もある。子ども食堂の活動には，「食」という日常生活において必要不可欠なものを通じて，地域住民が子どもを見守る場として，また，地域交流の場としての役割も期待されている。

　近年，子ども食堂が日本全国で急速に増加している背景には，第1に，子どもの貧困問題がある。2018年の子どもの貧困率は13.5%に達し，子どもの7人に1人が貧困線以下に含まれることになる。ひとり親世帯の子どもの貧困率は，48.1%に達している（厚生労働省「2020年　国民生活基礎調査」）。第2に，「孤食」の問題がある。家庭を取り巻く環境が変化し，核家族化，共働き世帯の増加，離婚を原因とするひとり親世帯が増加するなかで，子どもは家族と共に食事をする機会が減少し，子どもひとりで食事をとる「孤食」の状況が生まれている。

　つまり，経済社会構造の変化によって生じている家庭の養育機能の低下が，家庭内における食の問題を「孤食」という形で顕在化させているのである。第3に，市町村などの地方公共団体からの補助金を通じた支援である。2014年に「子どもの貧困対策法」が施行され，市町村などの地方公共団体はNPOなどが地域社会において実践している子ども食堂の活動に対して，食堂の開設や運営費について補助金を通じて支援している。

　子ども食堂の活動が日本全国に広がりをみせていることは，グローバル化が進行する過程で，児童・家庭を取り巻く状況が変化し，その変化が子ども達の「食」にまで影響していることを示している。また，それは家庭で担えなくなった食育の機能を，地域社会において活動するNPOなどの主体が，子ども食堂の活動を通じて下支えしている姿をも映し出している。

〔塚谷　文武〕

【注】

1) 児童福祉法において，児童とは満18歳に満たない者であり，児童を以下のように分類している。
   ・乳児　満1歳に満たない者
   ・幼児　満1歳から，小学校就学の始期に達するまでの者
   ・少年　小学校就学の始期から，満18歳に達するまでの者

2) 児童福祉法は2016年に改正されているが，ここでは日本国憲法及び児童憲章との関係性を述べるために，1947年制定当時の条文を引用している。

3) 厚生労働省 (2017)。母子世帯の雇用形態はパート・アルバイトが全体の43.8％を占めている。ひとり親世帯になった理由として，離婚を原因とする世帯は母子世帯79.5％，父子世帯75.6％となっている。

4) 厚生労働省『福祉行政報告例』各年度版。

5) 政令指定都市は，都道府県と同様の業務を行っている。

6) 堺市 (2019a)。

7) 堺市 (2019b)。

8) 国からの財政移転の仕組みについては，公益財団法人児童育成協会 (2020)，厚生労働統計協会 (2020) を参照した。

9) この給付費は，本来，保育施設において提供された保育・教育の費用について支給認定保護者に対して支給するものである。しかし，利用者負担の観点から，市町村は子どものための教育・保育給付費を支給認定保護者に代わって利用した保育施設に支払うことができる，いわゆる法定代理受領の仕組みを設けている。

10) 公定価格は，基本分単価（地域区分や保育必要量に応じた）や地域の実情などに応じた各種加算項目から構成されている。基本分単価には，保育士や調理員の人件費，給食に要する材料費などの一般生活費などの経費が含まれている。加算項目には，休日保育を実施するための経費を加算する「休日保育加算」，冷暖房費の経費をその施設がある地域に応じて加算する「冷暖房費加算」などがある。

11) 内閣府「公定価格単価表（平成31年3月）」。

12) 内閣府「「子ども・子育て支援交付金の交付について」の一部改正について」（平成30年8月10日）。

13) 認定こども園については，厚生労働統計協会 (2020) 及び中央法規出版編集部 (2015) を参照した。

14) 内閣府子ども・子育て本部「認定こども園に関する状況について（平成30年4月1日現在）」。

15) 堺市には認可外保育所として，いわゆる認証保育所（さかい保育室）も設置されている。堺市が独自に定めた基準を充たしている施設であり，施設の設置及び運営に関する費用の一部を堺市が負担している。

16) 夫婦子ども2人を想定して，標準的な控除項目（基礎控除，配偶者控除，社会

保険料控除など）を考慮して算出した。
17）例えば，3歳未満児の国基準の利用料（所得割課税額397,000円以上）が104,000
　　円に対して，堺市の利用料（同区分）は67,000円となっている（内閣府「子ども・
　　子育て支援新制度について（平成30年5月）」）。

【参考文献】

加藤美穂子（2007）「保育所政策の課題と展望」渋谷博史・水野謙二・櫻井潤編
　　『地域の医療と福祉』学文社
加藤美穂子（2008）「子育て支援政策」渋谷博史・根岸毅宏・木下武徳編『社会保
　　障と地域』学文社
公益財団法人児童育成協会（2020）『児童保護措置費・保育給付費手帳（令和元年
　　度版）』
厚生労働省（2017）『平成28年度　全国ひとり親世帯等調査の結果報告』
厚生労働統計協会（2020）『国民の福祉と介護の動向　2020/2021』
堺市（2015）『堺市子ども・子育て支援事業計画』
堺市（2019a）『平成30年度決算附属書』
堺市（2019b）『平成30年度決算説明資料』
総務省（2019）『平成30年度市町村別決算状況調』
中央法規出版編集部（2015）『認定こども園運営ハンドブック』中央法規出版

第5章
国民皆保険システムと地方公共団体

長谷川　千春

5.1　国民皆保険システムと分立構造

　日本の医療保険制度の第1の特徴は，国民皆保険システムをとっていることであり，第2の特徴は，そのシステムが分立する公的医療保険で構成されることである。**図表5.1**は医療保険制度の全体像を示したものである。主な公的医療保険は，地域保険である国民健康保険と後期高齢者医療制度，被用者保険である全国健康保険協会管掌健康保険（協会けんぽ）と健康保険組合管掌健康保険（組合健保）及び各種共済である[1]。

　基本的に国民は，それぞれが居住する地方公共団体が運営する国民健康保険への強制加入となるが（国民健康保険法第5条），被用者保険や後期高齢者医療制度，生活保護等にカバーされるものは適用除外となる（同法第6条）。

　したがって，自営業者や農業従事者，パートタイム雇用や非正規雇用などで勤め先の被用者保険に加入できない者[2]，そして無職者等が地域保険である国民健康保険に加入することとなり，また，被用者保険加入者も失業や退職等で被用者保険の適用がなくなれば，国民健康保険に加入する。

　それゆえに，日本の皆保険システムの基盤は，地方公共団体が運営する国民健康保険（75歳未満）と後期高齢者医療制度（75歳以上）であり，さらに貧困者に対する生活保護（医療扶助，第6章で詳述）であるといえよう。

　再び**図表5.1**をみると，最も加入者（被保険者及び被扶養者）が多いのは全国健康保険協会管掌健康保険であり[3]，2番目に多いのが健康保険組合管掌健康保

図表5.1　医療保険制度の全体像

医療保険		保険者 （保険者数）	加入者数 （万人）	構成比	被保険者の 平均年齢	65-74歳の 加入者数 （万人）	65-74歳の 加入割合
被用者保険	全国健康保険協会管掌健康保険	全国健康保険協会（1）	3941.6	32.1%	45.3歳	304.6	7.7%
	健康保険組合管掌健康保険	健康保険組合（1391）	2953.9	24.0%	42.8歳	99.0	3.4%
	船員保険	全国健康保険協会（1）	11.9	0.1%	47.0歳	1.3	10.9%
	国家公務員共済組合	国家公務員共済組合（20）	217.8	1.8%	42.4歳	2.2	1.0%
	地方公務員共済組合	地方公務員共済組合（64）	552.8	4.5%		5.5	1.0%
	私立学校教職員組合	日本私立学校振興・共済事業団（1）	92.2	0.7%		5.3	5.7%
地域保険	国民健康保険	市町村（1716）	2751.7	22.4%	53.3歳	1189.6	43.2%
	後期高齢者医療制度	後期高齢者医療広域連合（47）	1771.8	14.4%	82.5歳	31.6	1.8%

注：2019年3月末時点。ただし，被保険者の平均年齢については，国民健康保険及び後期高齢者医療制度は2018年9月末時点，被用者保険は2018年10月1日時点，共済組合は2017年9月末時点。また共済組合の65-74歳の加入者数及び加入割合は，2017年度平均。
注：国民健康保険には，自営業者らで構成される国民健康保険組合もあるが，ここには含んでいない。国民健康保険組合の保険者数は162，加入者数は273.9万人，加入者の平均年齢は39.9歳，65-74歳の加入者数は34.2万人である（2019年3月末時点）。
出所：厚生労働省（2019a，2019b，2020a，2020b，2020c）より作成。

険，3番目に国民健康保険となっている。しかし，前出**図表0.2**（序章）で，社会保険制度における「医療」の支出をみると，その合計の対GDP比率は7.20％であり，それぞれの同比率は，全国健康保険協会管掌健康保険が1.06％，組合管掌健康保険が0.75％，国民健康保険が1.70％，後期高齢者医療制度が2.76％で，後期高齢者医療制度が最も多く，2番目に国民健康保険となっている。

　これは，序章でみたように，高齢者の方がより多くの医療費を必要としており，そのため高齢者の加入割合が高い国民健康保険及び後期高齢者医療制度において，医療保険からの給付（以下，保険給付）もより多くなっていることを反映しており，そういう意味でも，皆保険システムの基盤はこれらの地域保険（国民健康保険，後期高齢者医療制度）である。

　序章でみたように，分立する医療保険制度の間には財政基盤の格差はあるが，それを均すための財政調整メカニズムが働くので，それぞれの制度に共通する

給付内容（疾病，負傷，出産，死亡）を維持できるのである[4]。

　保険給付の対象となる医療サービスの公定価格である診療報酬によって計算された医療費と，保険医療で使用できる医薬品の公定価格である薬価基準によって計算された薬剤費については，3歳未満の乳幼児についてはその額の80%，3歳から69歳の者についてはその額の70%，70歳以上の者についてはその額の90%（ただし，現役並み所得がある場合は70%）が保険給付される。

　医療費等から保険給付される部分を除いた額を，患者一部負担として，医療サービス等を受けた加入者本人が医療機関等に直接支払うこととなる。患者一部負担が高額となる場合は，所得と年齢に応じて，自己負担を軽減するために上限を超える部分を国民健康保険が給付する高額療養費制度がある（地方公共団体が独自に患者一部負担を軽減する医療福祉制度もあるが，これについては第6章を参照）。また，加入者本人や加入者の被扶養者である配偶者が出産した場合に現金給付される出産育児一時金，加入者が死亡した場合に現金給付される埋葬料等がある[5]。

　それでは，日本の皆保険システムの基盤となる国民健康保険と後期高齢者医療制度について，地方公共団体の財政構造に焦点を当てながら，立ち入って検討しよう。

5.2　国民健康保険：「現場」の業務と財政的枠組み

　国民健康保険の実施責任（保険者）は，都道府県及び当該都道府県内の市町村（特別区を含む，以下同様）である[6]。2018年3月までは，市町村のみが，国民健康保険を実施することが義務づけられていたが，2018年4月より，国民健康保険の実施責任は，都道府県が市町村（特別区含む）とともに担うことになった（詳細は［コラム：国民健康保険の都道府県化］参照）。

　国民健康保険の都道府県化により，都道府県が財政運営の責任主体となったが，住民サービスとしては従来通り，市町村の役所に国民健康保険の加入・脱退等の届出や被保険者証の交付の手続きを行う窓口があり，保険料（税）の賦

課・徴収も市町村が行っている。また，都道府県と市町村はそれぞれ，国民健康保険事業の歳入・歳出を管理するため，一般会計とは別に国民健康保険特別会計を設けている。

●コラム：国民健康保険の都道府県化

　2015年5月に成立した，持続可能な医療保険制度を構築するための国民健康保険法等の一部を改正する法律に基づき，2018年度から，国民健康保険の実施責任が，市町村及び特別区から，都道府県及び当該都道府県内の市町村（特別区含む）となり，国民健康保険の運営を協力して行うということになった（国民健康保険法第3条）。市町村に代わって，都道府県が財政運営の責任主体となることで，安定的な財政運営や効率的な事業の確保等の国保の運営の中心的な役割を担い，制度を安定化することを目的としたものである。

　都道府県が財政運営の責任主体となるということを具体的にみると，都道府県は，第1に都道府県内の統一的な運営方針としての国保運営方針を示し，市町村に対して，広域的な観点から事務の効率化，標準化を促す。第2に，市町村ごとの医療費水準と所得水準を考慮して各市町村の標準保険料率を提示する。市町村はその標準保険料率を参考にして独自に保険料率を決定し，賦課・徴収する。第3に，市町村はその国民健康保険料を主たる財源として，都道府県に国民健康保険事業費納付金を納付する。第4に，地域住民と身近な関係の中，資格管理，保険給付，保健事業等，地域におけるきめ細かい事業については，市町村が従来通り担当する。第5に，市町村が保険給付を行うために必要な費用は，都道府県から保険給付費等交付金として配分されるが，その財源として上記の市町村から国民健康保険事業費納付金に加えて，国からの支出金，都道府県の一般会計からの支出金，そして現役世代からの前期高齢者交付金（後述）がある。第6に，都道府県レベルの国民健康保険特別会計では，市町村が都道府県に納付する国民健康保険事業費納付金を財源に，後期高齢者支援金や前期高齢者納付金，介護納付金等も支出される。

　なお，国保改革に伴い，①保険者努力支援制度（予防・健康づくり等の取り組みによる医療費適正化の推進状況に応じて，国が都道府県及び市町村を財政支援），②特別高額医療費共同事業（著しく高額な医療費（1件420万円超）について，都道府県からの拠出金を財源に全国レベルで財政調整する再保険事業），③高額医療費負担金（高額な医療費（1件80万円超）に対する国と都道府県の租税資金の投入）が新たに創設された。

〔長谷川　千春〕

　国民健康保険の主な財源は，被保険者の保険料（税），市町村の一般会計からの繰入，国庫支出金（定率国庫負担及び調整交付金等），都道府県繰入金等である。医療給付費等の総額のうち，後述する被用者保険からの前期高齢者医療費負担への財政支援である「前期高齢者交付金」を除く残りの部分については，保険料50％，国・都道府県の租税資金50％で賄うことを原則としている。

　また，前出**図表0.2**（序章）で国民健康保険全体の収入・（2018年度の対GDP比率）をみると，被保険者の拠出（0.58％）は社会保険料であるが，それを上回る国庫負担（0.68％）と，「他の公費負担」（0.32％：都道府県及び市町村からの財政資金）がある。すなわち，被用者保険に比べて，自営業者や無職者の加入者が多い国民健康保険は財政的に弱く，また高齢者の比率も高いので，被保険者の社会保険料の約1.7倍の租税資金が投入されている。

　図表5.2は，都府県及び市町村の国民健康保険事業の歳入・歳出状況を示した全体構造である。第1に，都道府県の国民健康保険事業特別会計の歳入11.5兆円の主要項目は，市町村の国民健康保険事業特別会計からの納付金（被保険者の保険料と市町村の一般会計繰入）3.7兆円と国庫支出金3.3兆円，都道府県一般会計からの繰入金（他会計繰入金）0.7兆円，前期高齢者交付金（後述のように，現役世代の被用者保険等から65-74歳の前期高齢者の医療給付への支援：序章・**図表0.2**における国民健康保険への「他制度からの移転」に該当）3.6兆円である。[7]

　第2に，それらの財源から，市町村の特別会計に保険給付費等交付金9.0兆円が支出されるが，さらに第3に後期高齢者医療制度（1.6兆円）や介護保険制度（0.6兆円）への負担金が納付され，これらは，序章**図表0.2**における国民健康保険から「他制度への移転」に該当する。

　第4に，市町村の特別会計をみると，歳入の保険税（料）2.7兆円と一般会計繰入（他会計繰入金）1.2兆円が，主として歳出の都道府県の国民健康保険事業納付金3.6兆円に回され，歳入の都道府県からの保険給付費等交付金9.0兆円が歳出の保険給付費8.8兆円に使われている。[8]

図表5.2　国民健康保険事業特別会計の全体像（2018年度決算ベース）

【市町村事業勘定】　　（億円）

歳　　入	134,577	100%
保険税（料）	26,742	19.9%
国庫支出金	45	＊
都道府県支出金	90,232	67.0%
（1）保険給付費等交付金	90,183	67.0%
（2）財政安定化基金交付金	0.1	＊
（3）財政補塡的なものその他	49	＊
他会計繰入金	11,850	8.8%
（1）財源補塡的なもの	2,057	1.5%
（2）保険基盤安定制度に係るもの	6,706	5.0%
（3）その他のもの	3,086	2.3%
基金繰入金	430	0.3%
繰越金	4,725	3.5%
その他	982	0.7%
歳　　出	132,124	100.0%
総務費	2,134	1.6%
保険給付費	87,966	66.6%
国民健康保険事業納付金	36,460	27.6%
財政安定化基金拠出金	2	＊
保健事業費	1,170	0.9%
基金積立金	1,593	1.2%
その他	2,801	2.1%

【都道府県】　　（億円）

歳　　入	114,626	100%
国民健康保険事業費納付金	36,522	31.9%
国庫支出金	33,271	29.0%
（1）療養給付費等負担金	23,004	20.1%
（2）高額医療費負担金	879	0.8%
（3）特別高額医療費共同事業負担金	60	0.1%
（4）特定健康診査等負担金	158	0.1%
（5）調整交付金	8,140	7.1%
（6）保険者努力支援交付金	667	0.6%
（7）財政安定化基金補助金	297	0.3%
（8）その他	65	0.1%
療養給付費等交付金	623	0.5%
前期高齢者交付金	36,403	31.8%
特別高額医療費共同事業交付金	107	0.1%
他会計繰入金	7,281	6.4%
（1）特定健康診査等負担金分	158	0.1%
（2）都道府県繰入金分	6,161	5.4%
（3）高額医療費負担金分	875	0.8%
（4）財源補塡的なもの	6	＊
（5）その他	82	0.1%
基金繰入金	356	0.3%
（1）財政安定化基金繰入金	333	0.3%
（2）その他の基金繰入金	22	＊
繰越金	56	＊
その他	7	＊
歳　　出	112,464	100.0%
総務費	17	＊
保険給付費等交付金	90,224	80.2%
後期高齢者支援金等	15,954	14.2%
前期高齢者納付金等	68	＊
介護納付金	5,757	5.1%
特別高額医療費共同事業拠出金	107	0.1%
財政安定化基金支出金	17	＊
（1）財政安定化基金積立金	313	0.3%
（2）その他基金積立金	1	＊
保健事業費	6	＊
操出金	0	＊
基金積立金	313	0.3%
その他	1	＊

注：＊は0.05％未満。
出所：総務省（2020）より作成。

　次に，京都府・京都市を例に，国民健康保険事業の具体的な実態に立ち入ってみよう。

　国保事業の最前線となる京都市では，加入（退職等によって被用者保険から脱退したとき，市外から転入してきたとき，生活保護を受けなくなったとき等）や脱退等の手続きや，国民健康保険料の算定と徴収の業務がある。加入者は保険料の納付義務に対応する形で被保険者証が交付される。この保険料納付義務と被保険者証交付による給付が最重要な仕組みであり，納付義務が果たされない場合に用意される対策と救済の仕組みが，次の第6章のテーマである。［コラム：京都市の国民健康保険の保険料］にみるように，国民健康保険料には，加入者への保険給付に充てる分（医療分）だけではなく，後期高齢者支援分，40歳から64歳までの介護保険の第2号保険料分（介護納付金分）も合わせて算定され，徴収される。

　京都市の国民健康保険は，構造的な問題として，(1) 低所得者の加入割合の高さ，(2) 高齢者の加入割合の高さ，(3) 医療費や保険料の地域格差，が指摘される。京都市の場合，他の政令指定都市と比べても，低所得者の加入割合が高い。被保険者の所得状況をみると，基礎控除（33万円）後の総所得額が100万円以下の世帯が77.1％を占めており，保険料減額適用率は80.6％と政令指定都市で最も高い（2019年3月末時点）。前期高齢者の加入者も増加傾向にあり，2018年度平均で被保険者の39.1％を占めている[9]。

　図表5.3は，京都府及び京都市の国民健康保険事業特別会計の歳入と歳出を示したものである。第1に，京都市の歳入1,463億円の中で，被保険者からの保険料251億円（医療分169億円，後期高齢者支援分61億円，介護分21億円。［コラム：京都市の国民健康保険料］を参照）は歳出の中の国民健康保険事業費納付金375億円（医療分256億円，後期高齢者支援分87億円，介護分31億円）として京都府の特別会計に回っており，納付金と保険料の差額114億円は，歳入の一般会計繰入金156億円から賄われている。したがって，一般会計繰入金の残りは歳出の保健事業（第1章第5節で説明されている）等に使われるのであろう。

　第2に，京都市の歳出にある保険給付費974億円は，歳入の京都府支出金

図表5.3　京都府・京都市の国民健康保険事業特別会計（2018年度決算）

【京都府】	（億円）		【京都市】	（億円）	
歳　　入	2318.3	100%	歳　　入	1462.8	100%
国民健康保険事業費負担金	661.8	28.5%	保険料収入	251.3	17.2%
（1）医療給付費負担金	452.7	19.5%	（1）医療分	169.4	11.6%
（2）後期高齢者支援金等負担金	156.4	6.7%	（2）後期高齢者支援分	60.8	4.2%
（3）介護納付金負担金	52.7	2.3%	（3）介護分	21.1	1.4%
国庫支出金	671.7	29.0%	国庫支出金	＊＊	＊
（1）国庫負担金	470.1	20.3%	府支出金	987.0	67.5%
（2）国庫補助金	201.6	8.7%	一般会計繰入金	156.1	10.7%
一般会計繰入金	138.3	6.0%	繰越金	54.1	3.7%
財政安定化基金繰入金	15.5	0.7%	その他	14.1	1.0%
療養給付費等交付金	11.6	0.5%	うち京都府基金貸付金	11.3	0.8%
前期高齢者交付金	816.9	35.2%	歳　　出	1449.7	100.0%
特別高額医療費共同事業交付金	2.5	0.1%	保険給付費	974.2	67.2%
その他	＊	＊	国民健康保険事業費納付金	375.3	25.9%
歳　　出	2286.1	100.0%	（1）医療分	256.0	17.7%
国民健康保険運営費	2286.1	100.0%	（2）後期高齢者支援分	87.3	6.0%
（1）負担金, 補助金及び交付金	2267.9	99.2%	（3）介護分	30.5	2.1%
うち, 保険給付費等交付金	1831.8	80.1%	（4）退職者分	1.5	0.1%
うち, 後期高齢者支援金等	321.5	14.1%	その他（保健事業費等）	100.2	6.9%
うち, 介護納付金	110.1	4.8%			
（2）貸付金	11.6	0.5%			
（3）積立金	6.2	0.3%			
（4）その他	0.4	＊			
その他	＊	＊			

注：＊は0.05％未満，＊＊は0.05億円未満。
出所：京都府（2019a, 2019b, 2019c）及び京都市（2019a, 2019b）より作成。

987億円から賄われるが，それは京都府の歳出にある国民健康保険運営費から交付される。

　第3に，京都府特別会計の歳入2,318億円の中では，京都市等の市町村からの国民健康保険事業費負担金662億円（医療分453億円，後期高齢者支援分156億円，介護分53億円。上述のように被保険者の保険料に加えて市町村の一般会計からの繰入金を含む）があるが，それを上回る規模の国庫支出金672億円や京都府一般会計からの繰入金138億円という財政資金の投入があり，さらに，現役世代の医療保険料からの前期高齢者交付金という財政支援がある。

148

　第4に，上述のように，京都府特別会計の歳出においては，市町村への交付金が最も大きな費目となっているが，市町村から納付された後期高齢者支援分156億円，介護分53億円に，京都府の負担分を加えた後期高齢者支援分322億円，介護分110億円が，それぞれ後期高齢者医療制度と介護保険制度への納付金となっている。

　第5に，京都府の歳入の国庫支出金のうち国庫負担金には，保険給付に係る国の定率負担分だけではなく，80万円を超える高額医療費のレセプトを対象とした医療費への国の負担分，420万円を超える特別高額医療費を全国で共同負担する事業への国の負担分（予算の範囲内で一部補助）等が含まれる。また国庫補助金には，都道府県間の財政力の不均衡を調整するための普通調整交付金と，特別な事情を考慮して交付される特別調整交付金，都道府県及び市町村の医療費適正化などの取り組みに応じた支援金である保険者努力支援制度交付金等が含まれる。

　以上みたように，現場としての市町村においては，保険料納付の義務と関連づけた被保険者証の交付（給付の権利性）を制度原理とする形で国民健康保険事業が実施され，他方で，都道府県に集約された財政の仕組みの中で，国や京都府の財政資金，さらには現役世代の医療保険制度からの支援を織り込んだ多層的な財政調整メカニズムが，皆保険システムの基盤となる国民健康保険制度を支えていることが理解できる。

●コラム：京都市の国民健康保険の保険料

　国民健康保険料は，(a) 医療給付費分，(b) 後期高齢者支援金分，(c) 介護納付金分を合計したものとして世帯ごとに計算される。保険料（税）の算定方法は市町村により異なり，4方式（(ア) 所得割，(イ) 資産割，(ウ) 被保険者均等割，(エ) 世帯平等割の賦課方式を組み合わせる方式），3方式（(ア) 所得割，(ウ) 被保険者均等割，(エ) 世帯平等割を組み合わせる方式），2方式（(ア) 所得割と (ウ) 被保険者均等割を組み合わせる方式）のいずれかの方法で算定される。京都市の場合，3方式を採用している。

　2020年度の京都市の国民健康保険料を見てみる。

　第1に，(a) 医療給付費分については，(ア) 所得割額（所得に応じて計算する額：[世

帯員各々の前年の総所得金額等－基礎控除（33万円）］×7.56％）と，（ウ）均等割額（世帯の加入者に応じて計算する額：世帯の中で国民健康保険に加入している人数×24,360円）と，（エ）世帯平等割（世帯数に応じて計算する額：1世帯×16,490円）の合計である。ただし，最高限度額が設定されており，（ア）＋（ウ）＋（エ）の合計額が63万円を超えた場合は，63万円となる。

　第2に，（b）後期高齢者支援金分については，（ア）所得割額（所得に応じて計算する額：［世帯員各々の前年の総所得金額等－基礎控除（33万円）］×2.83％）と，（ウ）均等割額（世帯の加入者に応じて計算する額：世帯の中で国民健康保険に加入している人数×8,870円）と，（エ）世帯平等割（世帯数に応じて計算する額：1世帯×6,000円）の合計である。ただし，最高限度額が設定されており，（ア）＋（ウ）＋（エ）の合計額が19万円を超えた場合は，19万円となる。

　第3に，（c）介護納付金分については，40歳から64歳の加入者が世帯内にいる場合に付加される部分であり，（ア）所得割額（所得に応じて計算する額：［世帯員各々の前年の総所得金額等－基礎控除（33万円）］×2.53％）と，（ウ）均等割額（世帯の該当者数に応じて計算する額：世帯の中で国民健康保険に加入している40歳から64歳の人数×9,410円）と，（エ）世帯平等割（世帯数に応じて計算する額：該当者のいる世帯数×4,750円）の合計である。ただし，最高限度額が設定されており，（ア）＋（ウ）＋（エ）の合計額が17万円を超えた場合は，17万円となる。

　例えば，父（自営業，45歳，所得500万円），母（無職，42歳），長男（学生，18歳），次男（高校生，16歳）の4人家族の国民健康保険料を試算してみよう。

　（a）医療給付費分＝ ｛（500万円－33万円）×7.56％｝（ア）
　　　　＋（2万4,360円×4）（ウ）＋1万6,490円（エ）＝46万6,982円
　（b）後期高齢者支援金分＝ ｛（500万円－33万円）×2.83％｝（ア）
　　　　＋（8,870円×4）（ウ）＋6,000円＝17万3,641円
　（c）介護納付金分＝ ｛（500万円－33万円）×2.53％｝（ア）
　　　　＋（9,410円×2）（ウ）＋4,750円＝14万1,721円
　（a）＋（b）＋（c）＝78万2,344円　となる。

　なお，低所得世帯に対しては，法定減額制度があり，適用されると保険料の応益負担部分である均等割と平等割が減額される（基準額に応じて，2割，5割，7割軽減）。また，京都市独自の制度として，退職，廃業，営業不振などにより前年所得より大幅に減少すると見込まれる場合，自然災害などによる被害にあった場合などに，保険料を減額・減免する制度を設けている。

　2020年度の京都市の一人当たり保険料（予算ベース）は，（a）医療給付費分5万5,100円，後期高齢者支援金分2万0,032円，介護納付金分2万1,381円，合計9万6,513円となっている。　　　　　　　　　　　　　　　　　　　　　　　　〔長谷川　千春〕

5.3 後期高齢者医療制度：広域連合と多層的財政調整

　後期高齢者医療制度の運営主体（保険者）は，［コラム：高齢者医療制度］に
みるように，都道府県ごとに設立された後期高齢者医療広域連合である。特別
地方公共団体である後期高齢者医療広域連合は，都道府県ではなく，当該都道
府県にあるすべての市町村が，後期高齢者医療の事務を処理するために設立し，
加入しなければならないものである（高齢者の医療の確保に関する法律第48条）。

　広域連合は，被保険者の認定，保険証の発行，保険料の決定，医療給付等を
行うが，実際の届出などの窓口は市町村となる。市町村の役所には，保険証の
引き渡し，加入・脱退の届出の受付，給付申請等を行う窓口があり，保険料の
徴収も行っている。

　また，広域連合及び市町村はそれぞれ，一般会計とは別に設ける後期高齢者
医療特別会計で，後期高齢者医療に関する収入・支出を管理しており，市町村
は徴収した保険料をもとに，広域連合に対して納付金を納めなければならない。

　75歳以上の高齢者は，それより若い世代と比べて，相対的に多くの医療費
を必要としている。人口一人当たりの国民医療費は，65歳未満では18.8万円
であるが，65歳以上では73.9万円，75歳以上では91.9万円となっている[10]。ゆ
えに，［コラム：高齢者医療制度］にみるように，65歳以上の高齢者の医療費
については，日本の皆保険システムを構成する各医療保険制度がその医療費を
分担し，さらにその財政調整の仕組みを国や地方公共団体が租税資金の投入に
よって支えるという仕組みがある。

　前出図表0.2（序章）で，後期高齢者医療制度の収入を見てみると，被保険者
の拠出（対GDP比率は0.23％）は，75歳以上の後期高齢者からの社会保険料で
あり，その4.0倍の国庫負担（同0.94％）と，2.2倍の「他の公費負担」（都道府県
と市町村，同0.51％）が投入され，さらに，5.0倍の「他制度からの移転」（各被
用者保険と国民健康保険からの移転，1.15％）がある。すなわち，後期高齢者医
療制度は，後期高齢者の社会保険料の6.3倍の租税資金と，5.0倍の「他制度か

らの移転」（現役世代の健康保険からの財政支援）によって賄われている。

　前出**図表2.9**　後期高齢者医療制度の全体像（市町村及び47都道府県の広域連合の特別会計）で広域連合の歳入の内訳をみると，市町村支出金が2.8兆円（17.3％），都道府県支出金が1.3兆円（7.9％），国庫支出金が5.1兆円（31.9％）となっており，合計9.2兆円で歳入全体の57.2％である。市町村支出金2.8兆円のうち，1.2兆円は後期高齢者医療制度の被保険者による保険料収入である。また歳入で最も大きいのは支払基金交付金であり，6.3兆円で歳入全体の39.2％となっている。支払基金とは，社会保険診療報酬支払基金のことであり，国民健康保険や被用者保険制度を通じて，現役世代が後期高齢者支援分として保険料を負担することで，財政移転が行われている。つまり，現役世代が高齢者世代を財政的に支援するという構図となっている。

　では，京都府・京都市を例に，後期高齢者医療事業の具体的な実態に立ち入ってみよう。

　京都府は15市，10町，1村の計26市町村から構成されており，この26市町村が「京都府後期高齢者医療広域連合」を設立し，府内市町村と連携しながら制度運営を行っている。京都府後期高齢者医療広域連合の事務局は京都市の中心部に位置しており，京都市郊外やその他の市町村からは遠く，住民にとっては，京都市各区役所にある保険年金課や各市町村の役所にある担当課が窓口となっている。ちなみに，京都府全体の65歳以上人口比率は29.2％（75.3万人），75歳以上人口比率は15.2％（39.3万人）である（2019年10月1日時点[11]）。

　図表5.4は京都府後期高齢者医療広域連合及び京都市の2018年度の後期高齢者医療特別会計の歳入歳出決算をまとめたものである。まず，京都府後期高齢者医療広域連合の歳入をみると，市町村支出金が604.2億円であるが，歳入総額3578.5億円の16.9％である。京都市の歳入歳出をみると，市支出金は市町村側にとっては広域連合納付金であり，京都市の場合，189.2億円を納付している。ただ，後期高齢者からの保険料収入は153.3億円であり，差額分は一般会計からの繰入金であり，これは保険給付費に係る市の定率負担分である。

　再び京都府後期高齢者医療広域連合の歳入に戻ると，市町村支出金を上回る

図表5.4 京都府・京都市の後期高齢者医療特別会計（2018年度決算）

京都府後期高齢者医療広域連合　（億円）

歳　　　入	3578.5	100%
市町村支出金	604.2	16.9%
国庫支出金	1152.3	32.2%
府支出金	291.5	8.1%
支払基金交付金	1417.2	39.6%
特別高額医療費共同事業交付金	1.5	＊
繰入金	＊＊	＊
繰越金	108.2	3.0%
諸収入	3.7	＊
歳　　　出	3482.6	100.0%
保険給付費	3417.8	98.1%
府財政安定化基金拠出金	1.4	＊
特別高額医療費共同事業拠出金	1.6	＊
諸支出金	55.5	1.6%
保健事業費	6.3	0.2%

注：＊は0.05％未満，＊＊は0.1億円未満。

京都市　（億円）

歳　　　入	200.4	100%
保険料収入	153.3	76.5%
国庫支出金	0.2	＊
一般会計繰入金	39.8	19.9%
繰越金	＊＊	＊
その他諸収入	0.4	＊
歳　　　出	193.0	100.0%
京都府後期高齢者医療広域連合納付金	189.2	98.0%
事務費	3.5	1.8%
諸支出	0.2	＊

注：＊は0.05％未満，＊＊は0.1億円未満。
注：歳入歳出差引残額7.4億円は，翌年度繰越。

出所：京都市（2019c）；京都府後期高齢者医療広域連合（2019）より作成。

　歳入項目として，国庫支出金（1152.3億円）があり，府支出金（291.5億円）と合わせると1443.8億円あり，歳入全体の40.3％を占めている。

　さらに被用者保険からの後期高齢者医療交付金が社会保険診療報酬支払基金から繰り入れられている。支払基金交付金は1417.2億円で，歳入全体の39.6％となっている。

　次に歳出を見ると，後期高齢者の医療費に対する保険給付費として3417.8億円が支出されており，歳出全体の98.1％を占めている。保険給付費に対する支払基金交付金の割合は41.5％である。つまり保険給付費の約4割が被用者保険からの財政支援により賄われているのである。

　以上のことから，後期高齢者医療制度は，当該都道府県下のすべての市町村が加入する広域連合が被保険者証の発行を行うが，最前線である各市町村が，保険料納付の義務と関連づけて被保険者証の引き渡しを行うことで，高齢者医療費についても「給付の権利性」を制度原理とする形で事業が実施されている。他方で，都道府県に集約された財政の仕組みの中で，国や京都府の財政資金，さらには現役世代の医療保険制度からの支援を織り込んだ多層的な財政調整メ

カニズムが，後期高齢者の医療費を支えていることが理解できる。

> **●コラム：高齢者医療制度**
>
> 　高齢者を対象とした医療保障制度は，2008年度に，老人保健制度から後期高齢者医療制度と前期高齢者に係る保険間の費用負担の調整へと移行した。
>
> 　1983年の老人保健法に基づき，市町村が運営する老人保健制度が創設された。その目的は，サラリーマン等の被用者が退職後に，それまでに加入していた被用者保険から国民健康保険に移ることで，国民健康保険に高齢者が集中することとなり，社会全体での人口高齢化と医療費膨張を背景として，国民健康保険に医療費負担が過度に集中することへの対応策としてであった。75歳以上の高齢者の医療給付費については，国民健康保険または被用者保険からの拠出金，さらに国や都道府県，当該市町村からの租税資金を財源として，国民全体で高齢者医療費を支える仕組みとして機能してきた。
>
> 　2006年の老人保健法の全面的改正により高齢者の医療の確保に関する法律が施行され，2008年度から後期高齢者医療制度が創設されたことでの主な変化は以下の点である。
>
> 　第1に，75歳以上の後期高齢者は，後期高齢者医療制度に加入することとなり，それまで被保険者または被扶養者として加入していた国民健康保険または被用者保険から一律で脱退し，移行することとなった。したがって，後期高齢者一人ひとりが被保険者となり後期高齢者医療保険料を，最寄りの市町村に支払う（原則として，年金から天引き）こととなった。
>
> 　第2に，運営主体（保険者）は，都道府県ごとに設立された後期高齢者医療広域連合となり，これまで医療費給付を担ってきた市町村は当該都道府県の広域連合に加入することとなった。後期高齢者医療保険料は各広域連合が決定することとなり，原則として同じ都道府県で同じ所得であれば同じ保険料である。
>
> 　第3に，後期高齢者医療制度の歳入については，高齢者が納める後期高齢者医療保険料（医療給付費の1割）と，74歳以下の者が加入する被用者保険や国民健康保険等からの支援金（同4割），そして国・都道府県・市町村からの租税資金（同5割）という構成で明確化された。
>
> 　第4に，65歳以上74歳以下の前期高齢者についても，前出図表4.3（第4章）で見たように，現役世代と比較するとより多くの医療費がかかることと，前期高齢者の約7割が国民健康保険に加入している状況から，前期高齢者の医療費負担についても新たに保険者間での費用負担の調整の仕組みが創設された。国民健康保険と被用者保険における前期高齢者の加入率に応じて，社会保険診療報酬支払基金を通じて，全国平均加入率を下回る被用者保険は納付金を拠出し，それを上回る国民健康保険は交付金を受け取るとい

う仕組みである。

　このように，75歳以上の後期高齢者の相対的に重い医療費を，日本の皆保険システムを構成する各医療保険制度が分担し，さらに財政調整の仕組みを政府部門の租税資金の投入によって支え，65歳以上74歳未満の前期高齢者の医療費については，相対的に加入者の年齢が若い被用者保険が支えるというのが基本的な仕組みといえる。

〔長谷川　千春〕

　国民皆保険システムの基盤である国民健康保険及び後期高齢者医療制度は，いずれも地域保険として，その事業運営を地方公共団体が担当している。ただし，それらの制度は，各保険加入者による保険料だけではなく，市町村や都道府県，国からの財政資金の繰入があり，さらに被用者保険制度からも支援金が投入されることで，国民全体で支えるという枠組みの中で運営されているのである。

【注】

1) 社会保険の中で医療支出を行うものとしては，私学共済（日本私立学校振興・共済事業団），労働者災害補償保険，国家公務員共済組合，地方公務員共済組合，船員保険等があるが，本章では本文に記載する代表的な医療保険を取り上げて，それらの特徴と財政調整の基本構造を示すこととする。

2) 法改正により，2016年以降，一定の条件を満たす短時間労働者を対象に被用者保険（厚生年金及び健康保険）の適用拡大を進めてきている。具体的には，2016年10月以降，①500人超の企業で，②週労働時間20時間以上（所定労働時間で判断），③月収8.8万円以上（年収換算で約106万円以上，所定内賃金のみで判断），④勤務期間1年以上見込み等の要件を満たす短時間労働者に適用拡大した。2017年4月以降，500人以下の企業で，労使合意に基づき，企業単位で，②〜④の要件を満たす短時間労働者に適用拡大を可能とした。2020年の法改正では，④の要件を撤廃（フルタイム被用者と同様2か月超の要件を適用）することとし（2022年10月以降），100人超の企業については2022年10月以降，50人超の企業については2024年10月以降に，②，③の要件を満たす短時間労働者に適用拡大することとした。ただし，学生は適用除外となっている。詳しくは，厚生労働省（2020e）。

3) 健康保険組合は，単独の場合は700人以上，共同の場合は3,000人以上の被保険者を使用する事業主が設立し，健康保険事業を行うものであるが，この条件を満たす事業主に対して組合設立が義務づけられているわけではない。ゆえに，同様の規模の事業主であっても，健康保険組合が設立されていない，あるいは

解散された場合には，その従業員と扶養家族は，協会管掌健康保険に加入することとなる。そういう意味では，協会管掌健康保険は，被用者保険の基礎的制度ということもできる。

4) 本書の姉妹編である渋谷 (2014)『福祉国家と地域と高齢化【改訂版】』の第3章「医療保険」では，「基本的に，財政基盤の強弱にかかわらず，同じ給付内容であり，このような公平性を維持するために・・・財政調整的な仕組みが存在している」(64頁) と強調している。

5) 国民健康保険及び後期高齢者医療制度では，被用者保険において実施されている傷病手当金，出産手当金については任意給付であり，実際に実施されていない。

6) 同種の事業や業務に従事する者300人以上で組織される国民健康保険組合も，国民健康保険の保険者ということになるが，本章では割愛する。現在，国民健康保険組合を設立している主な業種は，医師，歯科医師，薬剤師，食品販売業，土木建築業，理容美容業，浴場業，弁護士等である。

7) 図表5.1で各医療保険の加入者の平均年齢をみると，国民健康保険が被用者保険と比べて高くなっている。これは，退職に伴ってそれまで加入していた被用者保険から国民健康保険に移行する者が多いためである。65-74歳の前期高齢者の約68％が国民健康保険に加入しており，国民健康保険加入者の約43％が前期高齢者となっている。

8) 国民健康保険の財源の50％を保険料で調達することは実際上困難であることから，国保財政には複数の財政調整のメカニズムが設けられている。第1に，市町村の歳入にある「他の会計繰入金 (2) 保険基盤安定制度に係るもの」である。保険基盤安定制度とは，保険者支援制度及び保険料軽減制度のことである。保険者支援制度は，保険料の軽減対象者数に応じ平均保険料算定額の一定割合を公費で支援するものであり，国1/2，都道府県及び市町村がそれぞれ1/4ずつ負担することで，低所得者が多い市町村の財政基盤の強化を図っている。また保険料軽減制度は，低所得者の保険料軽減相当分を公費で支援するものであり，都道府県が4分の3，市町村が4分の1を負担する。

　第2に，都道府県の歳入・歳出にある「特別高額医療費共同事業」及び「高額医療費負担金」による高額医療費共同事業である。これらの制度は，高額な医療費の発生による国保財政の急激な影響の緩和と費用負担の公平の観点から設けられた再保険事業である。「特別高額医療費共同事業」は，2018年度から開始されたものであり，都道府県を対象に，1件420万円超の著しく高額な医療費について，全国で費用負担を調整するものである。この共同事業の実施主体は，公益社団法人国民健康保険中央会であり，都道府県は毎年拠出金を負担している（国も予算の範囲内で一部を負担）。高額医療費共同事業は，1件80万円超の高額な医療費について，都道府県単位で費用負担を調整するものである。国と都道府県がその医療費の4分の1ずつを負担することで，市町村単位での国民健

康保険財政への急激な影響の緩和を図るものである。

　第3に，2018年度より，都道府県は新たに財政安定化基金を設置することとなった。一般会計からの決算補填のための繰入を回避できるよう，保険料の収納が不足する市町村に対する貸付・交付や，都道府県の国民健康保険特別会計において見込みを上回る給付増により財源不足が生じた場合に取り崩して資金を賄うことで，国民健康保険財政の安定化を図るとされている。国は，2018年度に1,700億円の予算を確保して都道府県に配分し，2020年度までに都道府県による積立により事業規模を2,000億円とすることが目標とされた。実際に市町村への貸付や取り崩しが行われた場合は，その翌々年度から償還計画に基づき，国・都道府県・市町村が1/3ずつ負担して償還される。

9）京都市（2019d）。

10）厚生労働省（2020d）。

11）総務省「人口推計」による。

12）国庫支出金には，保険給付費に係る国の定率負担分だけではなく，80万円を超える高額医療費のレセプトを対象とした医療費への国の負担分，400万円を超える特別高額医療費のレセプトのうち200万円を超える部分について全国の広域連合で共同負担する事業への補助，保険料や一部負担金の軽減・減免への補助金，そして各広域連合の財政力に応じて交付される調整交付金などが含まれる。府支出金には，保険給付費に係る府の定率負担分だけではなく，80万円を超える高額医療費のレセプトを対象とした医療費への府の負担分，保険料軽減への補助金，そして，後期高齢者医療財政安定化基金が含まれる。財政安定化基金とは，予期せぬ保険給付費増や保険料未納により財源不足となった場合や，保険料上昇の抑制に対応する場合に，広域連合に対して貸付や交付を行うため，国・都道府県・広域連合が3分の1ずつ拠出して，都道府県に後期高齢者医療財政安定化基金を設置している。

【参考文献】

京都市（2019a）『平成30年度　京都市国民健康保険事業特別会計歳入歳出決済』

京都市（2019b）『平成30年度　京都市決算実績報告　保健福祉局決算の概要』

京都市（2019c）『平成30年度　京都市一般会計等決算審査意見及び基金運用状況審査意見』

京都市（2019d）『京都市国民健康保険事業運営計画』

京都府（2019a）「平成30年度　京都府歳入歳出決算書」

京都府（2019b）「平成30年度　京都府歳入歳出決算事項別明細書」

京都府（2019c）「京都府国民健康保険協議会資料　2019年11月29日」

京都府後期高齢者医療広域連合（2019）「平成30年度　京都府後期高齢者医療広域連合　後期高齢者医療特別委員会計歳入歳出決算書」

厚生労働省（2019a）『平成30年　健康保険・船員保険被保険者実態調査報告』

厚生労働省（2019b）「医療保険に関する基礎資料〜平成29年度の医療費等の状況〜」

厚生労働省（2020a）『令和2年版　厚生労働白書・資料編』

厚生労働省（2020b）『平成30年度　国民健康保険実態調査』

厚生労働省（2020c）『平成30年度　国民健康保険事業年報』

厚生労働省（2020d）「平成30年度　国民医療費の概況」

厚生労働省（2020e）「年金制度の機能強化のための国民年金法等の一部を改正する
　　法律　参考資料集（令和2年法律第40号，令和2年6月5日公布）」

渋谷博史（2014）『福祉国家と地域と高齢化【改訂版】』学文社

総務省（2020）『地方財政統計年報（平成30年度）』

第6章
市町村と医療福祉

長谷川 千春

　日本の医療保障は，すべての国民が公的医療保険に加入することが義務づけられる国民皆保険システムといわれる。その特徴は，第1に，第5章でみたように，その皆保険システムは多層的な財政調整メカニズムで支えられる分立的な構造であり，国及び地方公共団体の財政資金が投入される。ところが，第2に，公的医療保険は社会保険の原理に基づいており，加入者の保険給付を受ける権利（受給権）は，保険料の納付が最重要な要件となっている。したがって，第3に，低賃金，貧困，失業，自営業者の倒産等によって保険料の納付義務を果たすことが困難な場合には，セーフティネットとして医療扶助（財政資金による生活保護制度の一環）がある。すなわち，正確にいえば，日本の医療保障は，公的医療保険（社会保険）による皆保険システムとセーフティネットとしての医療扶助で構成されるシステムといえよう。

　ところが，公的医療保険による皆保険システムとセーフティネットの医療扶助の「隙間」に落ち込む人々が多数発生して社会問題となっている。例えば，保険料負担困難者がすべて生活保護を申請するわけではなく，また申請しても受給が認められないこともある。したがって，保険料を拠出できない人々に対して，セーフティネットが全面的に機能できないときには，公的医療保険と医療扶助の「隙間」に「無保障者」を生み出すこととなる。

　本章では，第5章でみた皆保険システムを補完して支えるセーフティネットの医療扶助や医療福祉制度について，地方公共団体が担う「福祉国家の最前線」に視座を置いて検討し，さらに，その「隙間」に落ち込む「無保障者」についても考察する。

6.1　セーフティネットとしての生活保護（医療扶助）

6.1.1　医療扶助の仕組み

　まず，医療扶助の仕組みについてみてみよう。生活困窮や病気などを理由に生活保護を受給することとなった場合，ほとんどの被保護者あるいは要保護者[1]は国民健康保険から脱退し，扶助の一種である「医療扶助」でその医療費をカバーされることになる[3]。医療扶助の仕組みは［コラム：医療扶助の手続きと流れ］の通りであるが，他の扶助と同様，原則として申請して認められた場合に開始される。医療扶助は，被保護者に対する金銭給付ではなく，現物給付すなわち医療サービスや薬剤などの「現物」を提供するのが原則である。その現物に対する対価である診療報酬は，市町村から社会保険診療報酬支払基金を通じて，財政資金によって指定医療機関に支払われる。

●コラム：医療扶助の手続きと流れ

　生活保護受給者が医療サービス等を必要とする場合，以下のような流れで医療扶助を受けることとなる。

　第1に，医療扶助を受けようとする者は，居住する市町村などが担当する福祉事務所等に保護を申請し（**図表6.1**①），福祉事務所等が医療の必要性を判断したうえで医療扶助の適用を決定する（②）。

　第2に，医療扶助による医療の給付は，生活保護法の指定を受けた医療機関等（指定医療機関）[4]に委託して実施される（生活保護法第34条）（③）。医師の意見を必要とする場合は，福祉事務所から「医療要否意見書」が指定医療機関に送付され，指定医療機関からの返送で必要性が認められて，医療券・調剤券等が発行される。

　第3に，福祉事務所等は，医療券・調剤券または診療依頼書を発行し，要保護者（被保護者）はそれを持って医療扶助のための医療を担当する機関（指定医療機関）を受診することで，必要な医療を受けることができる（④，⑤）。その際には，患者一部負担は発生しない。

　また第4に，医療の給付が2ヵ月以上にわたって必要な場合は，福祉事務所が「事務

図表6.1 医療扶助の流れ

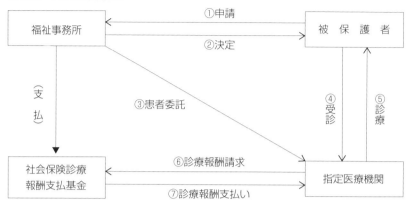

出所：厚生労働統計協会（2020）193頁をもとに筆者一部加筆修正のうえ作成。

連絡票」または電話等で，翌月の医療の必要性を確認したうえで，医療券が発行される[5]。

　第5に，指定医療機関は，「医療要否意見書」及び「事務連絡票」への記載は無償で行うこととされている。

　第6に，医療扶助の給付対象は以下のものである。(1)診察（生活保護法による指定医療機関の診療方針や診療報酬については，国民健康保険の診療方針や診療報酬の例による生活保護法第52条），(2)薬剤または治療材料，(3)医学的処置，手術及びその他の治療ならびに施術，(4)在宅における療養上の管理及びその療養に伴う世話その他の看護，(5)病院または診療所への入院及びその療養に伴う世話その他の看護，(6)移送，以上である（生活保護法第15条）。

　第7に，生活保護受給者の医療サービスなどの診療報酬の支払いは，健康保険と同様に，社会保険診療報酬支払基金を介して行われる（⑥，⑦）。

　なお，行き倒れ等により，職権によって急迫保護され緊急入院・手術となった場合には，事後的に生活保護の適用可否が審査されることとなる。　　　　　　〔長谷川　千春〕

6.1.2　医療扶助の実態

　2018年度の生活保護の種類別に扶助人員（1ヵ月平均）をみると，「生活扶助」が185.2万人と最も多く，次いで「住宅扶助」が179.2万人，「医療扶助」が175.1万人となっている。医療扶助の受給者は，被保護者の83.5％となってい

る。また医療扶助受給者の入院・入院外の特徴としては，入院期間が「3ヵ月未満」が56.6％である一方で，「5年以上」が16.3％となっている。入院外では診療期間が「3年以上」が43.5％で，「1年以上3年未満」が20.8％と長期になる割合が高い[6]。

　第1章1.4でみたように，被保護世帯類型でみれば，高齢者世帯がおよそ54％，傷病者・障害者世帯が25％を占めており，より多くの医療を必要とする高齢者や障害者等が生活保護受給者となっている実態がある。

　また，2018年度の生活保護の扶助費総額3.6兆円のうち，医療扶助が1.8兆円（約49％）を占めている[7]。被保護者の増加と高齢化に伴い医療扶助費が増加傾向にあること，また医療全体と比較して一人当たり医療扶助費が高い水準にあること等から[8]，国は市町村に対し，医療扶助の「適正化」を求めている。

　具体的な「適正化」の取り組みのひとつが，医療扶助における後発医薬品の使用促進である。2013年の生活保護法改正により，2014年度から医師が後発医薬品への変更を不可としていない場合には，原則後発医薬品を使用することとした。また医療扶助における後発医薬品の使用割合（数量ベース）の数値目標を掲げ，福祉事務所に対して後発医薬品使用促進計画を策定するよう指示している[9]。

　また，「頻回受診」の適正化への取り組みも求めている。指導のための「訪問指導」を行うよう市町村（福祉事務所）に求めている[10]。

　頻回受診とは，医療扶助による外来患者であって，同一傷病について，同一月内に同一診療科を15日以上受診していることを指し，治療にあたった医師が必要以上の受診と認めた者を指導対象者として適正受診の指導のための「訪問指導」を行うよう市町村（福祉事務所）に求めている[11]。

　図表6.2は，京都府及び京都市における2018年度の生活保護の状況をまとめたものである。京都市の月平均被保護世帯数は3万2,240世帯，被保護人員は4万3,779人であり，京都府全体の中で世帯数，人員ともに約76％を占めている。京都市の保護率は2.98％で，全国平均保護率1.66％，京都府全体の保護率1.28％（2018年度保護率）を大きく上回っている[12]。医療扶助に限ってみると，京都

162

図表6.2　京都府及び京都市の生活保護の状況（2018年度）

	実数（月平均）			扶助費総額（年度）	医療扶助（月平均）	
	被保護世帯数	被保護実人員	保護率		件数	金額
	世帯	人	%	千円	件	千円
京都府全体	42,374	57,486	1.28	95,161,110	45,448	3,812,717
京　都　市	32,240	43,779	2.98	72,918,773	32,094	2,881,499

注：扶助費総額は，事務費，就労自立給付金，及び進学準備給付金を除く。それらを含めた生活保
　　護事業費総額は731.7億円である。
　　就労自立給付金は，2014年7月1日以降に保護廃止になった者で，安定した職業に就いたこと等
　　により保護を必要としなくなった者に対して支給している。
　　進学準備給付金は，2018年7月に，生活保護世帯の子どもの大学等への進学の支援を図ること
　　を目的として開始された。
出所：京都府（2020）及び京都市（2020a）より作成。

市の月平均受給人員は3万2,094人であり，京都府全体の約71％（医療扶助額では約76％）となっている。また京都市の保護費総額（2018年度）は，731.7億円であり，そのほとんど（729.2億円，99.7％）は生活保護扶助費である。京都市の民生費に当たる保健福祉費のうち，生活保護費は36.4％を占めており，最も費用の多い項目となっている。[13]

6.2　地方公共団体の独自の医療福祉制度

　すべての市町村は，当該市町村に住所のある国民健康保険や被用者保険，そして後期高齢者医療制度に加入している高齢者や障害者，子ども等を対象とした医療福祉制度を実施している。高齢者や障害者の福祉や子育て支援のために実施され，市町村によって，その対象となる人や支給内容は異なるが，いずれも患者一部負担を軽減することを目的としたものである。公的医療保険に加入していたとしても，医療機関受診の際にかかる患者一部負担を懸念して，受診を控え，手遅れとなる事例もあり，市町村による医療福祉制度は，医療保障システムとして重要な役割を果たしているといえる。
　ここでは，京都府京都市を事例として取り上げることとする。[14]

6.2.1　京都市の福祉医療費支給制度

　京都市は，市内に住所のある公的医療保険の加入者を対象とした福祉医療費支給制度を実施している。当該制度により，加入者の患者一部負担額の全額あるいは一部を，財政資金により助成している。同制度の適用を受けるためには，健康保険被保険者証（以下，保険証）を持って役所に申請する必要があり，申請後にその適用が判断される。

　受給者と認定されると，対象者に対して受給者証等が交付され，医療機関を受診する際に健康保険証とともに受給者証を提示することで，患者一部負担を軽減ないし免除され，本人に代わって，京都市が助成する。京都府は，府の定めた水準までの医療費助成事業については，府下市町村に対し，その事業費の2分の1を上限に財政補助を行っている。市町村によっては，府の制度に上乗せして独自制度（単独事業）を実施しており，独自制度の事業費については各市町村の予算から支出している。

　図表6.3は，福祉医療費支給制度に関する京都府及び京都市の決算状況（2018年度）をまとめたものである。京都市は，5つの福祉医療費支給制度を実施しており，合計73.5億円支出している。最も多いのが重度心身障害者医療費支給制度で23.2億円，2番目に多いのが子ども医療費支給制度で18.9億円となっている。京都市に対して，京都府は35.9億円を助成しており，そのほとんどは補助金である。京都府による助成はおおむね京都市の事業費の2分の1となっている。京都市以外の京都府下市町村に対する福祉医療費支給事業への助成金額

図表6.3　京都府及び京都市の福祉医療費支給制度の決算（2018年度）　（億円）

	京都市	京都府による助成		
		京都市	京都市以外	府合計
老人医療費	7.2	3.5	5.3	8.8
重度心身障害者医療費	23.2	11.4	8.7	20.2
重度障害老人健康管理費	13.7	6.4	4.8	11.3
ひとり親家庭等医療費	10.4	5.1	4.1	9.2
子ども医療費	18.9	9.5	9.8	19.3
合計	73.5	35.9	32.8	68.7

出所：京都府（2019）；京都市（2019a：2019b）より作成。

は京都市とほぼ同額かやや少なめであるが，老人医療費支給事業については，京都市以外のほうが多くなっている。

では，京都市の福祉医療費支給制度について，もう少し詳しく見てみよう。京都市の福祉医療費支給制度は，5種類ある。

第1に，老人医療費支給制度である。

老人医療費支給制度は，京都府下の市町村が統一の制度として実施している。対象は，65歳以上70歳未満の者である。[15] ただし所得制限があり，前年所得税非課税（本人だけでなく，配偶者，主たる生計維持者いずれも所得税非課税であることが必要）であるという条件がある。申請窓口は，区役所・支所保健福祉センター健康長寿推進課であり，申請に対して受給者として認定した場合，「福祉医療費受給者証（老）」を交付する。この受給者証を医療機関受診の際に提示することで，公的医療保険からの給付が医療費の7割，患者一部負担が3割であるところ，公的医療保険からの給付が7割であることは変わらないが，京都府と京都市の財政資金による支援が1割分を負担することで，結果的に患者が負担する分は2割に軽減される。また高額療養費に該当する程度に医療費が高額である場合には，負担限度額も軽減される。

第2に，重度心身障害者医療費支給制度である。

対象は，74歳以下の重度心身障害児及び障害者であり，健康保険証を使って医療機関等を受診した際の患者一部負担を京都府と京都市が全額助成する（現物給付）。ここでいう重度心身障害児（者）とは，(1) 1級または2級の身体障害者手帳の所持者，(2) 知能指数（IQ）が35以下である者，(3) 3級の身体障害者手帳を持ち，知能指数（IQ）が50以下のいずれかに該当する者であり，所得制限もある。申請窓口は，区役所・支所保健福祉センター健康福祉部障害保健福祉課であり，申請に対して受給者と認定した場合，「福祉医療費受給者証（障）」を交付する。

第3に，重度障害老人健康管理費支給制度である。

対象は，後期高齢者医療制度の加入者であり，ここでいう重度障害は，第2の重度心身障害者と同様である。主には75歳以上の重度心身障害者であるが，

65歳以上で重度の障害がある場合，後期高齢者医療制度の適用を受けることを選択できるため，その場合は，第2の制度ではなく，こちらの制度の申請適用となる。申請においては，所得制限がある。申請窓口は，区役所・支所保険年金課保険給付・年金担当であり，申請に対して受給者と認定した場合，「重障老人健康管理事業対象者証（認定シール）」を交付し，この認定シールを後期高齢者医療被保険者証に貼付して提示することで，医療機関受診の際の患者一部負担を京都府と京都市が全額助成する。

第4に，ひとり親家庭等医療費支給制度である。

対象は，(1) 生計を一にする父又は母がいない18歳到達後最初の3月31日までにある児童，(2) (1) の児童と生計を一にする母又は父，(3) 両親のいない児童と，その児童を扶養する20歳未満の者等のいずれかに該当するものである。この適用を受けるにも所得制限があり，扶養親族が1人の場合，所得（給与収入額から給与所得控除や医療費控除額，寡婦，寡夫控除などの諸控除を差し引いた後の所得）が274万円（給与収入にして約420万円）以上の場合は対象外となる。また児童福祉施設（母子生活支援施設・保育所・通園施設を除く）へ入所していたり，里親へ委託されたりしているとき，あるいは児童福祉法による一時保護児童であるときも対象外となる。申請窓口は，区役所・支所保健福祉センター子どもはぐくみ室であり，申請に対して受給者として認定した場合，「福祉医療費受給者証（親）」を交付する。医療機関受診の際には患者一部負担が不要となり（現物給付），京都府と京都市が助成する。

第5に，子ども医療費支給制度である。同制度については，項をあらためて説明する。

6.2.2　子ども医療費支給制度

京都市の実施する子ども医療費支給制度は，0歳から中学3年生までの子どもを対象としたものであり，[16] 医療機関受診の際の患者一部負担の一部を支給するものである。子ども医療費支給制度のみ，他の福祉医療制度とは違って，所得制限がなく，すべての子育て世帯を対象とした普遍的な制度となっている。

　子が生まれた場合，出生後14日以内に出生届を役所に届け出る必要があるが，その際に母子手帳に出生証明が市長名で出される。この出生証明により，扶養義務者である親の健康保険への加入手続きを行うこととなる。健康保険への加入手続き完了により，子ども名の健康保険証が交付されるので，この交付された健康保険証を持って，子ども医療費支給の申請を役所に行うことで，「子ども医療費受給者証」の交付を受けることができる。

　医療機関を受診する場合には，健康保険証とともに，受給者証を提示することで，患者一部負担を軽減することができるのである。入院の場合は，1ヵ月1医療機関につき200円の自己負担のみ（食費，差額ベッド代は対象外で，全額自己負担）で，実際にかかる患者一部負担との差額については，京都市が直接当該医療機関に支払う。通院の場合は，0〜2歳（3歳の誕生日月の末日まで）は1ヵ月1医療機関につき200円の自己負担であり，3歳〜中学3年生は1ヵ月3,000円[17]までは自己負担がある[18]。

　子ども医療費支給事業は全国すべての市町村が実施しており，またすべての都道府県がそれに対して財政援助を行っている。市町村により対象年齢や所得制限の有無，一部自己負担の有無やその程度が異なっている。

　全国の市町村（1,741市町村（特別区含む）。2018年4月1日時点）の実施状況[19]では，通院に関して，すべての市（区）町村の約58％（1,007市町村）が「15歳になる年度末まで」を対象年齢としており，次いで「18歳になる年度末まで」が約31％（541市町村），「就学前まで」が約5％（81市町村）となっており，「22歳になる年度末まで」を対象としている市町村も一つある。入院に関しては，すべての市町村の約62％（1,082市町村）が「15歳になる年度末まで」を対象年齢としており，次いで「18歳になる年度末まで」が約34％（586市町村）となっている。つまり，より多くの医療費がかかる可能性が高い入院の方が，対象年齢を幅広くしている市町村が多くなっている。

　所得制限については，市町村全体の86％（通院1,494市町村，入院1,495市町村）が「所得制限なし」としている。また，一部自己負担の有無については，通院に関して市町村全体の約63％，入院に関しては同約68％が「自己負担な

し」としている（子ども医療費支給制度の実施状況については［コラム：京都府下の市町村の子ども医療費支給制度］参照）。

···· ●コラム：京都府下の市町村の子ども医療費支給制度 ····

　図表6.4は，京都府下の市町村の子ども医療費支給制度の実施状況をまとめたものである。京都府は，府の定めた水準までの医療費助成事業については，府下市町村に対し，その事業費の2分の1を上限に財政補助を行っている。府下市町村のうち，京都市のみが「府市協調」を掲げて，府の定める水準と同一の子ども医療費支給制度を実施しているが，その他の市町村はすべて，府の基準を上回る独自事業を実施して，子育て世帯のさらなる医療費負担の軽減を図っている。

　府の定める対象年齢基準は，通院，入院ともに中学卒業（15歳になる年度末）までとしており，一部自己負担額は，入院については0歳から中学卒業まで1医療機関あたり月200円，通院については0歳から3歳未満は1医療機関あたり月200円，3歳以上中学卒業までは月1,500円である。京都府下市町村はすべて，所得制限を設けていない。京都市を除く府下市町村の子ども医療費支給事業の内容を見てみる。

　まず，府下市町村の多くが，府の定める対象年齢基準と同じ「中学卒業（15歳になる年度末）まで」であるが，京丹後市，南丹市，京丹波町，伊根町の2市2町が入院・通院ともに「高校卒業（18歳になる年度末）まで」，久御山町が入院のみ「高校卒業（18歳になる年度末）まで」と対象年齢が寛大である。

　次に，一部自己負担の有無については，府下市町村の多くが「あり」としているが，和束町，井手町，南山城村，伊根町の3町1村だけが「なし」としている。ただ「あり」としている場合でも，その一部自己負担の程度には違いがある。入院については，「あり」としている府下市町村の多くが「0歳から中学卒業まで1医療機関200円／月」と府の基準と同じであるが，対象年齢を寛大化している久御山町，京丹後市，京丹波町は「高校卒業まで1医療機関200円／月」，南丹市は「0歳から中学卒業まで1医療機関200円／月，中学卒業後高校卒業まで1医療機関800円／月」としている。通院については，京都市以外のすべての市町村が府の基準を上回る独自事業を実施している。「0歳から中学卒業まで1医療機関200円／月」が最も多く9市5町（2020年4月時点）あり，向日市及び舞鶴市も2020年9月診療分から，中学卒業までの通院の一部自己負担を1医療機関200円／月に軽減している。

〔長谷川 千春〕

　以上のように，市町村及び都道府県が行う福祉医療費支給制度は，地方公共

図表6.4 京都府下の各市町村の子ども医療費支給制度の実施状況 (2020年4月時点)

京都府基準	対象年齢 入院	対象年齢 通院	一部自己負担の有無	一部自己負担額 入院	一部自己負担額 通院
京都府基準	15歳年度末	15歳年度末	あり	3歳未満 医療機関200円/月	3歳以上 中学卒業まで1500円/月 *注1
1 京都市	15歳年度末	15歳年度末	あり	中学卒業まで医療機関200円/月	3歳以上 中学卒業まで1500円/月 *注1
2 向日市	15歳年度末	15歳年度末	あり	中学卒業まで医療機関200円/月	3歳以上 中学卒業まで1500円/月 *注2
3 長岡京市	15歳年度末	15歳年度末	あり	中学卒業まで医療機関200円/月	3歳以上 中学卒業まで1500円/月 *注2
4 舞鶴市	15歳年度末	15歳年度末	あり	中学卒業まで医療機関200円/月	0歳～小学校卒業後～中学卒業まで1500円/月 *注2
5 大山崎町	15歳年度末	15歳年度末	あり	中学卒業まで医療機関200円/月	0歳～中学卒業まで1500円/月
6 亀岡市	15歳年度末	15歳年度末	あり	中学卒業まで医療機関200円/月	0歳～中学卒業まで1500円/月 *注3
7 福知山市	15歳年度末	15歳年度末	あり	中学卒業まで医療機関200円/月	0歳～3歳以上中学卒業まで1500円/日 *注4
8 綾部市	15歳年度末	15歳年度末	あり	中学卒業まで医療機関200円/月	0歳～中学卒業まで医療機関200円/月
9 宇治市	15歳年度末	15歳年度末	あり	中学卒業まで医療機関200円/月	0歳～中学卒業まで医療機関200円/月
10 宮津市	15歳年度末	15歳年度末	あり	中学卒業まで医療機関200円/月	0歳～中学卒業まで医療機関200円/月
11 城陽市	15歳年度末	15歳年度末	あり	中学卒業まで医療機関200円/月	0歳～中学卒業まで医療機関200円/月
12 八幡市	15歳年度末	15歳年度末	あり	中学卒業まで医療機関200円/月	0歳～中学卒業まで医療機関200円/月
13 京田辺市	15歳年度末	15歳年度末	あり	中学卒業まで医療機関200円/月	0歳～中学卒業まで医療機関200円/月
14 木津川市	15歳年度末	15歳年度末	あり	中学卒業まで医療機関200円/月	0歳～中学卒業まで医療機関200円/月
15 宇治田原町	15歳年度末	15歳年度末	あり	中学卒業まで医療機関200円/月	0歳～中学卒業まで医療機関200円/月
16 笠置町	15歳年度末	15歳年度末	あり	中学卒業まで医療機関200円/月	0歳～中学卒業まで医療機関200円/月
17 精華町	15歳年度末	15歳年度末	あり	中学卒業まで医療機関200円/月	0歳～中学卒業まで医療機関200円/月
18 与謝野町	15歳年度末	15歳年度末	あり	中学卒業まで医療機関200円/月	0歳～中学卒業まで医療機関200円/月
19 和束町	15歳年度末	15歳年度末	なし	0円	0円
20 井手町	15歳年度末	15歳年度末	なし	0円	0円
21 南山城村	15歳年度末	15歳年度末	なし	0円	0円
22 久御山町	18歳年度末	18歳年度末 *注5	あり	高校卒業後高校卒業まで医療機関200円/月	中学卒業後高校卒業まで1500円/月
23 京丹後市	18歳年度末	18歳年度末 *注5	あり	中学卒業後高校卒業まで医療機関800円/月	中学卒業後高校卒業まで医療機関200円/月
24 南丹市	18歳年度末	18歳年度末	あり	中学卒業後高校卒業まで医療機関200円/月	0歳～中学卒業まで医療機関200円/月
25 京丹波町	18歳年度末	18歳年度末	なし	高校卒業年度末医療機関800円/月	0歳～高校卒業まで医療機関200円/月
26 伊根町	18歳年度末	18歳年度末	なし	0円	0円

注：1 2019年9月診療分から、京都府による3歳から中学校卒業までの通院の公費負担の基準が、3,000円/月を超えた全額から1,500円/月を超えた金額に引き下げられた。

2 向日市及び舞鶴市は、2020年9月診療分から、記載の対象年齢までの通院の子どもの一部自己負担を1医療機関200円/月に軽減している。

3 亀岡市は、2019年8月診療分まで、多子世帯（子ども3人以上）の通院の一部自己負担を中学卒業まで1医療機関200円/月に軽減していた。

4 京丹後市は、2019年9月診療分については、入院及び通院の一部自己負担を無料に軽減している。入院及び通院について（22歳に達する大学生等に扶養される年齢末まで）の一

5 京丹後市は、2020年8月診療分から、市民税非課税世帯の一部自己負担を1医療機関200円/月に軽減している。

6 保険適用外の食費事代、差額ベッド代、容器代などは医療費支給の対象外である。

出所：各市町村ホームページ及び担当部署への問合せ等に基づき、筆者作成。

団体によりその基準や水準が多様なものとなっている。この多様性の背景には，各地方公共団体の財政力が影響しているが，同時に，住民に最も身近である市町村による高齢者や障害者の医療保障や子育て支援への取り組み姿勢が反映されたものとなっているといえる。[20]

6.3　無保障者問題の顕在化

　日本の国民皆保険システムは，雇用関係をもとにする被用者保険に加入しない自営業者や無職者等に対して，市町村が運営する国民健康保険があり，さらにその背後で支えるセーフティネットとして医療扶助（生活保護の一環）があることは，上述のとおりである。日本においては，すべての国民にいずれかの公的医療保険への加入義務があるため，「無保障」という状況は生じないというのが建前である。しかし，現に「無保障者」が存在するのである。ここでいう「無保障者」あるいは「無保障」状態とは，公的医療保険による給付が受けられない状態であると同時に，生活保護による医療扶助も適用されていない，ということを意味する。[21]

　具体的には，保険料を納付できない状態が長期にわたれば，保険証の期限が切れ，保険医療を受けられない実質的に無保険の状態が生じうる。厚生労働省は，2000年4月に，保険料を1年以上滞納した加入者に保険証を返還させて保険給付を差し止め，代わりに加入者であることを示す資格証明書を交付するよう，国民健康保険の保険者である市町村などに義務づけた。このことが，保険料滞納による「無保障」状態に陥る人を顕在化させている。

　また，失業などを機に勤め先での健康保険を喪失してのち，国民健康保険への加入手続きを取らなければ「無保障」状態は生じてしまう。つまり，雇用関係の途絶（失業）の可能性の高まりが，公的医療保険喪失の危険性を高めている。

6.3.1　保険料滞納による無保障者

　国民健康保険に加入しているが，保険料を滞納して未納状態が長く続くこと

で，実質的に「無保障」状態に陥る人がいる。

　2016年8月8日朝日新聞朝刊で，千葉県の50代女性の事例が紹介されている。

　この50代女性は，「2014年1月の末，胸の痛みに耐えきれず，病院を訪れた」が，その3か月前には胸のしこりに気づいていたものの放置していた結果，「食事がのどを通らないほど痛くなり，救急を受診し」，医師により乳がんと診断された，というのである。医師はすぐに抗がん剤治療を始めようとしたが，この女性が治療をためらったため，ソーシャルワーカーが面談を行い，その中で，この女性が「しばらく前に夫と離婚し，子どもと2人暮らし」であり，「女性の月収14〜15万円が，一家の主な収入」で「アパートの家賃5万3千円をひくと日々食べていくのがやっとで，貯金はほとんどゼロだった」という暮らし向きが明らかとなった。「国民健康保険料も滞納し，保険証は交付されず，国保の「被保険者資格証明書」を持って」おり，「仕事を休めば1日分給料が減るのも，治療を控えた理由だった」というのである。ソーシャルワーカーの勧めで生活保護を申請し，治療を始めたものの，他への転移もあり，2015年11月に息を引き取った，という次第である。

　同記事では，お金がなくても受診できる仕組みとして，生活保護や，無料低額診療[22]という制度もあるが，女性はこれらの制度を利用できていなかったことを指摘している。

　この記事の女性は，非正規雇用であったと推察され，勤め先での被用者保険に加入できていなかった。その場合，国民健康保険に加入することになるが，保険料を滞納し続けた結果，保険証ではなく資格証明書に切り替えられており，実質的に保険診療が受けられない状態であった。保険料滞納が続く過程で，市町村からは保険料納付の督促とともに，必要があれば窓口に相談に来るよう通知がなされたと推測できるが，仕事を休んでまで役所に相談・申請に行くということ自体が困難であったと考えられる。保険料滞納に相応の理由があれば，保険料の減免や滞納分の分納等も考えられたはずであるが，いずれも申請原則

である。また，病状や収入の状況から，国民健康保険ではなくもっと早い段階
での生活保護による救済の可能性もあったはずである。公的医療保険と生活保
護制度の狭間で，この女性は多額の保険料負担を理由に「無保障」状態に陥っ
たと考えられる。

　保険証を返還させ「資格証明書」に切り替えるということは，その被保険者
に対し，受給権を差し止め，保険からの給付を留保するということを意味する。[23]
つまり，もし資格証明書で病院などを受診すれば，その医療費負担は10割自
己負担で，後に保険料を納付して初めて保険給付分（原則，医療費の7割）が還
付されるのである。また，保険料滞納分の一部を納入し分納などを約束するこ
とで，有効期限が1年未満の短期保険証に切り替えられた人もいる。[24]短期保険
証は保険料納付を継続的に行い，更新しなければ期限切れとなり，保険給付を
受けることができない「無保障」状態に陥る。

　図表6.5によると，2018年の国民健康保険の滞納世帯数は267.1万世帯で，全
世帯の14.5％である。そのうち，保険証から資格証明書に切り替えられた世帯
数は17.2万世帯（滞納世帯の約6.4％）で，短期保険証に切り替えられた世帯数
は75.4万世帯（滞納世帯の約28.2％）である。2013年以降でみると，資格証明書

図表6.5　国民健康保険料の滞納世帯数の推移

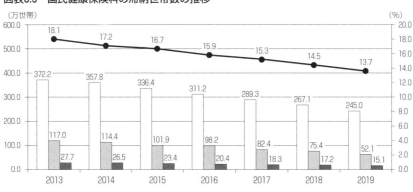

注：1　厚生労働省保険局国民健康保険課調べ
　　2　各年6月1日現在の状況。
　　3　令和元年は令和2年2月までにおける各保険者からの報告による数値である。
出所：厚生労働省（2020e）より作成。

172

を交付された滞納世帯数，短期保険証に切り替えられた滞納世帯数は徐々に減少しているものの，依然として数多く存在する。

　保険料滞納による「無保障」状態の発生は，保険料収納率の状況からも見て取れる（**図表6.6**）。金額ベースでみると，国民健康保険の保険料収納率（収納額／（調定額－居所不明者分調定額）で算出）の全国平均は，2008年度に大幅に低下し，その後収納率が9割を切る状況が2012年度まで続いたが，2018年度には92.85％となっている。政令指定都市及び特別区（91.17％）や中核市（92.13％）よりも，町村部（95.47％）のほうが，保険料収納率は高い。つまり，都市部の方が，生活困窮者がより多く存在することが推察される。政令指定都市及び特別区（東京23区）の保険料（税）収納率をみると，名古屋市が96.14％と最も高い一方で，最も低い東京都新宿区は80.90％となっている。[25]

図表6.6　国民健康保険の規模別保険料収納率の推移（市町村）

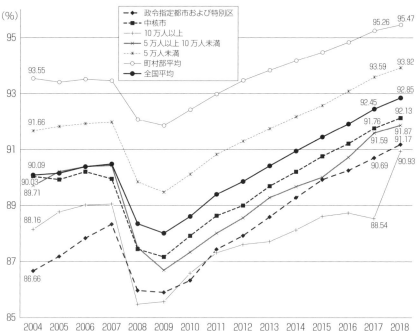

出所：厚生労働省（2020e）より作成。

6.3.2　仕事の途絶に伴う保険喪失のリスク

　倒産や失業等により被用者保険から脱退した人が，国民健康保険への加入手続きをせず，未加入のまま「無保障」状態に陥る危険性もある。

　自発的・非自発的を問わず失業した場合，勤め先での健康保険を喪失することになる。その場合，失業者には主に2つの選択肢がある。[26]第1に，2ヵ月以上連続して被用者保険に加入していた場合，失業した日から20日以内に任意継続の届出を行うことで，最長2年の間その加入を継続することができる（任意継続制度の利用）。ただし，原則労使折半であった保険料は全額自己負担となり，保険料を納付期限までに納付しなかった場合は任意継続被保険者の資格を失う。第2に，任意継続制度を利用しない（できない）場合，市町村で新たに手続きをして国民健康保険へ加入しなければならない。その場合，元の勤務先の被用者保険の資格喪失を証明する書類（脱退証明書）をもって，住民票のある役所に脱退後14日以内に国民健康保険加入の届出をすることで，国民健康保険に加入することとなる。

　いずれの場合でも，一定期限内での届出や加入手続きを取らなければ，前職での保険証が使えなくなり，「無保障」状態に陥る。雇用の流動性が高まることにより，公的医療保険間を移動する必要性も高まるのであり，雇用の切れ目において公的医療保険の途絶のリスクが生じるということである。2008年から2009年にかけての失業リスクの高まりは，とくに非正規雇用において顕著な形で顕在化することになった。[27]国民健康保険への加入は，市町村に住民登録していることが前提であるため，失業とともに会社の寮を退去する等すれば，新しい住所が定まるまで，国民健康保険への加入手続きができない。現在においても，同様の事例があると考えられる。

　また，倒産や失業に直面した場合，経済状態が悪化することが考えられる。そのような状況のもとで，社会保険料の負担を回避するために国民健康保険への加入の手続きを行わず，「未加入」という選択を行うリスクが存在する。

　「未加入」の要因としては，先述の通り一定期限内での届出という手続き上

の問題とともに，国民健康保険の保険料そのものが，被用者保険と比較して相対的に高額になる可能性が高いということがある。国民健康保険に加入する場合，原則保険料は前年の所得をもとに算定されるため，失業等によって収入が途絶して無収入でも，高額な保険料となる可能性がある。また，被用者保険の保険料が応能負担（標準報酬及び標準賞与額に保険料率を乗じて算定）のみであるのに対し，国民健康保険の保険料は応能負担である所得割や資産割だけではなく，加入者一人当たりの定額負担である均等割，一世帯当たりの定額負担である平等割を算定して決定される。**図表6.7**は，国民健康保険（市町村）の平均保険料（税）調定額とその所得に対する割合を示したものであるが，所得に対する保険料調定額の割合は年々高まっており，2015年度では10.2%となっている。[28]

　所得状況に照らして保険料負担が難しく，必要な医療サービスなどを受けることができない状況に備えて，皆保険システムとともに，セーフティネットとして医療扶助（財政資金による生活保護制度の一環）があるはずである。ただ，国としては，［コラム：非自発的失業者の国民健康保険料負担］で述べるように，突然の解雇や雇止めに直面した国民に対しても，皆保険システムの枠組み

図表6.7　国民健康保険（市町村）の保険料（税）調定額と所得に対する割合（一世帯当たり，医療給付費分＋後期高齢者支援金分）

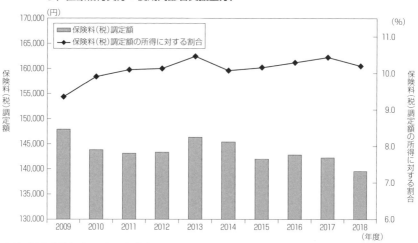

出所：厚生労働省（2020f）より作成。

にとどまらせる方向性を強く打ち出している。

●コラム：非自発的失業者の国民健康保険料負担

　会社の倒産や解雇などで失業した人や有期雇用や派遣雇用などで雇止めにあった人は，隙間なく次の職場に就職できない場合，職域での健康保険の加入資格がなくなり，それに代えて国民健康保険に加入することが義務づけられている。しかし，収入が途絶する中での保険料負担を忌避して，加入手続きをせず「未加入」となるリスクがあることは本文で述べた通りである。

　失業に伴う健康保険加入の途絶のリスクに対し，国は，皆保険システムの枠組みにとどまらせる方向性を強く打ち出している。すなわち，2010年度から，倒産，解雇等の理由により再就職の準備をする時間的余裕がなく離職を余儀なくされた者（とその扶養家族），そして派遣等で有期雇用の労働契約が更新されなかったことなどで離職した者（とその扶養家族）が，国民健康保険に加入する場合には，保険料を軽減する制度を設けている。具体的には，離職した日の翌日の属する月から翌年度末まで最長2年間，対象者の前年の給与所得を30/100と見なして（1）国民健康保険料を計算するとともに，（2）高額療養費等の限度額区分の判定を行う，という軽減措置を行うというものである（非自発的失業者への保険料軽減制度）。保険料の算定に当たっては，「在職中の保険料負担と比較して過重とならないよう」給与所得の軽減水準が定められた。[29]これにより，応能負担である所得割が減額されるだけではなく，応益負担である均等割や平等割も法定軽減による減額（2，5，7割軽減）が適用される可能性がある。

　また，上記の国による法定軽減とは別に，多くの市町村が条例により独自の軽減制度を設けている。京都市の場合，国の軽減制度に該当しない場合でも，失業や廃業，営業不振等で前年所得よりも大幅に所得の減少が見込まれる場合（一般軽減），火災，震災，風水害等の自然災害により家屋やその他の財産に被害を受けた場合あるいは資産の盗難にあった場合（災害軽減），そして被爆者手帳を持っている場合（被爆者軽減）で，保険料の納付が困難であれば，申請により独自軽減が受けられる制度がある。

〔長谷川　千春〕

　公的医療保険はそれぞれ分立しているため，失業等により被用者保険から脱退せざるをえなくなった場合，自ら役所に国民健康保険への加入の届出をしなければ，未加入の状態が生じてしまう。被用者保険と比べて，国民健康保険の保険料は相対的に高く，そのため保険料負担を忌避してあるいは住所不定とな

176

ることで「未加入」という選択をしてしまうリスクがあるのである。[30]

6.4　国民皆保険システムのほころびと地方公共団体

　雇用関係の途絶（失業）に伴う健康保険加入の途絶のリスク，そして過重な保険料負担による市町村国保からの実質的な離脱，という「無保障」問題の顕在化は，20世紀に築いてきた日本の医療保障システムが，21世紀的な社会経済の変化に対応しきれていないということを意味する。

　第2次世界大戦後，日本国憲法に定める福祉国家の理念に基づき，日本は社会保険方式に基づく医療保障システムを構築してきた。すなわち，主権者としての国民は勤労の権利と義務を負い（憲法第27条），その勤労の成果としての収入から社会保険料を拠出することで，病気やケガ等の際には医療給付を受ける権利を有する，というのが基本であるが，生活困窮等により健康で文化的な（最低限度の）生活（同第25条1項）を自立的に営み，社会保険料を拠出することが困難となった際には，公的医療保険ではなく生活保護（医療扶助）により医療費等を賄う。国は社会福祉や社会保障等の向上及び増進に努めなければならないが（同第25条2項），言い換えれば，国は国民が主体的に勤労の権利と義務を果たしうる条件や環境を整える責任があるということである。

　国は，職業，年齢，性別，地域にかかわらずいずれかの公的医療保険に加入できるよう，戦前から存在した被用者対象の健康保険を公的医療保険に包括化し，すべての市町村に国民健康保険事業を義務付け，原則すべての住民を市町村国保の被保険者とする形で一般化することで，分立的な国民皆保険システムを築いた。ただ，公的医療保険に包括化し一般化することは，負担能力の低い被保険者や財政力が低水準の保険者をも公的医療保険に包摂することを意味しており，とくに国民健康保険に対する国による財政負担と保険者間での財政調整は不可欠な仕組みとして機能してきた。より広域の地方公共団体である都道府県，そして市町村も財政資金を投入して国民健康保険を支え，さらに独自の医療福祉制度を構築することで，住民の福祉の向上に努めてきた。

　しかし，21世紀に至り，経済のグローバル化に伴う雇用形態の多様化（非正規労働者の増加），失業を伴う雇用の流動化により医療保険喪失のリスクが高まり，また高齢化の深化や医療技術の発展・普及に伴う医療費膨張が保険料の上昇に結び付くことで，保険料負担可能性を低下させるという状況下で，「無保障者」の問題が顕在化している。社会保険の保険料納付による受給権という原理を維持するためにも，医療扶助（生活保護）等によるセーフティネットを改革・拡充する必要が出ている。

　本章でみてきたような医療福祉システムは，第1章でみた日本国憲法による平和主義的な民主国家の最重要な政策手段である福祉国家における最前線を担う地方公共団体の役割を，典型的に示す政策領域といえよう。

【注】
1）被保護者とは，現に保護を受けている者を指す（生活保護法第6条1）。
2）要保護者とは，現に保護を受けているといないとにかかわらず，保護を必要とする状態にある者を指す（生活保護法第6条2）。
3）国民健康保険法第6条では，国民健康保険の被保険者にならない者を列挙しており，その9で「生活保護法（昭和25年法律第144号）による保護を受けている世帯（その保護を停止されている世帯を除く。）に属する者」を挙げている。ただし，保護を受給する勤め人で職域保険に加入できる場合は，それを妨げていない。「被保護者全国一斉調査」（平成18年度）によると，被保護者の被用者保険加入率は2.4％である。
4）すべての医療機関が医療扶助指定医療機関であるわけではなく，国立の医療機関・薬局については各地方厚生局に，その他の医療機関・薬局については都道府県（所在地が政令指定都市あるいは中核市であれば市）に申請し，指定を受けることで指定医療機関となる。2016年7月から，指定医療機関の指定に更新制が導入され，6年毎に申請し指定を受けなおさなければならなくなった（生活保護法第49条の3）。
5）医療扶助開始後6ヵ月を超えるときには，医療要否意見書によって，福祉事務所と指定医療機関との間で継続する必要性などを確認する。
6）厚生労働省（2019）『平成30年度医療扶助実態調査』
7）厚生労働省（2020）「令和元年度社会・援護局関係主管課長会議資料（2020年3月4日）」。
8）年齢階級別に一人当たり国民医療費と被保護者一人当たり医療扶助費を比較すると，入院＋食費（月額）においては20歳以上，入院外＋調剤（月額），歯科

においては20歳以上75歳未満で，医療扶助費の方が高い水準となっていた（2017年6月審査分）。詳しくは，厚生労働省（2020d）。

9) 内閣府が閣議決定した「経済財政運営と改革の基本方針」に基づき，医療扶助における後発医薬品の使用割合（数量ベース）を2017年央までに75%，2018年4月までに80%とする目標を設定している（内閣府 2017）。

10) 厚生労働省（2020d）。

11) 厚生労働省（2020）社会保障審議会生活困窮者自立支援及び生活保護部会（第13回）資料。

12) 厚生労働省（2020a）

13) 京都市（2020b）

14) 京都府及び京都市の医療福祉制度については，府及び市のホームページ及び各担当部署への聞き取り調査による。

15) 老人医療費支給制度の対象が65歳以上70歳未満であるのは，70歳以上になると公的医療保険からの給付が医療費の8割，患者一部負担が原則2割（現役並み所得の場合は3割）となるからである。

16) 2015年9月より，京都府の助成対象となる対象基準が，小学校6年生から中学3年生に拡大されたことに伴い，京都市も対象年齢を中学3年生まで拡大した。

17) 3歳〜中学3年生については，複数医療機関等を受診するなど1ヵ月の自己負担額合計が1,500円を超えた場合に，超えた額を申請することで，事後的に支給される。2019年8月診療分までは，1ヵ月1医療機関3,000円までの自己負担であった（京都市 2020b）。

18) 子ども医療費支給制度とは別に，児童を対象とした京都市の独自制度として，1961年から京都市学童う歯対策事業を実施している。これは，市内在住の小学生を対象に，虫歯治療にかかる患者一部負担については全額京都市が支給するというものであり，京都市が直接当該医療機関（歯科）に支払っている。2018年度決算での同事業による医療費は3.5億円である（京都市 2019b）。

19) 厚生労働省（2019b）。

20) 国はこれまで，地方公共団体が独自に行う子ども医療費助成に関しては，国民健康保険の減額調整措置を行ってきた。国保の減額調整措置とは，限られた財源の公平な配分や国保財政に与える影響などの観点から，子ども医療費助成により増加した医療費分の公費負担を減額調整するというものである。しかしすべての市町村が未就学児までは何らかの助成措置を実施しており，また「ニッポン一億総活躍プラン」において検討した結果，厚生労働省は，自治体の少子化対策の取り組みを支援する観点から，2018年度より，未就学児までを対象とする医療費助成については，国保の減額調整措置を行わないこととし，この見直しにより生じた財源については，医療費助成の拡大以外の少子化対策の拡充に充てることを求めている（厚生労働省保国発1222第1号（平成28年12月22日））。

21）長谷川（2010）では「無保険」として同様の問題を取り上げていたが，生活保護受給者も原則社会保険から脱退するため「無保険」ということになるため，これを除外するため「無保障」と表記する。

22）無料低額診療事業は，社会福祉法で第二種社会福祉事業に位置づけられており，低所得者，生活保護受給者，ホームレス，DV被害者等の生計困難者が，経済的理由によって必要な医療を受ける機会を制限されることのないよう，無料または低額な料金で診療を行う事業のことである。経営主体を問わず，一定の基準を満たす医療機関等は都道府県知事等に届け出ることで事業を開始することができ，対象者や減免の範囲については実施機関により異なる。2016年度の無料低額診療事業の実施状況に関する厚生労働省の調査によると，事業実施施設数は664，利用患者数は延べ773.8万人であり，社会福祉法人，医療生協，公益社団・財団法人，医療法人等が実施している。無料低額診療事業は，医療サービス等の提供におけるセーフティネットの仕組みであるといえよう。

23）保険証の返還命令は行政処分であり，加入者にとっての不利益処分となるため，行政手続法にのっとって，事前に書面による通知を行い，弁明の機会を付与している。保険証の返還と引き換えに資格証明書が交付されるが，実際には保険証の返還がなされないことも多い。その場合の対応は法令上規定がなく，保険証の有効期限が切れたのち，資格証明書を郵送するという対応を行わざるを得ない（京都市保健福祉局保険年金課への聞き取り調査）。

24）短期保険証への切り替えは，市町村と加入者との接触・相談の機会を確保するために行われる（京都市保健福祉局保険年金課への聞き取り調査）。

25）厚生労働省（2020e）。

26）退職後に失業期間がない場合，つまり次の勤め先が決まっており，かつ勤務に空白期間がなければ，元勤務先の被用者保険から新たな勤め先の被用者保険に加入手続きを行うことになる。

27）2009年10月30日に厚生労働省が発表した「非正規労働者の雇止め等の状況について」によると，派遣または請負契約の期間満了，中途解除による雇用調整および有期契約の非正規労働者の期間満了，解雇による雇用調整について，2008年10月から2009年12月までに実施済みまたは実施予定として把握できたものは，全国で4,262事業所，約24万4千人（内，「派遣」約14万3千人（58.6％），「契約（期間工など）」約5万6千人（22.8％），「請負」約1万9千人（7.8％），「その他」約2万6千人（10.8％））にのぼった。このなかで，住居の状況が判明した13万5,426人のうち，寮を退去するなど住居を失ったものは3,394人（2.5％）であった（長谷川 2010）。

28）図表6.7は全国平均で見たものであるが，実際の保険料（税）調定額は地域間で大きな開きがある。都道府県別に一人当たり保険料（税）調定額をみると，最も高い東京都（102,549円）と最も低い沖縄県（65,023円）では1.6倍の格差となっている。市町村（保険者）別にみると，最も高い秋田県大潟村（178,529円）と

最も低い長野県大鹿村（36,431円）では4.9倍の差がある（厚生労働省 2020g）。

29）厚生労働省（2010）「国民健康保険法施行令及び国民健康保険の国庫負担等の算定に関する政令の一部を改正する政令の施行について」（保発0331第3号，厚生労働省保険局長通知）。

30）「無保障」問題の発生の前提には，雇用形態の多様化（非正規雇用の増加），失業を伴う雇用の流動化により被用者保険から排除されることで，保険入手可能性に問題が生じていることがある。本章では，医療保障における地方公共団体の役割に着目して「無保障」問題を論じたため，この点については，長谷川（2016）を参照されたい。

【参考文献】
京都市（2019a）『平成30年度京都市決算実績報告　保健福祉局決算の概要』
京都市（2019b）『平成30年度京都市決算実績報告　子ども若者はぐくみ局決算の概要』
京都市（2020a）『京都市統計書2019年版』
京都市（2020b）『子ども医療費支給制度のご案内』
京都府（2019）『平成30年度主要な施策の成果に関する報告書　民生費』
京都府（2020）『平成30年京都府統計書　第13章社会福祉・年金・医療保険』
厚生労働省（2019a）『平成30年度　医療扶助実態調査』
厚生労働省（2019b）『平成30年度「乳幼児等に係る医療費の援助についての調査」について』
厚生労働省（2020a）『被保護者調査（平成30年度確定値）』
厚生労働省（2020b）『平成30年度被保護者調査（月次調査）』
厚生労働省（2020c）「令和元年度社会・援護局関係主管課長会議資料（2020年3月4日）」
厚生労働省（2020d）「医療扶助に関する基礎資料集（社会保障審議会生活困窮者自立支援及び生活保護部会（第13回）（2020年12月17日））」
厚生労働省（2020e）『平成30年度　国民健康保険（市町村）の財政状況について』
厚生労働省（2020f）『平成30年度　国民健康保険実態調査』
厚生労働省（2020g）『平成30年度　国民健康保険事業年報』
厚生労働統計協会（2020）『国民の福祉と介護の動向（厚生の指標（増刊））』厚生労働統計協会。
内閣府（2017）『経済財政運営と改革の基本方針2017　改革工程表』
長谷川千春（2010）「国民皆保険システムのほころび：「無保険」問題の顕在化」渋谷博史・樋口均・櫻井潤編『グローバル化と福祉国家と地域』学文社
長谷川千春（2016）「日本における医療のセーフティネットは擦り切れているか―雇用と健康保険，そして生活保護」松田亮三・鎮目真人編著『社会保障の公私ミックス再論―多様化する私的領域の役割と可能性』ミネルヴァ書房

第7章
福祉国家の「現場」と社会福祉

久本 貴志

　福祉国家の最前線の「現場」における障害者福祉[1]と高齢者福祉を取り上げて，具体的かつ詳細に考察するのが本章の目的である。第2章と第3章で検討された地方財政や政府間財政関係（国や都道府県から市町村への財政移転）によって，本章の福祉の「現場」が支えられるが，逆からみれば，その「現場」で提供されるサービスや給付を賄うために地方財政や政府間財政が存在するのである。そして，その福祉サービスや給付に支えられて，受給者が自分の「人間としての尊厳」を維持する姿が，地方財政や政府間財政の費用を負担する納税者を納得させる根拠となっている。障害者基本法や身体障害者福祉法や介護保険法で尊厳と自立と共同連帯の理念[2]を具体化するための制度設計が規定されるが，その制度が具体的な仕組みとして定着し，実際に運営されるのは地方公共団体の「現場」である。

7.1　障害者福祉：障害者総合支援法のもとでの支援やサービス

　地方公共団体が実施する障害者福祉の主軸は，障害者総合支援法に基づく[3]「自立支援給付」である。例えば，事例として取り上げる福岡市（2018年度）では，「障がい福祉費」448億円のうちで「自立支援給付」が350億円であり，「重度障がい医療費」が39億円，「地域生活支援事業」（相談支援事業や移動支援等）が16億円，「市障がい者施設運営費」が12億円，「社会参加促進費」（交通助成や「地域活動支援センター等補助金」等）が9億円，「福祉手当」等の「在宅障がい児・者援護費」[4]が8億円などである。

　障害者総合支援法には，「可能な限りその身近な場所において必要な日常生活又は社会生活を営むための支援を受けられることにより社会参加の機会が確保されること及びどこで誰と生活するかについての選択の機会が確保され」るために，自立支援給付（市町村が実施主体：介護給付，訓練等給付，自立支援医療，補装具，地域相談支援，計画相談支援）と，地域生活支援事業（市町村事業あるいは都道府県事業：相談支援，移動支援等）がある。

●コラム：障害者総合支援法の対象と障害者手帳

　障害者総合支援法の対象となる障害者は同法第4条第1項第1号で規定されているように，身体障害者，知的障害者，精神障害者，発達障害者，難病患者（難病患者については，障害者自立支援法が改正され障害者総合支援法となったときに，制度の谷間を埋めるために「障害者」の定義に含められた。2019年7月1日時点では361疾病が対象となっている。）である。なお，2018年度時点では身体障害者が436.0万人，知的障害者が108.2万人，精神障害者が392.4万人であり，合計が936.6万人（総人口の7.4％）であった（厚生労働省（2019a）4頁）。

　また，身体障害者，知的障害者，精神障害者には障害者手帳制度（順に，身体障害者手帳，療育手帳，精神障害者保健福祉手帳）がある。それぞれの手帳の交付主体は異なるが（都道府県知事あるいは政令指定都市・中核市の市長），障害者が申請して地方公共団体による認定もしくは判定を経て，手帳が交付される。これらの障害者手帳により，さまざまな公的サービスや民間事業者からのサービスを受けることができる。

　障害者総合支援法の対象は障害者手帳の所持者に限定されていないが，障害者手帳の所持者は障害者総合支援法の対象となる。　　　　　　　　　　　　　　〔久本　貴志〕

●コラム：サービスを受けるための手続きと利用者負担

　障害者総合支援法の障害福祉サービスを受けるための手続きと利用者負担の概要を説明する。

　第1に，市町村に申請することから始まる。

　第2に，介護給付の場合は障害支援区分の認定を受ける。移動・動作や日常生活等に関する項目による調査の結果と医師の意見書をもとに，市町村の審査会で区分が判定される。障害支援区分認定は6段階（区分1〜6）あり，区分6が最も支援の必要性が高い

区分となる。この障害支援区分により介護給付で利用できるサービスが異なる。

　第3に，介護給付については障害支援区分に基づいてサービス利用の検討を開始することになり，他方，訓練等給付については障害支援区分の認定はなく，申請後にサービス利用の検討に入る。

　第4に，サービス利用の検討にあたっては，指定特定相談支援事業者が障害者本人や家族の意向を聴取しつつ，どのようなサービスを利用するか等の利用計画を立てる。

　第5に，利用計画を立てた後は，指定特定相談支援事業者が一定期間ごとにモニタリングを行い，サービス利用の調整等を継続的に行っていく（サービス利用の計画作成や調整は後述の「計画相談支援」に該当する[5]）。

　第6に，利用者負担はサービス費用の1割であるが，利用者負担には上限が設定されている（福岡市を例に挙げると市民税所得割額が16万円未満の市民税納付世帯の障害者が在宅サービスを利用する場合の一月あたり負担の上限は9300円である。なお，上限額より利用したサービス費用の1割の方が低い場合は1割の額を負担する。図表7.1）。さらに，高額障害福祉サービス費や入所施設利用者の食費・光熱水費の減免措置，生活保護への移行防止措置（生活保護の対象にならないように利用者負担や食費等の負担を引き下げる措置）などの利用者の負担が重くなり過ぎないように配慮する制度もある[6]。

〔久本　貴志〕

図表7.1　福岡市の障害福祉サービスの利用者負担の上限（月額）

			在宅・日中活動系・居住系サービス（施設入所支援を除く）	居住系サービス（施設入所支援）
市民税非課税世帯	生活保護	生活保護世帯	0円	0円
	低所得	生活保護世帯以外		
市民税課税世帯	一般	市民税所得割額の合計が16万円未満	9,300円	3万7,200円
		市民税所得割額の合計が16万円以上	1万8,600円	

注：在宅サービスは居宅介護（ホームヘルプ），重度訪問介護，同行援護，行動援護，短期入所，自立生活援助。日中活動系サービスは生活介護，自立訓練，就労移行支援，就労継続支援，就労定着支援。居住系サービスは施設入所支援，共同生活援助。
出所：福岡市（2019d）より作成。

　自立支援給付の主力である介護給付及び訓練等給付の対象は，**図表7.2及び図表7.3**にみるように，さまざまな福祉サービスであり，介護給付費では居宅介護や重度訪問介護，施設内の療養介護や生活介護や施設入所支援などがあり，また訓練等給付費では自立訓練，就労移行支援や就労継続支援A型及びB型，

184

図表7.2 介護給付費の対象となるサービス

サービス名	事業内容
居宅介護	居宅において入浴，排せつ，または食事の介護等の便宜を供与。
重度訪問介護	重度の肢体不自由者または重度の知的障害・精神障害であって常時介護を要する障害者につき，居宅における入浴，排せつまたは食事の介護等の便宜および外出時における移動中の介護を総合的に供与，病院等で入院または入所している障害者にコミュニケーション支援等を行う。
同行援護	視覚障害により，移動に著しい困難を有する障害者等であって，外出時において同行し，移動に必要な情報の提供，移動の援護，排せつおよび食事の介護等を供与。
行動援護	知的障害または精神障害により行動上著しい困難を有する障害者等であって常時介護を要するものにつき，当該障害者等が行動する際に生じうる危険を回避するために必要な援護，外出時における移動中の介護等の便宜を供与。
療養介護	医療を要する障害者であって常時介護を要する者につき，病院その他の施設において，主として昼間，機能訓練，療養上の管理，看護，医学的管理の下における介護および日常生活上の世話を供与。療養介護医療とは，療養介護のうち医療に係るものをいう。
生活介護	障害者支援施設等において，常時介護を要するものにつき，主として昼間において食事や入浴，排せつ等の介護や日常生活上の支援，捜索的活動または生産活動の機会等を提供。
短期入所	居宅においてその介護を行う者の疾病その他の理由により，障害者支援施設，児童福祉施設その他の以下に掲げる便宜を適切に行うことができる施設等への短期間の入所をさせ，入浴，排せつおよび食事の介護その他の必要な便宜を供与。
重度障害者等包括支援	常時介護を要する障害者等であって，その介護の必要の程度が著しく高いものにつき，居宅介護，重度訪問介護，同行援護，行動援護，生活介護，短期入所，自立訓練，就労移行支援，就労継続支援，就労定着支援，自立生活援助，共同生活援助を包括的に提供。
施設入所支援	施設に入所する障害者につき，主として夜間において，入浴，排せつまたは食事の介護等の便宜を供与。

出所：厚生労働統計協会（2020a）122頁，表2から一部抜粋（表記を一部変更した）。

自立生活援助などがある。それらは，いわば，障害者福祉サービスのメニューのようなものであり，その中から，それぞれの利用者に必要なサービスを選択するために，自立支援給付の中に計画相談支援がある。

　ちなみに，2003年4月に従来の措置制度から支援費制度に移行して，利用者の側が主体的に，ニーズに整合するサービス利用の選択をし，サービスを提供する事業者と契約するという仕組みになっている。その仕組みを支援するための計画相談支援（介護や訓練等の利用計画の作成と調整）が重要になる。

　福岡市を事例としてみれば，「自立支援給付」350億円の中で最大項目の「障がい福祉サービス（施設）」(176億円)では療養介護，生活介護，施設入所支援，自立訓練，就労移行支援と就労継続支援に支出されている。第2位は「自

図表7.3　訓練等給付費の対象となるサービス

サービス名	事業内容
自立訓練（機能訓練）	・理学療法や作業療法等の身体的リハビリテーションや，日常生活上の相談支援等を実施 ・利用者ごとに，標準期間（18カ月）内で利用期間を設定
自立訓練（生活訓練）	・食事や家事等の日常生活能力を向上するための支援や，日常生活上の相談支援を実施 ・利用者ごとに，標準期間（24カ月，長期入所者の場合は36カ月）内で利用期間を設定
就労移行支援	・一般就労への移行に向けて，事業所内や企業における作業や実習，適性にあった職場探し，就労後の職場定着のための支援等を実施 ・利用者ごとに，標準期間（24カ月）内で利用期間を設定
就労継続支援A型（雇用型）	・通所により，雇用契約に基づく就労の機会を提供するとともに，一般就労に必要な知識，能力が高まった者について，一般就労への移行に向けて支援 ・利用期間の制限なし
就労継続支援B型（非雇用型）	・通所により，就労や生産活動の機会を提供（雇用契約は結ばない）するとともに，一般就労等への移行に向けて支援 ・利用期間の制限なし
自立生活援助	・一人暮らしに必要な理解力や生活力を補うための支援を行うという目的を踏まえ，定期訪問や随時対応による生活状況のモニタリングや助言，計画相談支援事業所や医療機関等との連携のほか，近隣住民との関係構築など，インフォーマルを含めた生活環境の整備を実施 ・標準利用期間は12カ月
就労定着支援	・障害者との相談を通じて生活面の課題を把握するとともに，企業や関係機関等との連絡調整やそれに伴う課題解決に向けて必要となる支援を実施。具体的には，企業・自宅等への訪問や障害者の来所により，生活リズム，家計や体調の管理などに関する課題解決に向けて，必要な連絡調整や指導・助言等の支援
共同生活援助	・主として夜間において，共同生活を営むべき住居において相談，入浴，排せつまたは食事の介護等，その他の日常生活上の援助を行う ・利用期間の制限はない

出所：厚生労働統計協会（2020a）123頁，表3から一部抜粋（表記を一部変更した）。

立支援医療」（精神通院医療等）82億円である。第3位の「障がい福祉サービス（在宅）」66億円では，ホームヘルプ（在宅介護），短期入所，行動援護，同行援護に支出されている。

●コラム：相談支援と地域での取り組み

　障害者総合支援法では，自立支援給付における相談支援と地域生活支援事業で実施さ

れる相談支援がある。前者には計画相談支援（介護や訓練等の利用計画の作成やサービスの調整）と地域相談支援（施設入所者の地域移行支援と，一人暮らしの障害者等を対象とした連絡体制の確保及び緊急時支援の地域定着支援）がある。後者の地域生活相談支援事業（市町村事業）の中の相談支援事業では，基幹相談支援センターの設置が促進されている（地域の実情に応じて，総合的専門的な相談支援や権利擁護・虐待防止等が実施される）。

また，地域で障害者が抱える問題を集約し改善に結びつける仕組みとして，障害者総合支援法は「協議会の設置」（第89条の3）を規定している。福岡市の協議会（障害サービス事業者や障害者（家族を含む）団体等から構成）では，「区基幹障がい者相談支援センター」における相談体制の改善や，成年後見開始までの支援（金銭管理，権利擁護等）が検討された。　　　　　　　　　　　　　　　　　　　　　　〔久本 貴志〕

本節の障害者福祉の検討をまとめると以下の通りである。第1に，障害者総合支援法の下で多様な福祉サービスが提供され，利用者が計画相談支援等のケアマネジメントを受けつつ，日常生活及び社会生活に必要なサービスや支援を選択できる。第2に，今後注目される分野として，基幹相談支援センターを中心とした地域における包括的な支援体制の構築と，地域課題を把握して改善するための「協議会」を中心とした取り組みがある。

7.2　高齢者福祉：介護保険を軸とするシステム

高齢者福祉は，社会保険として運営される介護保険を軸として編成されている。介護保険の被保険者は第1号被保険者（65歳以上の者）が3,448万人，第2号被保険者（40-64歳の医療保険加入者）が4,195万人である。また，要介護（要支援）の認定者は656万人であるが，高齢者の第1号被保険者の認定数は643万人であり，高齢人口に占める割合は約18％であった。

例えば，福岡市（2018年度）の「高齢福祉費」370億円の中で，第1位が介護保険事業特別会計への繰出金の150億円，第2位が老人対策医療費（後期高齢者医療費等）の127億円である。後期高齢者医療制度は第5章で詳しく検討したので，本章では，市町村レベルの介護保険事業特別会計で運営される介護保険

を取り上げる。

　福岡市の介護保険特別会計の規模は1,028億円（2018年度）であり，主な歳入は，市町村レベルに加えて国及び都道府県レベルの支出金や，社会保険診療報酬支払基金からの交付金（40-64歳の現役世代の保険料）である。すなわち，福岡市の一般会計からの財政資金151億円に比べるとはるかに大規模な介護保険事業があり，それを軸にして高齢者福祉が編成されている。

　高齢者福祉の中から介護保険及び医療保険を除くと，「高齢者乗車券交付金事業」15億円，「老人保護措置費」8億円，「特別養護老人ホーム等施設整備費」11億円，「軽費老人ホーム運営費助成等」6億円，「老人福祉センター」や「老人いこいの家」の運営及び整備4億円などがある。[15]

　次に高齢者福祉の軸となっている介護保険を検討しよう。介護保険法の第1条及び第3条で，「加齢に伴って生ずる心身の変化に起因する疾病等により要介護状態」のゆえに「入浴，排せつ，食事等の介護，機能訓練並びに看護及び療養上の管理その他の医療を要する者」が，「尊厳を保持し，その有する能力に応じ自立した日常生活を営むことができるよう」に，「必要な保健医療サービス及び福祉サービスに係る給付」のために，「国民の共同連帯の理念」に基づいて，市町村及び特別区（以下では市町村と略記）が介護保険の運営者（保険者）として，介護保険特別会計を設置することが規定されている。

　そして，第4条と第5条及び第6条で，国民は義務として「共同連帯の理念に基づき，介護保険事業に要する費用を公平に負担する」こと，国及び都道府県や，医療保険者（介護保険の第2号被保険者が加入している国民健康保険や協会けんぽ等）が協力する責務が規定されている。

　このように住民に身近な地方公共団体である市町村が保険者となることによって，地域の実情（高齢者数や要介護者数など）に応じた対応が行われることが期待されているのである。

　介護保険の被保険者が介護サービスを利用するためには，［コラム：介護保険利用の手続き］で説明される仕組みがあり，要介護認定を経た後に，介護サービス計画あるいは介護予防サービス計画を作成する。前節の障害者福祉サービ

スと同様に，これらのサービス計画に基づいて利用者はサービス提供事業者と契約するのである。

　また，利用できるサービスは**図表7.4**の通りであり，それぞれの利用者が自分のニーズに沿って必要なサービスを選択することになる。要介護1〜5の者は，居宅サービス，地域密着型サービス，施設サービスを利用でき，要支援1・2の者は居宅サービスと地域密着型サービスを利用することができる。

図表7.4　介護保険で利用できるサービス

	介護サービス（要介護1〜5）	介護予防サービス（要支援1・2）
居宅サービス	・訪問介護（ホームヘルプ） ・訪問入浴介護 ・訪問リハビリテーション ・訪問看護 ・通所介護（デイサービス） ・通所リハビリテーション（デイケア） ・居宅療養管理指導 ・福祉用具貸与 ・短期入所生活（療養）介護（ショートステイ） ・特定施設入居者生活介護 ・福祉用具購入費の支給 ・住宅改修費の支給	・介護予防訪問入浴介護 ・介護予防訪問リハビリテーション ・介護予防訪問リハビリテーション訪問看護 ・介護予防通所リハビリテーション（デイケア） ・介護予防居宅療養管理指導 ・介護予防福祉用具貸与 ・介護予防短期入所生活（療養）介護（ショートステイ） ・介護予防特定施設入居者生活介護 ・介護予防福祉用具購入費の支給 ・介護予防住宅改修費の支給
施設サービス	・介護老人福祉施設（特別養護老人ホーム）；原則として要介護3〜5の場合。やむを得ない事由で居宅での生活が困難な場合は要介護1・2の場合も可。 ・介護老人保健施設 ・介護療養型医療施設 ・介護医療院	
地域密着型サービス	・定期巡回・随時対応型訪問介護看護 ・夜間対応型訪問介護 ・地域密着型通所介護 ・認知症対応型通所介護 ・小規模多機能型居宅介護 ・認知症対応型共同生活介護（グループホーム） ・地域密着型特定施設入居者生活介護 ・地域密着型介護老人福祉施設入所者生活介護 ・看護小規模多機能型居宅介護	・介護予防認知症対応型通所介護 ・介護予防小規模多機能型居宅介護 ・介護予防認知症対応型共同生活介護（グループホーム）（要支援2のみ）

注1：介護予防型訪問サービス・生活支援型訪問サービス（ホームヘルプ）および介護予防型通所サービス・生活支援型通所サービス（デイサービス）については，介護予防・日常生活支援総合事業の一環として提供される（以前は予防給付の対象であったが，同事業に移された）。
注2：介護療養型医療施設は2023年度末まで。
出所：福岡市（2019e）98頁より作成。

　福岡市（2018年度決算ベース）では，保険給付費929.7億円の中で，「居宅介護サービス等費」408.4億円，「施設介護サービス費」が256.7億円，「地域密着型介護サービス等費」が154.5億円であった[16]。要介護認定者数6.7万人（2018年度）の中で，施設利用者数が0.8万人であり，利用者一人当たり給付費（月額）は在宅サービスが12.7万円，施設サービスが27.5万円であった[17]。

　費用負担については，要介護1〜5でも要支援1・2でもサービス費用の9割（所得の高い第1号被保険者については7割または8割）が介護保険から給付され，残りが利用者の負担となる。居宅サービスついては支給限度額が定められており，介護保険を利用してサービスを受けられる上限が介護の必要性（要介護・要支援度）に応じて定められている。図表7.5は福岡市の例であるが，要介護3であれば1ヵ月あたり2万6,931単位（目安の金額で28万1,500円）まで介護保険を利用して居宅サービスを受けることができる。施設サービスについては要介護認定を受けた者のみが利用でき，その利用者負担については福岡市の例をみると図表7.6の通りである[18]（例えば要介護3の者が特別養護老人ホームを利用した場合の1か月の利用者負担の目安は2万5,143円である）。

図表7.5　居宅サービスの利用に係る支給限度額（2019年6月時点）

	1ヵ月に利用できるサービス費用の目安 （　）内は支給限度単位数
要支援1	約52,300円（5,003単位）
要支援2	約109,500円（10,473単位）
要介護1	約174,500円（16,692単位）
要介護2	約205,000円（19,616単位）
要介護3	約281,500円（26,931単位）
要介護4	約322,000円（30,806単位）
要介護5	約376,900円（36,065単位）

注：目安の金額は，支給限度単位数に通所介護の単価10.45円をかけたもの。
出所：福岡市（2019e）99頁より作成。

●コラム：介護保険利用の手続き

　介護保険利用の手続きの概要を説明する。

第1に，市町村への申請後に，心身の状況等に関する訪問調査がある。訪問調査の項目は全国一律である。訪問調査結果及び主治医の意見書をもとにコンピュータ判定（一次判定）を行うことになる。

第2に，介護認定審査会での要介護認定である。介護認定審査会は保健，医療，福祉の専門家で構成されており，一次判定及び主治医の意見書等を基にして要介護認定（介護の必要性の判定）を行う。

第3に，支援区分である。要介護認定の結果は，要介護1〜5，要支援1・2，非該当のいずれかである。介護保険の給付を受けられるのは，要介護1〜5，要支援1・2の認定を受けた者である。[19]

第4に，介護サービスを利用するために計画が作成されることである。要介護1〜5の認定を受けた者は介護サービス計画（居宅サービスを受ける者は居宅サービス計画，施設サービスを受ける者は施設サービス計画），要支援1・2の認定を受けた者は介護予防サービス計画が作成される。介護サービス計画は介護支援専門員（ケアマネジャー）が作成し，介護予防サービス計画は地域包括支援センターの保健師等が作成することになる。こうした計画は「被保険者の心身の状況，その置かれている環境等に応じて，被保険者の選択に基づき，適切な保健医療サービス及び福祉サービスが，多様な事業者又は施設から，総合的かつ効率的に提供される」という介護保険法第2条第3項の規定を実現するうえで，重要である。　　　　　　　　　　　　　　　〔久本 貴志〕

図表7.6　施設サービスの利用者負担の目安

施設	負担	備考
介護老人福祉施設 （特別養護老人ホーム）	要介護1…20,754円 要介護2…22,855円 要介護3…25,143円 要介護4…27,244円 要介護5…29,344円	・原則，要介護3以上 ・月30日，ユニット型個室入所，管理栄養士を配置し栄養マネジメント体制あり，個別機能訓練あり
介護老人保健施設	要介護1…26,209円 要介護2…28,529円 要介護3…30,473円 要介護4…32,228円 要介護5…33,952円	・要介護1-5 ・月30日，在宅強化型，ユニット型個室入所，管理栄養士を配置し栄養マネジメント体制あり
介護医療院	要介護1…25,174円 要介護2…28,560円 要介護3…35,865円 要介護4…38,968円 要介護5…41,759円	・要介護1-5 ・月30日，多床室入所，療養機能強化型A相当
介護療養型医療施設	要介護1…24,830円 要介護2…28,215円 要介護3…35,520円 要介護4…38,624円 要介護5…41,414円	・要介護1-5 ・月30日，多床室入所，療養機能強化型A，管理栄養士を配置し栄養マネジメント体制あり

出所：福岡市「介護保険のサービス」より作成。

　利用者負担については負担が重くなり過ぎないように，高額介護サービス費（高額介護予防サービス費）が設けられており，負担の上限が設定され，その上限を超える額については介護保険が負担する（例えば，住民税非課税世帯で本人の所得金額と年金収入が80万円未満であれば，自己負担の上限月額は1万5000円である。なお住民税課税世帯の上限月額は4万4,000円である[20]）。さらに，医療と介護に関する1年間（毎年8月から翌年の7月末まで）の世帯の費用負担を軽減する制度として高額医療・高額介護合算療養費制度があり，世帯の自己負担の上限額を超えた場合はその超えた額が医療保険者と介護保険者から支給される（例えば，75歳以上の場合，住民税非課税世帯で年金収入80万円以下等であれば上限額は19万円）[21),22)]。

　序章の**図表0.3**でみたように，高齢社会の深化（65歳以上の高齢者が絶対的にも相対的にも増加する人口高齢化傾向の中でさらに75歳以上の後期高齢者が絶対的にも相対的にも増加する）の中で，介護保険の要介護及び要支援の認定者数が年々増加して，介護保険の役割も大きくなるが，同時にその持続可能性を維持するためには，介護予防も不可欠となる。その対応策のひとつが地域支援事業（介護予防・日常生活支援総合事業，包括的支援事業，任意事業）である。それは介護予防，あるいは要介護状態になっても地域での生活を可能にするための事業である。

　例えば，福岡市（2018年度決算ベース）では，地域支援事業の67.2億円（介護保険特別会計の歳出の6.5%）は，「介護予防・生活支援サービス事業費」（要支援者の訪問型及び通所型サービス等）43.8億円，「一般介護予防事業費」（第1号被保険者を対象とした介護予防の取り組み）4.4億円，「包括的支援事業費」（地域包括支援センターの運営，地域ケア会議の運営等）15.2億円，「任意事業費」（「介護給付適正化事業」等）3.9億円であった[23)]。

　第1に介護予防・日常生活支援総合事業の介護予防・生活支援サービス事業には，訪問型サービス，通所型サービス，その他の生活支援サービス，介護予防ケアマネジメントが含まれる[24)]。また介護予防・日常生活支援総合事業の具体例として，介護支援ボランティア事業があり，ボランティア登録をした65歳

以上の高齢者が介護保険施設等でボランティアを行った場合に後日換金できるポイントを付与することを通して，高齢者の社会参加及び介護予防につなげようとするものである。

　第2に包括的支援事業は，地域包括支援センターの運営に関する事業等である。地域包括支援センター（保健師，社会福祉士，主任介護支援専門員等が配置される）は，高齢者やその家族等の相談を受けて必要なサービスや支援につなぐ総合支援等を行う機関である。福岡市では「いきいきセンターふくおか」として57カ所設置されており，2018年度の実績は介護保険に関する相談（全体の38.6％），金銭管理や虐待等の権利擁護に関する相談（同4.8％），健康管理や介護予防等に関する相談（同25.2％），緩和ケア・終末期ケアや退院時の連携等の医療に関する相談（同14.0％）と多岐にわたっている。

　第3に福岡市で行われていた任意事業の一例として，「声の訪問事業」がある。定期的に安否確認を行う必要のある単身高齢者を対象として，1日1回電話により安否確認を行い相談に応じる事業である。[25]

●コラム：地域包括ケアシステムと地域ケア会議

　地域包括ケアシステムは，「高齢者が住み慣れた地域」（30分以内に必要なサービスにアクセスできる地域を想定しており，具体的には中学校区）で，介護，医療，予防，住まい，生活支援が切れ目なく提供される連携体制のことであり，本文でみた地域包括支援センターはその中軸を成している。

　さらに，福岡市の「福岡市保健福祉総合計画」では地域包括ケアシステムを「実現するための仕組み」として地域ケア会議を位置づけている。地域ケア会議は，市，区，中学校区，小学校区，個別の各レベルで設けられ，課題に応じて適切なレベルでの会議で対応を検討することになっている。会議の参加者は地域団体，地域の保健医療関係者，介護サービス事業者等である。2019年度の地域ケア会議では，「介護力不足の世帯（精神障がい者，知的障がい者等と同居している世帯やキーパーソン不在の世帯）への相談・支援体制の充実」や「認知症の単身高齢者で，身寄りやキーパーソンがいない場合の，福岡市独自の支援体制づくりが必要」等の課題があげられ検討されている（本コラムは福岡市（2016a，2019b，2020a）を参照した）。　　　　　　　〔久本　貴志〕

　介護保険を中心に高齢者福祉をみてきたが，要点は以下の通りである。第1に，要支援・要介護状態になった場合，ケアマネジメントによる相談支援を受けて，介護サービス事業者と契約してサービスを利用できる。第2に，高齢者に関する包括的な相談機関として地域包括支援センターが設置され，地域包括ケアシステムや地域ケア会議の仕組みによって，地域における高齢者分野の包括的支援のシステムが構築されつつある。

　本章では，障害者福祉と高齢者福祉を取り上げて，福祉国家の「現場」である地方公共団体における社会福祉制度について説明した。障害者福祉の軸である障害者総合支援法のもとでの自立支援給付と高齢者福祉の軸である介護保険においては，措置から契約への転換によって，サービス利用者が主体的に利用するサービスを選択できるようになった。そうした主体的選択を担保する仕組みが相談支援（利用者のニーズを踏まえたサービスの利用に関する計画の作成）である。
　一方で，主体的な選択が困難な場合等もあり，問題解決のために権利擁護等のさまざまなサービスや支援につなげる取り組み（基幹相談支援センターや地域包括支援センター）も進んできている。さらに，地域レベルで課題を共有し改善していく取り組み（協議会，地域ケア会議）も導入された。
　地方公共団体によって制度化された支援やサービスと地域の取り組みを嚙み合わせることが21世紀の福祉国家の「現場」に求められていることである。

●コラム：高齢者福祉・障害者福祉と地域

　地域では地域資源を活用したさまざまな取り組みが行われている。例えば，地域の見守り体制やサロン活動等がある。地域の見守り体制に関わる事業としては福岡市社会福祉協議会の「ふれあいネットワーク」がある。「ふれあいネットワーク」は，高齢者や障害者等の支援を必要とする地域住民の日常的な見守り活動等の事業である。2019年度末で見守り対象となっている世帯は4万2,845世帯であり，参加ボランティア数は1万3,431人であった。その活動内容は，図表7.7の通りである。「ふれあいネットワーク」により見守りや日常生活の支援が行われていることがわかる。また，サロン活動は「ふれあいサロン活動」という名称で実施され，高齢者や障害者の孤立感の解消や介護予防

等のためにレクリエーション等が行われている。このサロン活動にも地域のボランティアが参加している。福岡市社会福祉協議会及び各区の社会福祉協議会の発行物から簡単に事例をみよう。

第1に見守り・声かけの事例である。南区のある校区では，「ふれあいネットワーク」の活動を担っているボランティア・グループが，事前に災害時に支援が必要な住民と支援ができる住民を把握するためのアンケートを行い，防災訓練時にその結果をもとに災害時に助け合えるように支援ができる人と支援が必要な人を引き合わせたという。

第2に，「ふれあいサロン」の事例である。城南区では「ふれあいサロン」の交流が行われ，2017年1月に男性参加者の少なさを課題としているサロンのボランティアが男性の参加が多いサロンを見学し，男性参加者を増やす取り組み等の意見交換をしたようである。また，東区のある校区では，新型コロナウイルスの感染拡大でサロン活動が休止になったが，サロンに関わっていたボランティアがサロンに参加する住民から不安の声を聞いたのをきっかけにして，往復はがきでサロン参加者に近況を尋ねる取り組みを行ったという。

第3に，買い物支援である。南区の4つの小学校区では地元企業と連携して高齢者等の買い物支援のため買い物支援バスを運行していたが，新型コロナウイルスの感染拡大によりバスの運行を休止したため，当該企業が買い物を代行する事業を期間限定で行った。一方で，買い物支援バスを利用していた住民からは買い物支援バスでの利用者同士の交流の再開を待ち望む声が寄せられたという。

以上は簡単な事例の紹介であるが，本章で説明した障害者福祉や高齢者福祉の公的制度によるサービス提供や支援だけではなく，地域には住民を対象とする地域資源を活用した支えあいや支援の仕組みがある（本コラムは，福岡市社会福祉協議会（2019），福岡市社会福祉協議会（2020a，2020b），福岡市城南区社会福祉協議会（2017），福岡市南区社会福祉協議会（2019）を参照した）。　　　　　　　　　　　　　　　　　〔久本 貴志〕

図表7.7 「ふれあいネットワーク」の活動内容

活動内容		世帯数
生活の支援	安否・声かけ・話し相手	42,845
	保健福祉サービスの紹介	3,019
	ゴミ出し	585
	電球の取り替え	209
	買物代行・薬取り	205
	家事援助（掃除・洗濯・炊事など）	151
	外出援助（通院・買物付添など）	232
	急用時の子どもの送り迎え・預かりなど	26

出所：福岡市社会福祉協議会（2019）3頁。

【注】

1）「障害」の表記についてはさまざまあるが，引用や固有名称に関する表記を除いて，ここでは法律上の表記に従い，「障害」とする。

2）それらの法規定と理念については，序章の［コラム：福祉国家と地方財政の「現場」における「人間としての尊厳」の具体性］を参照されたい。

3）正式には「障害者の日常生活及び社会生活を総合的に支援するための法律」。

4）福岡市（2019f）73-78頁。

5）以上の介護給付及び訓練等給付に係る手続きの記述は全国社会福祉協議会（2018）12-15頁及び福岡市の「計画相談支援の利用の流れ」を参考にした。ここではサービス利用に至る過程の概要を記述したので，「サービス等利用計画案」及び「サービス利用計画」の作成等の詳細は上記の資料を参照されたい。

6）全国社会福祉協議会（2018）17-22頁及び福岡市（2019d）38-39頁。

7）福岡市（2019f）20，28-32，73-79頁。

8）全国社会福祉協議会（2018）8頁。

9）基幹相談支援センターの実施市町村は2012年では156市町村であったが，年々増加しており2019年には687市町村になった（厚生労働省 2020a）。

10）経緯については，福岡市（2016b）を参照。

11）福岡市（2019c）。

12）支援対象者のニーズを把握し，社会資源を活用しながら，適切に支援を行っていくこと。『社会福祉用語辞典』（山縣・柏女編 2013）では，「利用者の必要とするケアを調整する機能を果たす援助で，『対象者の社会生活上での複数のニーズを充足させるため適切な社会資源と結びつける手続きの総体』（白澤正和）が代表的な定義。」とされている（71頁）。

13）厚生労働統計協会（2020a）151頁。第1号被保険者の数は2017年度末時点の数である（平成29年度「介護保険事業状況報告年報」による）。第2号被保険者の数は，2017年度内の月平均値である（社会保険診療報酬支払基金が介護保険給付費納付金額を確定するために医療保険者から報告を受けたものによる）（同上，151頁）。

14）厚生労働省（2019b）の第2-1表。同第1表によると2019年1月末の第1号被保険者は3,514万人であった。

15）以上の福岡市の「高齢福祉費」の説明は，福岡市（2019f）69-72，108頁を参照。

16）福岡市（2019f）108頁

17）福岡市（2019f）106頁

18）利用者負担には食費や居住費は含まれていない。別途，それらの費用を負担することになるが，補足給付によって所得に応じて負担を軽減する仕組みがある。

19）なお，第2号被保険者は加齢に伴って生じる特定疾病（16種類が指定されている。関節リウマチや初老期における認知症など）による要介護・要支援の場合にのみ介護保険を利用できる。第1号被保険者は要介護・要支援になった理由を

196

問われず，介護保険を利用できる。

20）厚生労働統計協会（2020a）156頁。

21）厚生労働統計協会（2020b）48頁。

22）障害者が障害者総合支援法の自立支援給付と介護保険の対象となる場合，両者に共通するサービスを利用する場合は介護保険が優先される。例えば，障害者が65歳になった時に障害福祉サービスの訪問介護から介護保険の訪問介護へと切り替えることになる。しかし，その際に，利用する制度が変わることにより，自己負担の上限額の違いによる負担増やサービス事業者の変更等の問題が生じた（いわゆる「65歳問題」，「65歳の壁」）。

　こうした問題を受けて，2018年度から一定の要件を満たす場合に介護保険の自己負担部分について高額障害福祉サービス等給付費で償還する制度が設けられた。また，障害者が同一のサービス事業所からサービスを受けられるように，共生型サービスが介護保険と障害福祉サービスに位置づけられた（ホームヘルプ，デイサービス，ショートステイ等が対象）。以上は厚生労働省（2018a），厚生労働省「地域包括ケアシステムの強化のための介護保険法等の一部を改正する法律のポイント」を参照。

23）福岡市（2019f）115-116頁。

24）訪問型サービス及び通所型サービスは，介護保険の予防給付の対象になっていたサービスであったが，介護保険法の2014年改正において地域支援事業が再編される際に，2017年4月までに介護予防・生活支援サービス事業に移されることとされた。

25）以上の福岡市の地域支援事業に関する説明や事例は，福岡市（2017）及び福岡市（2019b）を参照した。

26）福岡市社会福祉協議会（2019）3頁。

【参考文献】

厚生労働省（n.d.）「地域ケア会議の概要」 https://www.mhlw.go.jp/seisakunitsuite/bunya/hukushi_kaigo/kaigo_koureisha/chiiki-houkatsu/dl/link3-1.pdf（2021年6月30日最終閲覧）

厚生労働省（n.d.）「地域包括ケアシステムの強化のための介護保険法等の一部を改正する法律のポイント」 https://www.mhlw.go.jp/content/000640410.pdf（2021年6月30日最終閲覧）

厚生労働省（2016）「障害者福祉における相談支援の充実に向けた取組について」，第123回市町村職員を対象とするセミナー資料1

厚生労働省（2018a）「介護保険最新情報」Vol.615

厚生労働省（2018b）「公的介護保険制度の現状と今後の役割」

厚生労働省（2019a）『平成30年版　厚生労働白書』

厚生労働省（2019b）『介護保険事業状況報告』（平成31年1月暫定版）

厚生労働省（2020a）「障害者相談支援事業の実施状況等について（平成31年調査）」

厚生労働省（2020b）「地域生活支援事業等の実施について」

厚生労働統計協会（2019）『国民の福祉と介護の動向　2019/2020』

厚生労働統計協会（2020a）『国民の福祉と介護の動向　2020/2021』

厚生労働統計協会（2020b）『保険と年金の動向　2020/2021』

全国社会福祉協議会（2018）「障害者総合支援法のサービス利用説明パンフレット（2018年4月版）」

二木立（2017）『地域包括ケアと福祉改革』勁草書房

福岡市「計画相談支援の利用のながれ」　https://www.city.fukuoka.lg.jp/data/open/cnt/3/47775/1/riyounonagare.pdf?20200713150627（2021年6月30日最終閲覧）

福岡市「区障がい者基幹相談支援センター」　https://www.city.fukuoka.lg.jp/hofuku/syougaisyashien/health/kusyougaisyakikannsoudannsiennsennta-.html（2021年6月30日最終閲覧）

福岡市「介護保険のサービス」　https://www.city.fukuoka.lg.jp/hofuku/kaigohoken/health/00/03/3-010601.html（2021年6月30日最終閲覧）

福岡市（2016a）『保健福祉総合計画』

福岡市（2016b）「平成29年度以降の相談支援体制について」障がい者等地域生活支援協議会（平成28年度第2回）資料4

福岡市（2017）「地域支援事業について」平成29年度福岡市保健福祉審議会　高齢者保健福祉専門分科会介護保険事業計画部会資料

福岡市（2019a）「地域包括支援センターの平成30年度の運営状況と令和元年度の取組みについて」令和元年度第1回福岡市地域包括支援センター運営協議会資料

福岡市（2019b）「平成30年度　地域包括支援センター事業実績」令和元年度第1回福岡市地域包括支援センター運営協議会資料

福岡市（2019c）「地域課題の事例報告」障がい者等地域生活支援協議会（令和元年度第1回）資料5-2

福岡市（2019d）「福岡市の障がい福祉ガイド」（令和元年7月）

福岡市（2019e）「高齢者保健福祉のあらまし（令和元年度版）」

福岡市（2019f）『平成30年度決算説明資料』（保健福祉局）

福岡市（2019g）「区地域ケア会議から出された課題に関する検討」平成30年度福岡市地域包括ケアシステム推進会議医療・介護合同部会資料

福岡市（2020a）「区地域ケア会議から出された課題の検討について」令和元年度福岡市地域包括ケアシステム推進会議資料

福岡市（2020b）「福岡市保健福祉総合計画の進捗状況」令和元年度第2回保健福祉審議会資料

福岡市社会福祉協議会（2019）「平成30年度事業報告」

福岡市社会福祉協議会（2020a）「社協ワーカーだより」No.93

福岡市社会福祉協議会（2020b）「社協ワーカーだより」No.95

福岡市城南区社会福祉協議会（2017）「城南区地域福祉情報誌　ゆとり」第78号
福岡市南区社会福祉協議会（2019）「南区地域福祉情報誌　みなみちゃん」No.84
山縣文治・柏女霊峰編（2013）『社会福祉用語辞典　第9版』ミネルヴァ書房
山村りつ（2019a）「社会サービス給付」山村りつ編著『入門　障害者政策』ミネル
　ヴァ書房，67-104頁
山村りつ（2019b）「就労・雇用支援」山村りつ編著『入門　障害者政策』ミネルヴ
　ァ書房，105-140頁

あとがき

　この『新版　福祉国家と地方財政』は，初版（2014年）や改訂版（2018年）を書くための勉強とそれらを使用する教育活動の成果を，さらに積み上げて勉強してきた成果である。この『福祉国家と地方財政』の姉妹編として，同じ学文社から『21世紀日本の福祉国家財政』や『福祉国家と地域と高齢化』を刊行しており，それらを貫徹する主旋律は，21世紀の高齢化とグローバル化による福祉国家のスリム化圧力の下における福祉国家システムの再編であった。現代史の文脈でいえば，20世紀後半における「右肩上がり」の経済成長を背景に「豊かな社会」の中で構築された日本型福祉国家が，21世紀的な状況・条件の下で，抜本的な再編を迫られているという危機感である。

　しかし副旋律として，20世紀の経済成長が日本社会を根底的に変える中で萎んでしまった「人間らしさ」の回復もある。農業社会で育まれた「互いに助け合う」精神風土がノスタルジアの中にあるとすれば，そういう意味での「人間らしさ」である。

　ボキャブラリーに乏しい社会科学者としては芸術家たちの表現を借りるしかなく，初版『福祉国家と地方財政』のあとがきで，ジブリ作品の「平成狸合戦ぽんぽこ」（高畑勲監督）を以下のように引用させてもらった。

　……1970年代初頭の多摩ニュータウンの建設に反対する地元のタヌキ軍団の闘争が描かれていたが，私はその後日談を勝手に想像して上記の高齢化の意味を考える手掛かりにした。1970年代初頭に多摩ニュータウン闘争に敗北した主人公は，尾っぽを隠して背広を着て人間社会のサラリーマンとして生きていくしかなかったが，それから40数年の時間が経って彼は定年を迎え，多摩ニュータウンで年金生活を始めることになる。ふたたびタヌキの野性を取り戻すことが許されるかもしれない。資本主義的市場の競争論理から解放さ

れて,「お互いに助け合う」論理を思い出せるかもしれない。21世紀的状況の中で福祉国家の再編を進めるのであれば,そんな論理を軸にしたいものである。

(初版『福祉国家と地方財政』146-147頁)

ちなみに,この「お互いに助け合う」という考えは,倉本聡氏が朝日新聞のインタビュー(2012年12月9日)で答える中で,テレビ・ドラマ「北の国から」の主人公黒板五郎が「制御できない自然を相手」に自分の肉体を使って生きる姿を理想として,「その上で互いに助け合う」をいう文脈に共感して引用している。

黒板五郎は,倉本氏の望むように,最後まで自分の力を振り絞って生きようとするに違いない。それを,地域コミュニティにおける「お互いに助け合う」仕組みが支えるのであり,さらに,本書で検討する「地方公共団体による福祉国家の現場」が支援するのであろう。自助・共助・公助のスローガンから,自助で無理になったら地域コミュニティに助けを求め,それでも無理になった時に政府部門に依存できるという「無慈悲な仕組み」をイメージすることは悲劇である。

本書で考察する「地方公共団体による福祉国家の現場」における公助は,自助や共助を可能にする論理を大事にして,黒板五郎の個性的な生き方を抑圧する形の規制を排するために,本質的に分権的であってほしい。それは,国(中央政府)と地方公共団体の関係だけではなく,それぞれの個人と共助・公助の関係においても同様である。個人の腹囲や血圧は個性的であるので,一律に規制するような高圧的な福祉国家は国家社会主義の始まりに見えるが,黒板五郎やジブリ狸に聞いてみたいものである。

最後になったが,いつものように我がチームの問題意識を御理解くださり,本書の刊行に御尽力賜った学文社の落合絵理さまに深く感謝したい。

2021年4月4日

執筆者を代表して　渋谷　博史

索　引

あ行

依存財源　50, 66, 67, 73, 93
一般財源　67
医療扶助　39, 40, 158, 159

か行

介護サービス計画　187, 190
介護支援専門員　190
介護納付金　143
介護保険特別会計　84, 101, 187, 191
介護保険法　22, 44, 102, 181, 187, 190
課税権　7, 8, 67
課税自主権　71
課税力　70
学校教育法　30, 33, 127
患者一部負担　142, 162, 163
基幹相談支援センター　186, 193
義務教育費負担金　73
教育基本法　33
教育を受ける権利　4
協議会　186
居宅サービス　188-190
勤労の権利と義務　4, 136
国・地方公共団体の基本的関係　7
ケアマネジメント　186, 193
ケアマネジャー　190
ケースワーカー　29, 38
健康で文化的な最低限度の生活　4, 23, 37, 41, 106, 136
後期高齢医療広域連合　83, 109, 150
後期高齢者医療特別会計　83, 101
後期高齢者支援金　143
広義の社会福祉　11, 13, 16, 22
公共の福祉　5, 6, 8, 20
公定価格　125, 136
高齢社会の深化　13, 15, 191
国民健康保険事業特別会計　81, 101, 144, 146
国民健康保険の都道府県化　143
国民の共同連帯　22, 106, 111

子ども医療費支給制度　165
子ども・子育て支援法　114, 125, 128
子どものための教育・保育給付費　125

さ行

財源保障　76, 78
財政力格差（財政格差）　10, 47, 65, 66, 71, 76, 105
資格証明書　170, 171
施行時特例市　49
自主財源　50, 66, 67, 93, 97, 104, 111, 112
施設サービス　188-190
自治事務　55
児童憲章　115
児童相談所　119
児童措置費　102
児童手当　27, 117, 118, 136
児童福祉法　29, 114, 118, 120, 121, 127, 130, 136
児童扶養手当　119, 123
児童養護施設　123
社会福祉協議会　193
社会福祉法　102
社会保険診療報酬支払基金　108, 151, 152, 159
社会保障基金　8, 11
重度障害老人健康管理費支給制度　164
重度心身障害者医療費支給制度　164
住民の福祉の増進　7, 8, 92
障害者基本法　22, 181
障害者自立支援給付事業　101
障害者総合支援法　103, 181, 182, 185, 186, 193
自立支援給付　62, 103, 181-185, 193
身体障害者福祉法　22, 29, 181
生活困窮者自立支援制度　37, 40
生活扶助　38
生活保護法　22, 37
政令指定都市　47
前期高齢者　153
前期高齢者交付金　144, 147

前期高齢者納付金　143
測定単位　105, 106

た行

短期保険証　171
地域ケア会議　191-193
地域支援事業　191
地域生活支援事業　62, 103
地域包括ケアシステム　192, 193
地域包括支援センター　28, 46, 190-193
地域密着型サービス　188
地方財政計画　17, 77
地方財政法　79, 93
地方自治の基本原理　7
地方自治の本旨　6
地方自治法　6, 55, 67
地方政府　8, 10, 16, 47
地方税法　8, 68, 71
中央政府　8, 10, 16, 18, 47
中核市　47, 93
特定財源　67
特別区　49
特別調整交付金　148
都市計画費　35

な行

認可保育園　102
認定こども園　102

納税の義務　4

は行

ひとり親家庭等医療費支給制度　165
被保護世帯類型　161
福祉事務所　38, 120, 159
普通調整交付金　148
平和国家　3, 6, 23, 33
保育施設運営費　135
保育認定　129, 130
法定受託事務　55
母子健康手帳　1, 27
母子健康包括支援センター　120
補正係数　105, 106

ま行

無保障者　39, 158, 169
無料低額診療　170

や行

要介護認定　187, 189, 190
要保護児童対策地域協議会　120

ら行

臨時財政対策債　79
老人医療費支給制度　164
老人保健制度　153

執筆者一覧

塚谷文武　大阪経済大学経済学部准教授（第3章，第4章）

橋都由加子　元東京大学大学院経済学研究科特任助教（第2章）

長谷川千春　立命館大学産業社会学部教授（第1章4，第5章，第6章）

久本貴志　福岡教育大学教育学部准教授（第7章）

渋谷博史　東京大学名誉教授（序章，第1章1〜3，5〜7）

新版　福祉国家と地方財政
——地方公共団体の「現場」を支える財政の仕組み

2021年10月1日　第1版第1刷発行

著　者　塚谷文武
　　　　橋都由加子
　　　　長谷川千春
　　　　久本貴志
　　　　渋谷博史

発行所　株式会社　学文社　〒153-0064　東京都目黒区下目黒3-6-1
電話　03(3715)1501(代)
FAX　03(3715)2012
https://www.gakubunsha.com

発行者　田中千津子

ISBN978-4-7620-3099-4